MW00389446

INCAS, MAYAS Y AZTECAS

INCAS, MAYAS Y AZTECAS

LEWIS SPENCE

3 1969 02146 8391

ISBN: 978-84-9794-127-3
Depósito legal: M-19076-2012

Colección: Mitos y leyendas
Título: Incas, Mayas y Aztecas
Autor: Lewis Spence
Traducción: María Teresa Díez Martínez
Título original: *Mexico and Peru*
Diseño de cubierta: Juan Manuel Domínguez
Impreso en: Artes Gráficas Cofás.

Capítulo Primero

La civilización de Méjico

Las civilizaciones del Nuevo Mundo

NO hay en la actualidad ninguna duda acerca del origen indígena de las civilizaciones de Méjico, Centroamérica y Perú. Sobre ciertos temas, sin embargo, se ha puesto la máxima atención en muchos datos erróneos. Los comienzos de estas razas que habitaron esas regiones, y las culturas que respectivamente crearon por separado, se refieren a cada nación civilizada o semicivilizada de la antigüedad, y si las fascinantes teorías han avanzado con la intención de mostrar que la civilización se inició sobre suelo americano con influencia asiática o europea. Estas especulaciones fueron, en su mayor parte, propuestas por personas que poseían apenas ligeros conocimientos generales de las circunstancias de la civilización aborigen americana, y que se confundieron con parecidos superficiales que, indudablemente, hay entre los pueblos americano y asiático, sus costumbres, sus formas artísticas, pero que dejaron de ser claros para el americanista que percibía en ellos solo semejanzas que, inevitablemente, se dan en el trabajo de los hombres que se encuentran en ambientes similares y rodeados de parejas condiciones sociales y religiosas.

A los mayas del Yucatán se les puede considerar como los más civilizados de los pueblos que ocuparon el continente americano antes de la llegada de los europeos, y es generalmente de su cultura de la que nos preguntamos si tuvo su asentamiento en Asia. No es necesario rebatir esta teoría en detalle, pues ya se ha llevado a cabo[1]. Pero se puede observar que la prueba más segura del origen de la civilización americana es que se encuentra en la natu-

---

[1] De Payne en su obra *El Nuevo Mundo llamado América,* Londres, 1892-1899.

raleza única del arte americano, indudable resultado de innumerables siglos de aislamiento. La lengua americana, la aritmética y los métodos para calcular el tiempo no guardan parecido con ningún otro sistema europeo o asiático, y podemos estar seguros de que hubo una civilización que entró en América procedente de Asia que habría dejado una indeleble huella en las cosas tan intensamente asociadas a la vida de los habitantes, así como en el arte y la arquitectura del país, puesto que son tanto el producto de cultura como de su habilidad de levantar templos.

Evidencia de vida animal y vegetal

Es imposible en esta conexión ignorar la evidencia en favor de los avances de los nativos, aducida a la producción artificial de comida en América. Casi todos los animales domésticos las plantas comestibles cultivadas que se encontraron en la época del descubrimiento eran totalmente diferentes de los que se conocían en el viejo mundo. Maíz, cacao, tabaco y patatas, así como multitud de plantas útiles, eran nuevas para los conquistadores europeos, y la ausencia de animales tan familiares como el caballo, la vaca y la oveja, además de animales más pequeños, es una prueba elocuente del prolongado aislamiento en que se encontraba el continente americano tras los primitivos asentamientos humanos.

Origen del hombre americano

Es un origen asiático, desde luego, admitido por los aborígenes de América, pero indudablemente unido a esa oscura Era Terciaria en la que el hombre era poco más que una bestia y el lenguaje aún no existía o, como mucho, estaba a medio formar. Hubo inmigraciones posteriores, natulmente, pero llegaron posiblemente a través del estrecho de Bering, y no por el puente de tierra que une Asia con América, por donde encontraron entrada los primeros que llegaron. En un período geológico posterior, el nivel del istmo lo conectaba con Asia. Durante esta prolongada elevación, vastos litorales planos, ahora sumergidos, se extendían de forma continuada desde la costa americana a la asiática, proporcionando una sencilla ruta de inmigración para un tipo de hombre que sería el origen de ambas ramas de Mongolia. Pero este tipo, poco diferente del animal que indudablemente era, no traía consigo la más mínima finura en el arte o civilización; y si se da alguna semejanza entre las formas artísticas o políticas de sus comunes descendientes en Asia y América se debe a la influencia de un remoto ancestro común, y no a ningún influjo posterior de civilización asiática a tierras americanas.

Tradiciones en la relación comercial con Asia

Las escasas tradiciones de relación comercial de Asia con América son, lamentablemente, fácilmente disipadas. Es una triste tarea verse obligado a rebatir los sueños de los demás. ¡Cuánto más fascinante habría sido la historia americana si Asia hubiese sembrado las semillas de su peculiar civilización en el continente del Oeste, que habría llegado a ser un nuevo y lejano Este, o un Oriente brillante y dorado! Pero América posee la fascinación casi intensa cuando se considera que allí está la maravilla de la evolución de sus civilizaciones, las flores del progreso de un nuevo, de un aislado, mundo.

La idea que el «Fu-Sang» de los anales chinos aludía a América era representada por Klaproth, quien demostró su identidad con una isla japonesa. No es imposible que los barcos chinos y japoneses pudieran ser impulsados hacia las costas americanas, pero que ellos navegaran más allá de su propósito fijado es altamente imposible; Gomara, el historiador mejicano, explica que los que servían con la expedición de Coronado en 1542 vieron, allende las costas del Pacífico, ciertos barcos que llevaban las proas decoradas con oro y plata, que iban cargados con mercancías que se suponía que eran de Catay o de China, «porque indicaban con señas que habían estado treinta días navegando». Al igual que muchas de estas interesantes historias, sin embargo, el cuento no tiene fundamento de hecho, del mismo modo que no se puede descubrir el incidente en el relato original de la expedición, publicada en 1838 en la colección de viajes de Ternaux-Compans.

Leyendas de relaciones comerciales europeas

Podemos encontrar tradiciones, uno podría llamarlas casi leyendas, de primitivas relaciones de Europa con América poco más satisfactorias que aquellas que cuentan su antigua conexión con Asia. Debemos rechazar las epopeyas del descubrimiento de América por los vikingos, que no son más que meras tradiciones y es de aquéllas cuya base, de hecho, es más débil y el interés de la leyenda más fuerte. Nos referimos a que cuando los vikingos fueron conducidos a aquellos monjes irlandeses que se habían asentado en Islandia, los fugitivos viajaban hacia la «Gran Islandia», que muchos anticuarios de la vieja escuela imaginaron, como el autor del mito, que tendría que ser América. El irlandés *Libro de Lismore* narra el viaje de San Brandan, abad de Cluainfert, en Irlanda, a una isla en el océano cuya providencia era destinada como morada de los santos. Es una viva narración de su travesía durante siete años en aguas occidentales y cuenta numerosos descubrimientos, entre ellos una montaña de fuego, una isla interminable, que

11

abandonaron después de un inútil viaje de cuarenta días, cargando sus barcos con sus frutos y volviendo a casa. Hay muchas leyendas vikingas que contemplan la «Gran Irlanda» o la «Tierra de Huitramanna» (Tierra del Hombre blanco), entre las cuales una se refiere a un vikingo que fue arrojado de sus tierras y que encontró allí una raza de hombres blancos que veneraban a sus dioses, portando estandartes y gritando en voz alta.

Existe, por supuesto, la escueta posibilidad de que el vikingo errante hubiera sido impulsado en ocasiones o arrojado a tan lejano lugar como el Sur de Méjico y tal ocurrencia viene a ser la más fácil de las creencias cuando recordamos que, ciertamente, alcanzó las costas de Norteamérica.

La leyenda de Madoc

Una historia mucho más interesante, porque es más probable, es la que cuenta la historia del descubrimiento de tierras lejanas a través del océano occidental, a cargo de Madoc, un príncipe del Norte de Gales, en el año 1170. Esto está registrado en la obra de Hakluyt *Viajes Ingleses* y de Powel *Historia de Gales*. Madoc, el hijo de Owen Gwyneth, disgustado por la lucha de sus hermanos por conseguir el principado de su difunto padre, decidió abandonar esa desagradable atmósfera y armó sus barcos con hombres y munición y buscó la aventura en el mar, navegando hacia el Oeste y abandonando la costa irlandesa muy alejado del Norte, y llegó a una tierra desconocida donde vio muchas cosas extrañas. «Esta tierra», dice nuestro amigo Hakluyt, «debe de ser parte del país del que los españoles afirmaban que eran sus primeros descubridores desde los tiempos de Hanno», y a través de estas alusiones podemos ver cómo estas tierras relativas a tierras misteriosas se asocian al continente americano. Con relación a la tierra descubierta por Madoc se contaron muchos cuentos en la Edad Media. Madoc, a su regreso, declaró que era un lugar agradable y productivo, pero deshabitado. Logró persuadir a un gran número de personas para que le acompañasen a esta deliciosa región y, al no volver jamás, Hakluyt concluye que los descendientes del pueblo que se llevó con él componían la mayor parte de la población de América en el siglo XVII, conclusión que ha sido apoyada por más de un anticuario moderno. En efecto, la fantasía más salvaje se basaba en esta leyenda y las historias de los indios que hablaban galés y que podían conversar con inmigrantes de Cymric a las colonias americanas eran recibidas con satisfacción por la vieja escuela de historiadores americanos como la confirmación más firme de la epopeya. Hay que tener en cuenta, sin embargo, que Enrique VII de Inglaterra, hijo de un galés, pudo haber estado influido por esta leyenda en su mecenazgo a los primeros exploradores americanos, pues se sabe que tuvo empleado a un tal Guttyn Owen, un historiógrafo galés, para que sacara su genealogía paterna y este mismo Guttyn incluyó la historia en sus trabajos. Tales leyendas, como las que se refieren a Atlantis y a las Antillas, apenas tienen relación con el ámbito del mito americano, pues sin duda se relacionan con la primitiva comunicación con las Canarias y las Azores.

Mitos americanos del descubrimiento

Pero ¿cuáles eran las especulaciones de los Hombres Rojos al otro lado del Atlántico? ¿No había rumores allí, ni leyendas, de un mundo en el Este? Inmediatamente antes del descubrimiento había en América una creencia ampliamente extendida de que en un remoto período habían visitado las tierras americanas extranjeros procedentes del Este, que al final volvieron a su propio país en la tierra del Sol Naciente. Tal fue, por ejemplo, la leyenda mejicana del Quetzalcoatl, a la que volveremos más adelante en su conexión más esencialmente mítica.

Tomó tierra con varios compañeros en Veracruz y rápidamente impusieron el poder de la civilización sobre la opinión nativa. En las antiguas pinturas mejicanas se le representa como si fuera vestido con un traje negro largo y bordado con cruces blancas. Tras permanecer con los mejicanos cierto número de años, durante los cuales se inició en el arte de la vida y la civilización, partió de su tierra en una balsa mágica, prometiéndoles, sin embargo, volver. Su segunda llegada fue ansiosamente esperada y cuando Cortés y sus compañeros llegaron a Veracruz, el mismo lugar que Quetzalcoatl se suponía había dispuesto en su vuelta a casa, los mejicanos lo creyeron como el regreso del héroe. Por supuesto a Moctezuma, su monarca, no le pilló totalmente por sorpresa la llegada del hombre blanco, pues él había oído hablar de la llegada de misteriosos extranjeros a Yucatán y a algún sitio más de América Central; pero a los ojos de la comunidad, el líder español era, desde luego, un héroe divino, «dios-héroe». En esta interesante figura varios cronistas monásticos de Nueva España veían al apóstol Santo Tomás, que había viajado a América para efectuar la conversión al cristianismo.

Una profecía peruana

Los mejicanos tuvieron métodos singulares en sus presentimientos. Cuando Hernando de Soto, al llegar a Perú, primero conoció al inca Huáscar, luego relató una antigua profecía en la que su padre, Huaina Capac, había repetido en su lecho de muerte que en el reinado del decimotercer inca, el hombre blanco, de fuerza y valor incomparables, provendría de su padre el Sol y sometería a los peruanos a su norma. «Yo os ordeno», dijo el moribundo rey, «que le rindáis homenaje y obediencia, porque ellos son de una naturaleza superior a la nuestra»[2].

Pero la más interesante de las leyendas americanas relacionadas con el descubrimiento es la que describe la profecía del sacerdote maya Chilán-Balam. El padre Lizana, un venerable autor español, relata la profecía que él afirma como muy bien conocida en todo el Yucatán, como hace Villagutiérrez, que lo cita.

La profecía de Chilán-Balam

Parte de esta extraña profecía dice lo siguiente: «Al final de la decimotercera edad, cuando Itza está en la cima del poder, también la ciudad llamada Tancah, la señal de Dios aparecerá en las alturas y la Cruz que ilumina el mundo se manifestará. Habrá cambios en los hombres de épocas futuras cuando traigan la señal. Recibid a vuestros bárbaros barbados invitados provenientes del Este, que traen la señal de Dios y que vienen por piedad y por compasión...».

Parece, tras una lectura detenida de esta profecía, que subyace un sustrato genuino de tradición nativa y que se manifiesta en la influencia de los primitivos misioneros españoles. Los términos de la proclamación son demasiado exactos, y el lenguaje usado es claramente escritural. Pero los libros originarios del Chilán-Balam, de donde se extrajo la profecía, son mucho menos explícitos y lo que de genuino pueda tener su carácter es evidente en el uso de la lengua maya, que por la forma que presenta no podría haber sido escrita más que por alguien que la ha usado habitualmente desde la infancia. Como muestra la naturaleza profética de estas opiniones, se sabe que el Chilán o sacerdote solía pronunciar públicamente, al final de ciertos períodos prolongados, una profecía que predecía el carácter del próximo período similar, y hay razones para creer que algunos lejanos rumores acerca de la llegada del hombre blanco habían llegado a oídos de varios de los profetas.

Estas vagas insinuaciones de que los mares los separaban de un gran continente donde habitaban seres como ellos era algo común tanto para el hombre blanco como para el rojo. Y alguien se preguntará por qué extraña

---

[2] El Inca Garcilaso de la Vega, *Historia de los incas,* Libro IX, capítulo 15.

magia de telepatía se inspiraron en el pensamiento de osados exploradores y de sacerdotes ascéticos que les permitieron expresarse de palabra y de hecho. El descubrimiento de América fue mucho más que un mero proceso científico y que frías especulaciones del ambicioso geógrafo medieval seducido por los oscuros mares del Oeste en busca de islas de oro vistas en sueños.

El tipo de civilización mejicana

La primera gente civilizada con la que los descubridores entraron en contacto fueron los nahuas, una antigua raza mejicana. Utilizamos el término «civilizado» deliberadamente, aunque numerosas reputadas autoridades han rechazado el ver a los mejicanos como un pueblo que ha alcanzado tal grado de cultura que podrían ser ubicados entre las comunidades civilizadas. No hay duda de que ellos habían avanzado casi tan lejos como les fue posible, considerando el entorno y la naturaleza de las circunstancias donde podrían tener inconvenientes.

En arquitectura desarrollaron un estilo de edificio sólido y lleno de gracia, que, si no tan impresionantes como los egipcios o los asirios, eran más decorativos. Sus expresiones artísticas, tal como muestran sus pinturas y cerámicas, eran más versátiles y menos convencionales que aquellas de los viejos pueblos de Oriente. Su sistema social era más avanzado y la clase dirigente mostraba una actitud menos rigurosa hacia sus súbditos. Sin embargo, por otro lado, la pintura se oscurece con el terror, pues los pintorescos ritos demandaban ceremonias religiosas, y la sombra de espantosos sacrificios humanos se proyectaba eternamente sobre la numerosa población. No obstante, los criterios morales eran altos, la justicia era imparcial, las formas de gobierno eran comparativamente apacibles y, en cuanto al fanatismo que pedía grupos de víctimas, podemos justamente cotejar la civilización del antiguo Méjico con la de los pueblos de la vieja China o India, si descontamos la actividad literaria de los países orientales.

La raza mejicana

La raza que fue responsable de esta variada y colorista civilización era conocida como Nahua (aquellos que viven según la norma), un título adoptado por ellos para distinguirse de aquellas otras tribus que aún vagaban en condiciones inestables a través de las antiguas llanuras de Nuevo Méjico y las regiones más al Norte. Ellos empleaban este término para designar la

15

raza en su conjunto, pero estaba compuesta por elementos muy diversos, cuyas características se volvían aún más variadas por la integración de una u otra tribu que componían los pueblos circundantes. Alrededor de la cuestión sobre el asentamiento original de los nahua han surgido muchas controversias, exceptuando sus leyendas acerca de migraciones que los sitúan en el Norte. Y cuando la cercana afinidad entre las formas artísticas y la mitología de los nativos actuales de la América británica y la de los nahua se considera a través de persistentes leyendas de una prolongada migración desde el Norte, donde ellos se asentaron en un lugar «cerca del agua», la conclusión que extrajeron los nahua sobre la región indicada es poco menos que incontrastable[3].

En la tradición nahua, el nombre de la localidad donde la raza comenzó sus andanzas se llama Aztlan (el lugar de los juncos), pero este topónimo es poco válido como guía para una región dada, aunque posiblemente algún apasionado anticuario haya identificado con ese nombre cada lugar entre el estrecho de Bering y Méjico. Otros nombres que se descubrieron en las leyendas de las migraciones son Tlapallan (el país de los colores brillantes) y Chicomoztoc (las siete cuevas), que quizá se pueda identificar con Nuevo Méjico o Arizona.

Leyendas de las migraciones mejicanas

Todos los primeros autores de la historia de Méjico están de acuerdo en que los toltecas fueron el primero de una serie de grupos de nahuas que corrieron por las amplias mesetas mejicanas. En cuanto a la realidad de estos pueblos se sabe muy poco y muchas autoridades de renombre los han visto como algo totalmente mitológico, mientras que otros declaran ver en ellos una verdadera raza, los fundadores de la civilización mejicana. El autor ya elaboró esta teoría de dicha complicada cuestión en otra parte[4], pero se referirá brevemente a ella cuando se trate de los súbditos de la civilización tolteca y las leyendas relacionadas con dicha teoría. Por el momento, debemos contemplar a los toltecas simplemente como una raza alusiva al mito migratorio, y también como los primeros inmigrantes nahuas de la región de Méjico.

Ixtlilxochitl, un cronista nativo que floreció brevemente tras la conquista de Méjico por los españoles, ofrece dos narraciones de las primeras mi-

---

[3] Véase Payne, *Historia del Nuevo Mundo llamado América,* volumen II, págs. 373 y siguientes.
[4] Véase Spence, *Civilización del antiguo Méjico,* capítulo II.

graciones toltecas, la primera de las cuales vuelve al período de su llegada a la fabulosa tierra de Tlapallan, aludida anteriormente. En esta narración se describe a Tlapallan como una región cerca del mar a la que llegaron los toltecas que viajaban hacia el Sur bordeando las costas de California. Esta narración se ha de acatar con mucha precaución. Pero sabemos que los oriundos de las tierras colonizadas por los británicos fueron expertos en el uso de la canoa desde tiempos remotos, y que el dios mejicano Quetzalcoatl, que probablemente proviene del mismo origen que la deidad Yetl, se representaba como un ser especializado en el manejo de la embarcación. No se descarta, por tanto, la posibilidad de que las primeras inmigraciones nahuas a Méjico se hicieran por mar, pero es mucho más probable que las migraciones se hicieran por tierra, siguiendo la planicie del terreno en la base de las Montañas Rocosas.

El cataclismo tolteca

Al igual que todos los inmigrantes legendarios, los toltecas no se propusieron colonizar lejanas tierras por impulso propio, pero fueron víctimas de las discordias aniquiladoras de su país y fueron expulsados de la comunidad en busca de fortuna a otras tierras. De este modo, llevaron a cabo sucesivos avances por el Sur y llegaron a Tlapallan en el año 1 Tecpatl (387 d. C.). Tras pasar las tierras de Jalisco, alcanzaron Huatulco y viajaron costa abajo hasta llegar a Tochtepec, obligando a Tollantzinco a irse tierra adentro.

Para poder realizar este viaje, necesitaron nada menos que ciento cuatro años. Ixtlilxochitl proporciona otro relato sobre la migración en sus *Relaciones,* un trabajo que tiene relación con la historia de las razas mejicanas. En él cuenta cómo los jefes de Tlapallan, que se habían sublevado ante el poder real, fueron desterrados de esa región en el año 439 d. C. Permanecieron cerca de su antiguo territorio por un espacio de ocho años, luego se dirigieron a Tlapallantzinco, donde estuvieron tres años antes de organizar un prolongado peregrinaje que llevó a la tribu cerca de un siglo de duración, en cuyo curso pararon, al menos, en trece diferentes lugares de descanso, seis de los cuales se localizan en la costa del Pacífico y los restantes en localidades del Norte de Méjico.

La naturaleza artificial de los mitos de la migración

Está claro, por evidencias internas, que estas dos leyendas de las migraciones toltecas presentan un aspecto artificial. Pero si no podemos creerlas al pie de la letra, no es porque no describieran en parte una peregrinación real. Son ejemplos de numerosos mitos migratorios que se han narrado, relativos a varias ramas de las razas mejicanas. Se muestran pocas características interesantes y son, sobre todo, notables por sus pesadas repeticiones y por divergencias en detalles esenciales.

Mitos de los toltecas

Pero nos adentramos en un dominio mucho más fascinante cuando leemos atentamente los mitos relacionados con el reino y la civilización tolteca, por ello, antes de entrar en el origen de la verdadera historia de la raza tolteca, será mejor considerar las leyendas nativas que les concernían. Éstas muestran una exuberancia de imaginación y contenido casi orientales, y forzosamente recuerdan al lector las maravillosas descripciones arquitectónicas y escénicas de *Las Noches Árabes*.

El principal origen de estas leyendas se encuentra en las historias de Zumárraga y de Ixtlilxochitl. El último de ningún modo es una autoridad, pero tuvo éxito en la investigación de las tradiciones de su tierra nativa con considerable encanto. Los toltecas, dice, fundaron la magnífica ciudad de Tollan en el año 566 d. C. Esta ciudad, el lugar que ahora ocupa la moderna ciudad de Tula, estaba situada en el Noroeste de las montañas que limitan el valle de Méjico. Allá fueron los toltecas guiados por el poder nigromántico de Hueymatzin (Mano Grande) y bajo su dirección decidieron levantar una ciudad en el sitio donde había estado el campo de batalla. Durante seis años se esforzaron por construir Tollan, y así surgieron magníficos edificios, palacios y templos que en conjunto formaban una capital de esplendor sin igual en el Nuevo Mundo. El valle donde se establecieron se conocía como «el lugar de las frutas», aludiendo a su gran fertilidad. Los ríos de los alrededores estaban llenos de pesca y las colinas que circundaban este delicioso paraje acogían enormes rebaños de caza.

Pero tan pronto como los toltecas se encontraron sin gobernador, y durante el séptimo año de la ocupación de la ciudad, la asamblea de representantes formó concejo y acordó poner su poder en manos de un monarca que el pueblo podría elegir. La elección cayó sobre Chalchiuh Tlatonac (Brillante Piedra Preciosa), quien reinó durante cincuenta y dos años.

Leyendas del talento artístico de los toltecas

Felizmente asentados en su nuevo país y gobernados por un rey al que respetaban con reverencia, los toltecas hicieron rápidos progresos en las distintas artes y su ciudad empezó a ser conocida a lo largo y ancho por las excelencias de sus artesanos y la belleza de su arquitectura y cerámica. De hecho, el nombre «Toltec» llegó a considerarse como sinónimo de artista y como una clase de marca que garantizaba la superioridad de cualquier artículo de la destreza tolteca. Todo, dentro y fuera de la ciudad, era prueba del gusto y talento artístico de sus fundadores. Las murallas tenían incrustaciones de piedras extrañas y su mampostería estaba tan bellamente cincelada que se asemejaba a los más exquisitos mosaicos.

Uno de los edificios de los que los toltecas estaban más justamente orgullosos era el templo en el que oficiaba el sacerdote mayor. Este edificio era una joya de arquitectura y de decoración mural. Tenía cuatro aposentos. Las paredes del primero estaban incrustadas con oro; el segundo con piedras preciosas de todas las clases; el tercero con bellas conchas marinas de todos los matices concebibles y de las más delicadas sombras incrustadas en ladrillos de plata, que relucían al sol de tal forma que deslumbraban a los que lo contemplaban. El cuarto aposento era de brillantes piedras rojas adornado con conchas.

La Casa de las Plumas

Aún más fantástico y misteriosamente hermoso era otro edificio, «La Casa de las Plumas». Éste también tenía cuatro aposentos, uno decorado con plumas de un brillante amarillo; otro con radiantes y brillantes matices de azulejos. Éstos estaban entretejidos en una especie de tapiz y colocados contra las paredes en graciosos colgantes y festones. Un aposento descrito consistía en el plumaje del más puro y deslumbrante blanco. La otra habitación tenía plumas que colgaban desde el techo de un rojo brillante, cogidas de los más hermosos pájaros.

Huemac el malvado

Sucedieron al fundador de la monarquía tolteca una serie de reyes más o menos capacitados, hasta que en el año 994 d. C., Huemac II subió al trono de Tollan. Él gobernó al principio con sabiduría y prestaba gran atención a las obligaciones religiosas y de Estado. Pero más tarde, él cayó de ese pedestal que se había levantado, porque el pueblo se sintió decepcionado por su deslealtad y sus hábitos inmoderados y licenciosos. Las provincias se levantaron en revueltas y hubo muchos presagios pesimistas que predecían la caída de la ciudad. Toveyo, un astuto brujo, reunió a un gran grupo de gente de las cercanías de Tollan y, a fuerza de golpear un tambor mágico hasta el anochecer, les forzó a bailar a su ritmo hasta que, exhaustos por el esfuerzo, cayeron por un vertiginoso precipicio en un barranco donde se convirtieron en piedras. Toveyo, también malvadamente, destruyó un puente de piedra y miles de personas cayeron río abajo y se ahogaron. Los volcanes de los alrededores entraron en erupción y mostraban un aspecto espeluznante; se vieron apariciones horrorosas entre las acechantes llamas que amenazaban.

Los dirigentes de Tollan decidieron no perder más tiempo implorando a los dioses, quienes dedujeron del presagio que se debía enviar la más violenta cólera contra la ciudad. Por consiguiente, ordenaron un gran sacrificio de cautivos de guerra. Pero en el momento en el que colocaron la primera víctima en el altar ocurrió otra catástrofe aún más terrible. Según el método común de sacrificios entre los nahua, se le abrió el pecho a una joven con el propósito de sacarle el corazón, órgano que no pudo recibir el sacerdote oficiante. Es más, en las venas de la víctima no había sangre. El cadáver despedía tal pestilencia a muerto que causó la muerte de miles de toltecas.

Huemac, el perverso rey que trajo todo este sufrimiento a su pueblo, tuvo que hacer frente en el bosque a Tlalocs, dios de la humedad, y humildemente imploró su perdón a estas deidades y que no le quitasen sus riquezas y su rango. Pero los dioses estaban disgustados por su cruel egoísmo, exponiéndole sus deseos y se fueron, amenazando a la raza tolteca con seis años de plagas.

Las plagas de los toltecas

El invierno siguiente hubo tal helada que todas las cosechas y plantas se perdieron. Siguió un verano de un calor tórrido, de un calor tan intenso y sofocante que se secaron los arroyos y las rocas se ablandaron. Luego las torrenciales lluvias inundaron calles y caminos, y terribles tempestades arrastraron la tierra. Una cantidad enorme de sapos asquerosos invadieron el valle, comiéndose los desperdicios que habían dejado a su paso la helada y el calor, entrando en todas las casas de la gente. Al año siguiente una terrible sequía fue la causa de la muerte de miles de personas por hambre y el invierno siguiente fue otra vez de una gran severidad. Descendió la población de langostas y lo que remató la ruina fue una tormenta de granizos y truenos. Durante estas plagas murió un noventa por ciento de la población y todos los esfuerzos de creación de arte cesaron debido a la lucha por la comida.

El rey Acxitl

Cuando cesaron estas desgracias el perverso Huemac optó por una vida más honrada y se preocupó del bienestar y de gobernar adecuadamente a sus gentes. Pero él había anunciado que Acxitl, su hijo ilegítimo, le sucedería y decidió abdicar en favor del joven.

Los toltecas, lo mismo que los pueblos primitivos, consideraban a sus primeros reyes como divinos y el intento de colocar en el trono a uno que no tuviera sangre real se veía como una grave ofensa contra los dioses. Se produjo una revuelta, pero sus dos principales jefes fueron sobornados con promesas de ascenso. Acxitl subió al trono y durante un tiempo gobernó sabiamente. Pero pronto, igual que su padre, comenzó una vida licenciosa, seguida del mal ejemplo que mostraba a los miembros de su corte y a los sacerdotes, transmitiendo un espíritu vicioso a todos sus súbditos y a todas las capas de la sociedad. Las injusticias cometidas por la gente de la capital y las perversidades practicadas por los favoritos del rey causaron tal escándalo en las provincias limítrofes, que a la larga resultaron en revueltas abiertas y Huehuetzin, jefe de un virreinato más oriental, se unió a otros dos jefes de revueltas y marcharon hacia la ciudad de Tollan, a la cabeza de una gran fuerza. Acxitl no pudo reunir en asamblea a un ejército suficientemente poderoso como para vencer a los rebeldes, así que se vio obligado al recurso del soborno con ricos regalos, intentando llegar a una tregua. Pero la suerte de Tollan pendía de un hilo. Multitud de chichimecas salvajes se aprovecharon de los disturbios que había en el Estado tolteca e invadieron la región del lago de Anahuac, o Méjico, y tomaron su fértil suelo. ¡El final ya se vislumbraba!

Una terrible visita

La ira de los dioses aumentaba en vez de disminuir, y para apaciguarlos tuvo lugar una gran convención de los sabios del reino en Teotihuacán, la ciudad sagrada de los toltecas. Pero durante sus deliberaciones, un gigante de inmensas proporciones se plantó en medio y, cogiéndolos a manadas con sus huesudas manos, los arrojó al suelo, provocando que se les salieran los sesos. De esta forma mató a un gran número de personas, y cuando el atemorizado pueblo creía que se había librado de él, él volvió con un aspecto diferente y mató a otros cuantos. Apareció de nuevo el espeluznante monstruo, esta vez adoptando la forma de un hermoso niño. La gente, fascinada con su encanto, se acercó para contemplarlo y descubrieron que su cabeza era una masa totalmente corrompida, cuyo hedor era tan profundo que muchos murieron allí mismo. El demonio que había enviado esas plagas a los toltecas, al final se dignó comunicarles que los dioses no volverían a escuchar sus plegarias y que habían decidido destruirlos por completo y les aconsejó que huyeran.

La caída del Estado tolteca

Por esa época, las principales familias de Tollan habían abandonado el país, refugiándose en los Estados vecinos. Una vez más Huehuetzin amenazó a Tollan y, a costa de esfuerzos sobrehumanos, el viejo rey Huemac, que dejó su retiro, reunió una fuerza suficiente para afrontar al enemigo. La madre de Acxitl reclutó los servicios de las mujeres de la ciudad y las formó en un regimiento de amazonas. A la vanguardia de todos ellos iba Acxitl, que dividió sus fuerzas, enviando una parte al frente bajo su comandante en jefe y formando la otra en una reserva bajo su mandato. Durante tres años el rey defendió Tollan contra las fuerzas de los rebeldes y los semisalvajes chichimecas. Al final, los toltecas, casi diezmados, huyeron después de una batalla final desesperada a las marismas del lago Tezcuco y a lo más intrincado de las montañas. Las demás ciudades también fueron destruidas y el imperio tolteca llegó a su fin.

El éxodo chichimeca

Mientras tanto, los rudos chichimecas del Norte, que se habían pasado muchos años en constante lucha con los toltecas, se vieron sorprendidos, pues sus enemigos ya no ambicionaban sus fronteras, ocasión que ellos adoptaron al principio con el fin de obtener cautivos para el sacrificio. Enviaron espías al territorio tolteca para averiguar la razón de este sospechoso silencio y volvieron con la asombrosa noticia de que el dominio tolteca, a una distancia de casi mil kilómetros desde la frontera chichimeca, era un desierto, las ciudades estaban arruinadas y vacías y sus habitantes dispersos. Xolotl, el rey chichimeca, convocó a todos los jefes e, informados sobre lo que habían dicho los espías, les propuso una expedición con el fin de anexionar la tierra abandonada. No menos de 3.202.000 personas componían la migración, y solo 1.600.000 se quedaron en territorio chichimeca.

Los chichimecas ocuparon la mayoría de las ciudades arruinadas y muchas de ellas las reconstruyeron. Los toltecas que se habían quedado fueron súbditos pacíficos y, gracias a sus conocimientos del comercio y artesanía, amasaron una considerable riqueza. No obstante, se les pidió un tributo que Nauhyotl, el gobernante tolteca de Colhuacán, negó autoritariamente; pero fue derrotado y asesinado, y el mandato chichimeca fue, al final, supremo.

La desaparición de los toltecas

Los transmisores de esta leyenda creen, opinión que comparten varias autoridades de alto nivel, que los toltecas, huyendo de los disturbios de sus ciudades y de los caminos de los chichimecas, llegaron a Centroamérica, donde llegaron a ser los fundadores de la civilización de esa región y los arquitectos de las diversas hermosas ciudades, cuyas ruinas en la actualidad se esparcen por sus llanuras y sus bosques. Pero ha llegado el momento de que examinemos las reclamaciones que presentan, en parte, la cultura y civilización toltecas por medio de métodos más científicos.

¿Existieron los toltecas?

Algunas personalidades han cuestionado la existencia de los toltecas y aseguran que ven en ellos una raza con un significado meramente mítico. Basan esta teoría en la circunstancia de que la duración de los reinados de los monarcas toltecas establece muy frecuentemente que duraban exactamente cincuenta y dos años, justo el mismo tiempo que el gran ciclo mejicano de años que habían adoptado, y así el calendario ritual coincidiría con el año solar. Este dato es ciertamente sospechoso, pues muchos de los nombres de reyes toltecas lo son también de las principales deidades nahuas, y esto da a toda la lista dinástica un valor muy cuestionable. El doctor Brinton reconoció en los toltecas a los hijos del Sol, quienes, igual que sus hermanos en la mitología peruana, fueron enviados desde el cielo para civilizar a la raza humana, y esta teoría no se debilita en absoluto por el hecho de que Quetzalcoatl, un dios de significado solar, es aludido en la mitología nahua como el rey de los toltecas. Sin embargo, recientes consideraciones y descubrimientos han forzado virtualmente a los estudiosos de esta materia a admitir la existencia de los toltecas como una raza. El autor ha tratado esta cuestión más adelante[5] y no es de los que admiten la existencia definitiva de los toltecas desde un punto de vista histórico. Payne de Oxford, una autoridad reconocida, opinaba que «las narraciones de la historia tolteca relativas a la conquista contienen una parte sustancial de verdad», y escribe concluyentemente: «Dudar de que alguna vez existió un progreso superior que pre-

---

[5] Véase *Civilización del antiguo Méjico*, capítulo II.

valeció entre los lnahuatlacas y que sus gentes extendieron sus adelantos entre todos los anahuacas y por los distritos del Este y del Sur, sería rechazar una creencia universalmente considerada y echaría por tierra los esfuerzos que se hicieron en los últimos tiempos de construir para el pueblo algo histórico»[6].

Una tradición persistente

La teoría del presente autor concerniente a la existencia histórica de los toltecas es bastante menos comprometida. Él admite que una tradición más persistente relativa a su existencia alcanzó una creencia general entre los nahuas y que la fecha de su supuesta dispersión (1055) permite aproximar esta tradición al tiempo de la conquista. También admite que el sitio de Tollan contiene ruinas que, indudablemente, son de una época anterior a la de la arquitectura de los nahuas, como se sabe en el momento de la conquista, y que existen numerosas evidencias de una civilización más antigua. También cree que los primeros nahuas, guardando los rasgos raciales, eran salvajes; el tiempo transcurrido entre su condición bárbara y el estado más avanzado que alcanzaron fue demasiado breve como para dar lugar a una evolución desde un estado salvaje a otro de cultura. Desde aquí, ellos debieron adoptar una civilización más antigua, especialmente porque, a través de la aparente civilización que poseían, mostraban todos los signos de rudo barbarismo.

Un pueblo sin nombre

Si esto fuera cierto, demostraría que existió un pueblo de una cultura comparativamente alta, en un período no muy remoto en la meseta mejicana. Pero el autor desconoce su nombre y sus afinidades raciales. Muchos estudiosos americanos les dieron el nombre de «toltecas» y hablan libremente del «período tolteca» y del «arte tolteca». Puede parecer pedante negarse a reconocer que ese pueblo culto que habitó en Méjico en los tiempos prenahuas fueran los «toltecas».

Pero ante la ausencia de escritos recogidos de autoridades genuinas nativas que traten esta cuestión, el autor se ve obligado a seguir siendo escéptico en cuanto a la denominación de una misteriosa raza antigua que precedió a los nahuas. No faltan quienes consideran las crónicas gráficas de los nahuas to-

---

[6] Payne, *Historia del Nuevo Mundo,* vol. II, pág. 430.

talmente dignas de crédito como si fuesen documentos escritos, pero lo que sí ha de estar claro es que la tradición o la historia dejada en forma de pinturas nunca puede tener el grado categórico que tienen los relatos escritos.

El arte tolteca

Como ya se ha dicho anteriormente, las tradiciones toltecas están fuertemente marcadas por su amor por el arte y todas sus producciones en las distintas facetas. Ixtlilxochitl dice que ellos trabajaron el oro, plata, cobre, estaño y cuero, y, como albañiles, emplearon la piedra, el pórfido, basalto y obsidiana. Destacaron también en la artesanía de joyas y objetos de arte, así como en la cerámica de Cholula, cuyos objetos son de excelente calidad.

Otros pueblos indígenas

Méjico tiene otras razas indígenas aparte de los toltecas. De entre todos estos pueblos el más notable es el de los otomi, que aún ocupan las zonas de Guanajuato y Queretaro, que antes de la llegada de los nahuas posiblemente se extendían por todo el valle de Méjico. Al Sur nos topamos con Huasteca, un pueblo que hablaba la misma lengua que los mayas de Centroamérica. En la costa del Pacífico, los mixtecas y zapotecas fueron los responsables de que surgiera una civilización que mostraba muchas características originales y que, en cierto modo, constituían un lazo de unión entre las culturas de Méjico y Centroamérica. Encontramos vestigios de una población aún más antigua que ésas en las partes más remotas de Méjico; Mixe, Zaque, Kuicatec y Popolcan son seguramente los restos de razas prehistóricas de gran antigüedad.

Los habitantes de los riscos

Es posible que una raza conocida como «los habitantes de los riscos» que ocupaba la meseta de Arizona, Nuevo Méjico, Colorado y Utah y que incluso extendía sus ramificaciones en el propio Méjico, estuviera relacionada etnológicamente con los nahuas. El actual Pueblo Indio que habitaba al Norte de Méjico posee, con toda seguridad, una mezcla de sangre nahua. Antes de que las tribus se mezclaran con todas ellas, que ya se habían relacionado con otras de diversos orígenes, parece ser que ocupaban con otras estas partes del país, ahora habitadas por el Pueblo Indio, y en los huecos naturales y en las cavernas superficiales que había frente a los riscos se levantaban viviendas y fortificaciones, muestras de una habilidad arquitectónica de orden nada despreciable. Estas comunidades se extienden hacia el Sur hasta el río Gila, el afluente más al Sur del Colorado, y los restos que dejaron allí parecen ser de una época posterior, arquitectónicamente hablando, que los situados al Norte. Las encontraron ya en ruinas los primeros exploradores españoles y se cree que sus constructores se vieron obligados a retroceder para unirse a sus parientes del Norte. Más al Sur, en los cañones del río Piedras Verdes en Chihuahua, Méjico, hay viviendas en riscos, parecidas en muchos aspectos a los de la región de Pueblo, y el doctor Hrdlicka ha examinado otras también más al Sur, como las del Estado de Jalisco, en Méjico Central. Es posible que fueran las ruinas de viviendas construidas bien por los antiguos nahuas, bien por pueblos relativamente indígenas, y muestran características arquitectónicas generales entre los nahuas antes de que adoptaran otras formas extranjeras. O también pueden ser restos de viviendas similares a las de Tarahumare, una raza que aún existe en Méjico, quienes, según Lumholtz[7], habitan en estructuras similares en la actualidad. Está claro, por el desarrollo arquitectónico de las viviendas-risco, que su civilización se desarrolló generalmente desde el Sur hasta el Norte, que esta raza estaba relacionada con los primitivos nahuas y que más tarde se retiraron hacia el Norte o llegaron a fundirse con el pueblo nahua en general. No hay que entender, sin embargo, que la raza que llegó a la llanura mejicana antes que los nahuas, y las ruinas de Jalisco y otros distritos centromejicanos, puedan ser simplemente restos de viviendas-risco, una adaptación de las viviendas-risco hecha por las comunidades centromejicanas, o un desarrollo local de sus propias exigencias de la primitiva vida en el distrito.

La raza nahua

Los pueblos nahuas incluían a todas aquellas tribus que hablaban nahuatlatolli (lengua nahua) y ocupaban una esfera que se extendía desde los límites Sur de Nuevo Méjico hata el istmo de Tehuantepec al Sur, o mucho más dentro de los límites de la actual República de Méjico. Pero este pueblo no ha de ser considerado como una raza de origen homogéneo. Será suficiente una breve narración sobre las afinidades raciales. Los chichimecas estaban posiblemente relacionados con los otomi, a quienes se alude como los que primeros llegaron al valle mejicano. Tradicionalmente siempre se ha supuesto que llegaron en un período posterior a la ocupación de los toltecas.

---

[7] *Méjico desconocido,* volumen I, 1902; ver también el *Boletín* 30, Oficina de Etnología Americana, pág. 309.

Sus capitales eran Tezcuco y Tenayucán, pero luego se aliaron a los nahuas en una gran confederación y adoptaron la lengua nahua. Hay circunstancias que justifican esta asunción a su entrada al valle de Méjico, y consisten en un número de tribus ligeramente unidas que mostraban en su organización general una estrecha semejanza con alguna de las tribus que componen los modernos indios americanos.

Los aculhuaques

Los siguientes en el orden de llegada fueron los aculhuaques o alcohuanos. El nombre significaba hombres «altos» o «fuertes», literalmente «pueblo ancho de espaldas» o «emprendedores», que se labran su propio camino. Gomara afirma en su *Conquista de Méjico* que llegaron al valle de Alcohuacán aproximadamente en el año 780 d. C. y fundaron las ciudades de Tollan, Colhuacán y la propia ciudad de Méjico. Los alcohuanos eran puros nahuas, y bien podían ser los muy discutidos toltecas; los nahuas siempre insistieron en el hecho de que los toltecas eran del mismo linaje que ellos y que hablaban una forma más antigua y más pura de lengua nahua. De los alcohuanos descienden los tlascalanos, los empedernidos enemigos de los aztecas, y que ayudaron denodadamente a Cortés en su invasión de la capital azteca, Tenochtitlán o Méjico.

Los tecpanecas

Los tecpanecas eran una confederación de tribus puramente nahuas que habitaban en las ciudades ubicadas en los alrededores del lago de Tezcuco, cuyos principales puntos se encontraban en Tlacopán y Azcapozalco. El nombre tecpaneca significa que cada asentamiento poseía su propia casa general o *tecpan*. Estas tribus eran ciertamente inmigrantes nahuas posteriores, que llegaron a Méjico después de los alcohuanos y fueron fuertes rivales de la rama chichimeca de la raza.

Los aztecas

Los aztecas eran una tribu nómada de dudoso origen, pero probablemente de sangre nahua. Vagaron por toda la meseta mejicana durante generaciones, y al final se asentaron en las marismas próximas al lago de Tezcuco, muy cerca de Tlacopán. El nombre «azteca» significaba «pueblo

27

grulla», puesto por la tribu de los tecpanecas, probablemente debido al hecho de que, igual que las grullas, ellos vivían en los alrededores de las marismas. Fundaron la ciudad de Tenochtitlán o Méjico, y durante algún tiempo pagaron tributo a los tecpanecas. Pero luego se convirtieron en los más poderosos aliados de ese pueblo, a los que finalmente superaron por completo en poder y esplendor.

El carácter azteca

Los rasgos de los aztecas, tal y como se representan en las numerosas pinturas mejicanas, son típicos y arguyen un origen norteño. La raza era, y es, de una altura media y su piel es de color marrón oscuro. El mejicano es grave, taciturno y melancólico, con un profundo amor hacia lo misterioso, pero colérico, casi inhumano, en la violencia de sus pasiones cuando se le incita. Está generalmente dotado de una mente lógica, de rápido aprendizaje, y con una habilidad para captar el lado delicado de las cosas con gran finura.

Paciente e imitador, el antiguo mejicano sobresalía en aquellas artes en las que se requieren ciertas cualidades. Tenía una verdadera inclinación hacia la belleza de la naturaleza y una pasión por las flores, pero la música azteca carecía de animación y las diversiones nacionales tenían frecuentemente un carácter tenebroso y feroz. Las mujeres son más animadas que los hombres, pero en la época anterior a la conquista eran demasiado serviles a las voluntades de sus maridos. Ya hemos trazado brevemente el perfil de la civilización nahua, pero será mejor examinarla un poco más de cerca para entender mejor los mitos de este pueblo y conocer algo más su vida y su cultura.

Leyendas sobre la fundación de Méjico

Cuando Cortés conquistó Méjico, la ciudad presentaba un aspecto majestuoso. Dirigidos al lugar por Huitzilopochtli, posteriormente divinizado como el dios de la guerra, hay varias leyendas que responden a la elección de su ubicación por los mejicanos. El más popular de estos relatos cuenta cómo el nahua nómada contempló el asentamiento en un cacto de una majestuosa águila de gran tamaño, agarrando en sus talones una enorme serpiente y extendiendo sus alas para acaparar los rayos del sol. Los adivinos o curanderos de la tribu, interpretando un buen agüero al ver eso, advirtieron a los jefes de los pueblos para que se asentaran en ese lugar, y escuchando la voz de lo que había dispuesto la divina autoridad, comenzaron a llevar piedras al suelo cenagoso y de esa forma se estableció la fundación de la gran ciudad de Méjico.

Una narración de esta leyenda cuenta cómo los aztecas buscaron refugio en las costas occidentales del lago de Tezcuco alrededor del año 1325, en una isla entre las marismas, en la que encontraron una piedra donde cuarenta y cinco años antes uno de sus sacerdotes había sacrificado a un príncipe llamado Copal, a quien habían hecho prisionero. En una grieta de ese tosco altar había crecido una planta de nopal y sobre ella el águila real, a la que se refiere la narración anterior, se había posado, amarrando la serpiente con sus garras. Viendo en esto un buen presagio, y movido por un impulso sobrenatural inexplicable, un sacerdote de alto rango se zambulló en un estanque cercano, donde se encontró frente a frente con Tlaloc, el dios de las aguas. Después de una entrevista con el dios, el sacerdote obtuvo el permiso para fundar la ciudad en ese lugar, de cuyos humildes orígenes surgió la metrópolis de Méjico-Tenochtitlán.

Méjico en la conquista

En el momento de la conquista, la ciudad de Méjico tenía una circunferencia de no más de veinte kilómetros, aproximadamente la actual ciudad de Berlín, exceptuando sus suburbios. Tenía sesenta mil casas y sus habitantes llegaban a trescientos mil. Muchas otras ciudades, la mayoría de ellas la mitad de grandes, se agrupaban en islas o en los márgenes del lago Tezcuco, y de esa forma la población de lo que casi se podía llamar el «Gran Méjico» sobrepasaba varios millones. Cruzaban la ciudad cuatro grandes carreteras o avenidas construidas en ángulo recto y había cuatro plazas con los puntos cardinales. Situada como estaba en el medio del lago, la atravesaban numerosos canales que se usaban como vías públicas para el tráfico. Las cuatro carreteras principales descritas anteriormente se extendían a través del lago como acequias o viaductos hasta que llegaban a la costa. Las viviendas de las clases sociales menos pudientes estaban básicamente construidas de adobe, pero las de la clase noble estaban hechas de piedra roja porosa extraída de una cantera cercana. Normalmente eran de una sola planta, pero ocupaban una buena extensión de terreno y tenían tejados planos, muchos de los cuales los cubrían con flores. En general, estaban protegidas con una dura capa de cemento blanco que les daban un aspecto semejante al de las construcciones orientales.

Elevándose altos entre ellas, y un poco apartados de las amplias plazas y mercados, estaban los *teocallis* o templos. Estos no eran en realidad templos o edificios cubiertos, sino «altos lugares», grandes pirámides de piedra, construidas planta sobre planta, alrededor de la cual había una escalera que llegaba hasta la cima, donde generalmente se erigía un pequeño altar con la deidad tutelar para la que se había levantado el *teocalli*. El gran templo de Huitzilopochtli, el dios de la guerra, construido por el rey Ahuizotl, era, además del más típico de ellos, el más grande de estas pirámides votivas. El perímetro de las paredes del edificio medía mil quinientos metros, y éstas estaban impresionantemente decoradas con labrados que representaban en guirnaldas reptiles entrelazados, de donde reciben su nombre, *coetpantli* (paredes de serpientes). Una especie de verja daba acceso al interior. El *teocalli*, o gran templo, albergaba un atrio en forma de paralelogramo, de 115 por 90 metros, y estaba construido en seis plantas, aumentando la superficie a medida que se descendía. La masa de esta estructura estaba compuesta de una mezcla de cascotes, arcilla y tierra, cubierta con bloques de piedra cuidadosamente trabajados, unidas con cemento con sumo cuidado y cubiertas con una capa de yeso. Un corredor de trescientos cuarenta pasos rodeaba toda la terraza y se dirigía a la planta superior, en la que se levantaban dos torres de tres plantas de dieciocho metros de altura, en las que estaban las grandes estatuas de la deidad tutelar y las piedras de jaspe para el sacrificio. Estos santuarios, dicen los viejos conquistadores que entraron en él, tenían apariencias y olor de mataderos y había sangre humana por todas partes. En esta misteriosa capilla de horrores ardía un fuego cuya extinción se suponía que traería el fin del poder nahua. Se atendía con un cuidado tan escrupuloso como el que tenían las vestales romanas al guardar su llama sagrada. No menos de estos seiscientos braseros sagrados se mantenían ardiendo en la ciudad de Méjico.

Una pirámide de calaveras

El principal templo de Huitzilopochtli estaba rematado en la parte superior por cuarenta *teocallis* y sepulcros. En la de Tzompantli (pirámide de calaveras) estaban reunidas espeluznantes reliquias de las incontables víctimas ofrecidas al implacable dios-guerra de los aztecas y en esta horrible estructura los conquistadores españoles contaron más de ciento treinta y seis mil calaveras humanas. En el patio o *teopan* que rodeaba el templo estaban las viviendas de miles de sacerdotes, entre cuyas obligaciones se encontraba la de mantener escrupulosamente cuidado el recinto del templo, y estas labores se repartían minuciosamente.

Arquitectura y ruinas nahuas

Como veremos más adelante, Méjico no es tan rico en antigüedades arquitectónicas como Guatemala o Yucatán, y la razón se debe a que los bosques tropicales que crecieron formaron una protección sobre los antiguos edificios de piedra de estos dos últimos países. Las ruinas encontradas en las regiones del Norte de la república son más toscas que las que están más cerca de la esfera de influencia maya, como, por ejemplo, las de Mitla, construidas por los zapotecas, que muestran inconfundibles signos mayas que preferimos describir cuando tratemos de las antigüedades de ese pueblo.

Restos ciclópeos

En las montañas de Chihuahua, una de las provincias más al Norte, hay un conocido grupo llamado «Casas Grandes», cuyas paredes aún tienen una altura de aproximadamente diez metros. Aparentemente se aproximan a los edificios de tribus más modernas de Nuevo Méjico y Arizona y pueden hacer referencia a dichos pueblos más que a los nahuas. En Quemada, Zacatecas, se han descubierto numerosas ruinas de aspecto ciclópeo. Están compuestas por extensas terrazas y anchas calzadas de piedra, *teocallis* que han sobrevivido muchos siglos y pilares gigantescos de unos cinco y medio metros de alto y cinco metros de perímetro. Sobre los montones de basura que se esparcían por el suelo, se elevaban paredes de unos cuatro metros de grosor. Estos restos muestran escasa relación con la arquitectura nahua al Norte y al Sur de ellos. Son más numerosos que otros y deben haber sido construidos por alguna raza que había hecho considerables esfuerzos en el arte de la construcción.

Teotihuacán

En el distrito de Totonacs, al Norte de Veracruz, encontramos muchos restos arquitectónicos de carácter altamente interesante. Aquí, el *teocalli*, o tipo de construcción piramidal, está frecuentemente coronado por un templo techado con el característico tejado macizo de la arquitectura maya. Los ejemplos más notables hallados en esta región son los restos de Teotihuacán y Xochicalco. El primero era la Meca religiosa de las razas nahuas, y en sus proximidades aún se ven los *teocallis* del Sol y la Luna, rodeados por enormes cementerios donde los devotos de Anahuac yacían en la segura esperanza de que siendo enterrados encontrarían la entrada al paraíso del Sol. El *teocalli* de la Luna tenía una base de ciento treinta metros y una altura de cuarenta. El del Sol es de mayores dimensiones, con una base de doscientos veinte metros y una altura de sesenta. Estas pirámides estaban divididas en cuatro plantas, tres de las cuales aún existen. En la cima del *teocalli* del Sol se levantaba un templo con una gran imagen de esta luminaria labrada en un tosco bloque de piedra. En su seno descansaba una estrella del más puro oro, que tomaron como botín los seguidores de Cortés. Del *teocalli* de la Luna parte un sendero donde un pequeño arroyo linda con el «Citadel». Este sendero se conoce como «el sendero de la muerte», debido a que está rodeado por quince metros cuadrados de tumbas y túmulos y además forma un camino a través del gran cementerio. El Citadel, cree Charnay, era una amplia cancha de tenis o *tlachtli,* donde se congregaban miles de espectadores para ver el deporte nacional de los nahuas con un entusiasmo igual al de los seguidores actuales del fútbol. Teotihuacán era un floreciente centro contemporáneo de Tollán. Fue destruido, pero lo reedificó el rey chichimeca Xolotl, y preservó su tradicional dominio como foco de la religión nahua. Charnay identifica los estilos arquitectónicos allí descubiertos con los de Tollán. El resultado de su labor en los alrededores incluía la exhumación de cerámica ricamente decorada, jarras, máscaras y figuras de terracota. También excavó varias casonas o palacios, algunas con muros de más de dos metros de grosor, en los que había aros y planchas para sujetar antorchas y velas. Los suelos estaban teselados con mosaicos de varios y ricos diseños «como una alfombra». Charnay concluía que los monumentos de Teotihuacán estaban en pie a la llegada de los conquistadores.

La colina de Flores

Cerca de Tezcuco está Xochicalco (La colina de flores), un *teocalli* cuya escultura es a la vez de un diseño bello y lujurioso. El porfirio del que se hacían los grandes bloques, de tres y medio metros de largo, se extraía a muchos kilómetros de distancia. En 1755 la estructura alcanzó una altura de cinco plantas, pero los vándalos han hecho un buen trabajo y solo nos quedan unos pocos fragmentos labrados con exquisitos diseños de una de las más majestuosas pirámides mejicanas.

Tollan

Ya hemos señalado que en el lugar de la ciudad tolteca de Tollan se han descubierto ruinas que prueban que fue el centro de una civilización alta-

mente avanzada. Charnay desenterró allí gigantescos fragmentos de cariáti-
das, cada uno de dos metros de alto. Encontró también columnas de dos piezas que se trabajaron juntas por medio de muescas, bajorrelieves de figuras
arcaicas de indudable estilo nahua y muchos fragmentos de gran antigüedad. En la colina de Palpan, por encima de Tollan, encontró el plano de varias
casas con numerosos apartamentos con frescos, con columnas, con bancos
y cisternas que recuerdan al *impluvium* de una villa romana. También se de-
senterraron cañerías y riquezas en cerámica, muchas de cuyas piezas eran
como la antigua porcelana japonesa. Los planos de las casas desenterradas
en Palpan demuestran que fueron diseñadas por arquitectos prácticos y no
construidas a la buena de Dios. El cemento que cubre las paredes y suelos
era de excelente calidad y recordaba a los descubiertos en las excavaciones
de la antigua Italia. Los tejados eran de madera sujetos con pilares.

Pintura-Escritura

Los aztecas y toda la raza nahua empleaban un sistema de escritura de
un tipo científicamente denominado como «pictográfico» en el que hechos,
personas e ideas se representaban por medio de dibujos y bocetos coloreados. Se hacía en papel elaborado con planta de pita y se pintaba en pieles
de animales. Por este método, no solo la historia y los principios de mitología nahua se transmitían de generación en generación, sino también las
actividades de la vida diaria, cuentas de mercaderes y la compra y propiedad de tierra; todo esto se plasmaba. El hecho de que un sistema fonético fue rápidamente interpretado se manifiesta en el método con que los
nahuas representaban los nombres de personas o ciudades. Se hacía por
medio de varios objetos, cuyos nombres recordaban al de la persona por la
que se mantenían. El nombre del rey Ixcoatl, por ejemplo, se representa dibujando una serpiente (*coatl*) atravesada por cuchillos (*iztli*) de piedra, y el
de Motequahzoma (Moctezuma) por una ratonera (*montli*), un águila
(*quahtli*), una lanceta (*zo*) y una mano (*maitl*). Los valores fonéticos empleados por los escribas variaban enormemente, de tal forma que a veces
una sílaba entera se podía expresar pintando un objeto cuyo nombre empezaba por ella. Otras veces, ese mismo dibujo representaba a una sola letra.
Pero la intención general de la escritura era, indudablemente, más ideográ-
fica que fonética; esto es, pretendían transmitir sus pensamientos más por
dibujos que por sonidos.

Interpretación de los jeroglíficos

Estas pinturas no ofrecen gran dificultad en su explicación a los expertos modernos, al menos en lo concerniente a la tendencia generalizada. De esto hay distintos manuscritos de los mayas de Centroamérica con los que podremos ampliar nuestros conocimientos. Su interpretación era tradicional y se aprendió de memoria, pasando de una generación de *amamatini* (lectores) a otra y de ningún modo eran de fácil aclaración.

Los manuscritos nativos

Las pinturas o manuscritos nativos que han llegado hasta nosotros son escasos. El fanatismo de los sacerdotes, que ordenaban su completa destrucción, y el aún más destructor paso del tiempo, los han reducido a ejemplos aislados y esto lo saben los bibliófilos y americanistas de todo el mundo. En los que aún existen podemos observar gran cantidad de detalles que representan en su mayor parte festivales, sacrificios, tributos y fenómenos naturales, como eclipses y diluvios, así como muerte y ascenso al trono de los monarcas. Estos hechos, y los seres sobrenaturales que se supone que los controlaban, están representados en brillantes colores, ejecutados con humildes pinceles de plumas.

Los códices interpretativos

Afortunadamente para los futuros estudiantes de la historia mejicana, el ciego entusiasmo que destruyó la mayoría de los manuscritos mejicanos, se vio frustrado por los hallazgos de ciertos estudiosos europeos que consideraron la masiva destrucción de los documentos nativos como una pequeña calamidad, y que les sirvió para seguir los pasos y buscar los escasos restos de artistas nativos, de los que se procuraron copias de las más importantes pinturas, cuyos detalles, por supuesto, eran familiares para ellos. A esto añadieron las interpretaciones que tomaron directamente de labios de los propios escribas nativos, de tal forma que no cabe duda sobre los contenidos de los manuscritos. Se conocen como los «Códices interpretativos» y son de gran ayuda para los estudiosos de la historia y las costumbres mejicanas. Solo quedan tres. El Códice de Oxford, conservado en la Biblioteca Bodleia, es de naturaleza histórica y contiene una lista completa de las ciudades más pequeñas que sobrevivían en Méjico en sus días florecientes. El Códice de París o Tellerio-Remensis, llamado así porque en su día fue propiedad de Le

Tellier, arzobispo de Reims, reúne muchos hechos relativos a los primeros asentamientos de las distintas ciudades-estados nahuas. El Manuscrito del Vaticano, que trata de la mitología y del intrincado sistema del calendario mejicano. Tales pinturas mejicanas, como estaban desprovistas de interpretación alguna, son, naturalmente, de menos valor para los estudiosos actuales que para conocer las tradiciones de los nahuas. Se refieren principalmente al sistema de calendario, a las fechas de rituales y a las cuentas astrológicas y horóscopos.

El mejicano «Libro de la Muerte»

Quizá el manuscrito más notable e interesante es el de la colección del Vaticano, una de cuyas últimas páginas representa el viaje del alma después de la muerte a través de los tenebrosos peligros del otro mundo. Se le ha dado el nombre de «Libro de la Muerte» mejicano. El cadáver se representa amortajado y el alma se escapa de su morada terrenal a través de la boca. El espíritu es dirigido ante la presencia de Tezcatlipoca, el Júpiter del panteón azteca, vestido con la piel de un ocelote, y permanece desnudo con un yugo de madera alrededor del cuello ante la deidad, para recibir la sentencia. Al muerto se le somete a unas pruebas que preceden la entrada a la morada de la muerte, el reino de Mictlan, y para que no se encuentre ante los peligros del viaje en una condición de indefensión, se le entrega un haz de jabalinas. Primero pasa entre dos altas peñas, de donde se puede caer y estrellarse si no puede escapar de ellas con habilidad. Luego, una terrible serpiente se interpone en su sendero y, si vence a este monstruo, le espera el feroz caimán Xochitonal. El desventurado espíritu deberá atravesar ocho desiertos y un correspondiente número de montañas y habrá de resistir un torbellino afilado como una espada, que puede cortar hasta las más sólidas rocas. Acompañado por la sombra de su perro favorito, el preocupado fantasma se encontrará con el fiero Izpuzteque, un demonio con espolones de gallo; el diablo Nextepehua, el diablo que esparce nubes de ceniza, y muchos otros espeluznantes enemigos, hasta que al final alcanza las puertas del Señor de los Infiernos, ante el cual hace una reverencia; después de esto, ya es libre para saludar a los amigos que se fueron antes.

El sistema de calendario

Como se ha dicho anteriormente, el sistema de calendario era la fuente de toda la ciencia mejicana y de la llegada de los ritos y fiestas religiosas.

De hecho, el mecanismo completo de la vida nahua residía en sus provisiones. El tipo de la división del tiempo y contarlo ejemplificado en el calendario nahua, también se encontró entre el pueblo maya de Yucatán y Guatemala y el pueblo zapoteca en los límites entre las razas nahua y maya. No se sabe cuál de las dos razas comenzó antes a utilizarlo. El calendario zapoteca muestra signos de influencia tanto nahua como maya, y de esto se deduce que los sistemas de calendario de estas razas surgieron desde aquél. Se puede argüir con la misma posibilidad que tanto el arte nahua como el maya son de una rama del zapoteca, pues las características de ambos se ven claramente en él; además los pueblos limítrofes aceptan de forma natural que se asentaron allí en una fecha relativamente más tardía los principios artísticos de dos de los más grandes pueblos que había en sus alrededores. Los calendarios nahua y maya se desarrollaron con toda probabilidad a partir de un sistema de calendario de una raza civilizada que indudablemente existía en la meseta mejicana, anterior a la llegada de la muchedumbre nahua, en la que generalmente se adivina a la raza tolteca.

El año mejicano

El año mejicano era un ciclo de trescientos sesenta y cinco días sin añadiduras intercaladas ni correcciones. A medida que pasó el tiempo, casi se perdió el significado de las estaciones debido a la omisión de horas extras incluidas en el año solar; además muchas de sus festividades y fechas importantes las alteraba el gran sacerdote a su conveniencia. El *nexiuhilpilitztli* mejicano (conjunto de años) contenía cincuenta y dos años e iba en dos ciclos separados: uno de cincuenta y dos años de trescientos sesenta y cinco días cada uno y otro de setenta y tres grupos de doscientos sesenta días. El primero era, por supuesto, el año solar y abarcaba dieciocho períodos de veinte días cada uno, llamados «meses» por los viejos cronistas españoles, con cinco *nemontemi* (días desafortunados) por encima y por debajo. Estos días no se intercalaron, sino que fueron incluidos en el año, lo cual desbordó la división del año en períodos de veinte días. Al ciclo de setenta y tres grupos de doscientos sesenta días, subdividido en grupos de trece días, se le llamó «ciclo de nacimiento».

El cálculo lunar

Los pueblos que se encontraban en condiciones incivilizadas casi invariablemente calculaban el tiempo por el período que había entre la Luna creciente y la Luna menguante, distinguiendo así un tránsito completo de una revolución lunar, y este período de veinte días establecería la base del cálculo del tiempo de los mejicanos, que lo designaron como *cempohualli*. Cada día tenía su signo, «casa», «serpiente», «viento», etc. Cada *cempohualli* estaba subdividido en cuatro períodos de cinco días cada uno, a veces llamados «semanas» según los primeros escritores españoles, y éstas eran conocidas por el signo del día del medio o tercer día. Estos nombres de días no se correspondían con la longitud del año. El año se autodesignaba con el nombre del día que estaba en medio de la semana por la que empezaba. Aparte de veinte nombres de días, en los meses mejicanos se repetían invariablemente los cuatro *calli* (casa), *tochtli* (conejo), *acatl* (junco) y *tecpatl* (piedra), debido a la incidencia de estos días en el año solar mejicano cuatro años formaban un año solar. Durante el *nemontemi* (días desafortunados) no se trabajaba, porque los consideraban siniestros e insalubres.

Hemos visto que el año civil permitía el correr continuo de los nombres de días, un año tras otro. Las autoridades eclesiásticas, por su parte, tenían un modo propio de contar el tiempo y hacían que el año empezara siempre por el primer día de su calendario, sin tener en cuenta el signo que nombraba el día correspondiente en el sistema civil.

Grupo de años

Como ya se ha indicado, los años se formaban en grupos. Trece años constituían un *xiumalpilli* (conjunto) y cuatro de éstos un *nexiuhilpilitztli* (conjunto completo de años). Así pues, cada año tenía un doble aspecto: primero como un período individual de tiempo y segundo como una porción del «año del Sol» y se les numeraba y nombraba de tal forma que cada año, en serie de cincuenta y dos, tenía una descripción diferente.

El terror del último día

La conclusión era que cada período de cincuenta y dos años conllevaba un terrible terror sobre los mejicanos de que se acabaría el mundo. Llegaba a su fin un período de tiempo establecido, un período fijado por un mandato divino en el que se ordenaba que, al cabo de una de esas series de cincuenta y dos años, el tiempo de la Tierra terminaría, destruyéndose el universo. Durante el tiempo anterior a la ceremonia de *toxilmolpilia* (el conjunto de años), los mejicanos se abandonaban presas del mayor abatimiento y los malvados corrían llenos de miedo. Cuando el primer día del año cincuenta y tres amanecía, la gente observaba atentamente a las Pléyades, porque si atravesaban el cenit, el tiempo podría seguir y el mundo tendría un respiro. Se aplacaba a los dioses con la matanza de víctimas humanas, en cuyo pecho aún vivo ardía fuego de leña que consumía el corazón y el cuerpo. El pueblo aclamaba con grandes voces cuando los planetas de la salvación cruzaban el cenit y las chimeneas de las casas, que se habían dejado enfriar, se reavivaban con el fuego sagrado que había consumado el sacrificio. La humanidad estaba segura durante otro período.

El ciclo del nacimiento

El comienzo del ciclo, tal como hemos dicho, estaba compuesto por doscientos sesenta días. Fue en origen un ciclo de trece días y de ahí nacieron los nombres de trece lunas. Esto formaba parte del calendario civil, con el que, por otra parte, no tenía nada en común, pues era de uso exclusivamente eclesiástico. Se abandonaron los nombres lunares y se adoptaron en su lugar los números del uno al trece.

El lenguaje de los nahuas

La lengua nahua mostraba un ínfimo grado de cultura. La palabra es la medida general del modelo del pensamiento de un pueblo, y si juzgamos la civilización de los nahuas por sí mismos, llegaremos a la conclusión de que aún no habían salido de un estado de barbarismo. Pero hemos de tener en cuenta que los nahuas del período de la conquista adoptaron rápidamente la vieja civilización que les aguardaba cuando entraron en Méjico y que conservaron su propia lengua original. El pueblo más antiguo y más culto del que procedían posiblemente hablaba un dialecto más pulido de la misma lengua, pero su influencia fue muy escasa en los rudos chichimecas y aztecas. La lengua mejicana, como la mayoría de las de América, pertenece al tipo de «incorporativas», cuya genialidad reside en la unión de todas las palabras de la frase en un término o palabra conglomerada, combinando las palabras en una sola palabra. A primera vista se apreció que es un sistema de lo más chapucero, y da un aspecto bárbaro y un sonido poco civilizado a las palabras y a los nombres. En una narración acerca del descubrimiento por los españoles escrito por Chimalpahin, un cronista originario de Chalco, nacido en 1579, tenemos, por ejemplo, el siguiente pasaje: *Oc chiucnauhxihuitl inic onen quilantimanca España camo niman ic yuh ca omacoc ihuelitiliztli inic niman ye chiuhcnauhxiuhtica, in oncan ohualla*. Este pasaje está elegido al azar y es un ejemplo corriente de la literatura mejicana del siglo XVI. Su significado, traducción libre, es: «Durante nueve años él (Colón) permaneció en vano en España. Sí, durante nueve años allí estuvo esperando favor». La torpe y chapucera naturaleza de este lenguaje no podría ilustrar mejor que *chiucnauhxihuitl* significa «nueve años»; *quilantimanca*, «él seguía abajo», y *omacoc ihuelitiliztli*, «él tenía su poderío». Hay que recordar que este ejemplo de mejicano lo compuso una persona que había tenido el beneficio de la educación española y está redactado de forma literal. Para saber cómo era el mejicano que se hablaba en tiempos anteriores a la conquista se ha de tener precaución, sobre todo por las gramáticas de los viejos misioneros españoles, cuya mayor gloria era enseñar un lenguaje en interés de su fe.

Ciencia de los aztecas

La ciencia de los aztecas era, quizá, uno de los más pintorescos aspectos de su civilización. Como pueblo semibárbaro que era, se basaba sobre todo en la astrología y la adivinación. Era la base del maravilloso sistema de calendario y en su ayuda los sacerdotes, o aquellos que se retiraban para estudiar los cuerpos celestes, se creían capaces de leer el futuro de los recién nacidos y el progreso de los muertos en el otro mundo. Llegaban a estas conclusiones midiendo la influencia de los planetas y otros cuerpos luminosos, uno contra otro, y extrayendo resultados limpios. Sus artes adivinatorias consistían en trazar agüeros partiendo del canto y del vuelo de los pájaros, el nacimiento de los granos de semillas, plumas y entrañas de animales, por cuyos medios predecían eventos públicos o privados.

El gobierno nahua

Los límites del imperio azteca se extendían, si incluimos los Estados tributarios, a lo largo del territorio que comprende el actual Estado de Méjico, Sur de Veracruz y Guerrero. Entre los pueblos civilizados de esta amplia zona la forma de gobierno que predominaba era la monarquía absoluta, a pesar de que varias de las pequeñas comunidades eran repúblicas. La ley de sucesión, al igual que entre los celtas de Escocia, dictaba que el mayor de los hermanos vivos del difunto rey sería subido al trono y, en su defecto, el mayor de los sobrinos. Pero el cuerpo de electores ignoró casi invariablemente a las personas incompetentes, a pesar de que la elección se limitaba a una familia. El gobernante era elegido tanto por su destreza militar como por sus conocimientos eclesiásticos y políticos. En efecto, un monarca mejicano era un hombre de una gran cultura y refinamiento artístico, y el malogrado Moctezuma fue un ejemplo del verdadero estilo de soberano nahua. El consejo del monarca estaba compuesto por electores y otros personajes de importancia en el reino. Se encargaba del gobierno de las provincias, de asuntos financieros del país y otras materias de importancia nacional. La nobleza se reservaba los cargos militares, judiciales y eclesiásticos más altos. Cada ciudad y provincia se delegaba en jueces que ejercían jurisdicción criminal y civil y cuyas opiniones reemplazaban incluso a las propias de la corona. Oficiales menores resolvían casos insignificantes y un grado más abajo de oficiales actuaba como una especie de policías en la supervisión de las familias.

Vida doméstica

La vida doméstica de los nahuas era una peculiar mezcla de simplicidad y ostentación. La mayoría de la gente llevaba una vida de arduo trabajo en los campos y en las ciudades trabajaban con esfuerzo en muchos negocios, entre los que destacaban la construcción, la metalurgia, confección de ropa y otros artículos de brillantes trabajos realizados con plumas y trajes acolchados de armadura, joyería y pequeñas mercancías. Vendedores de flores, fruta, pescado y verduras pululaban en los mercados. El uso del tabaco era general entre los hombres de todas las clases. En los banquetes servían las mujeres, a pesar de que se sentaban en mesas separadas. Los entretenimientos de las clases altas estaban rodeados de magnificencia y la variedad de platos era considerable, incluyendo venado, pavo, pequeñas aves, pescado y gran cantidad de verduras y pasta, acompañados de salsas de delicados sabores. Todo esto se servía en bandejas de oro y plata. *Pulque,* una bebida fermentada elaborada de pita, era la bebida universal. Se permitía el canibalismo, por lo general en ocasiones ceremoniosas, y estaba rodeado de finuras de mesa servido solo para que se volviera más repulsivo ante los ojos de los europeos. Estaba establecido que esta repugnante práctica se realizara únicamente debido a los dogmas de la religión nahua, que imponía matanzas de esclavos o cautivos en nombre de una deidad, y se consumaba con la idea de que los consumidores conseguían unidad con esta deidad de carne. Pero hay una buena razón para creer que los nahuas se privaban de la carne de los animales domésticos grandes: la práctica deliberada del canibalismo. Parece que la vieja raza que les precedió en el país eran inocentes de estas horribles comidas.

Un misterioso libro tolteca

Una pieza de literatura nahua, cuya desaparición está rodeada por circunstancias del más oscuro misterio, es el *Teo-Amoxtli* (Libro Divino), del que ciertos cronistas suponen que fue el trabajo de los antiguos toltecas. Ixtlilxochitl, un autor mejicano, explica que fue escrito por un mago tezcuco, Huematzin, más o menos a finales del siglo XVII y describe la peregrinación de los nahuas desde Asia, sus leyes, usos y costumbres, y sus dogmas religiosos, ciencia y arte. En 1838 el barón de Waldeck afirmó en su *Viaje Pintoresco* que lo tenía en su poder, y el abad Brasseur de Bourbourg lo identificó con el códice maya de Dresde y otro manuscrito nativo. Bustamante también afirmó que los *amamatini* (cronistas) de Tezcuco tenían la copia en su poder en el momento de tomar su ciudad. Pero esto parece una mera conjetura, y si acaso el *Teo-Amoxtli* existió alguna vez, que en general no es improbable, seguramente nunca fue visto por un europeo.

Una historia nativa

Uno de los más interesantes historiadores de Méjico es don Fernando de Alva Ixtlilxochitl, un mestizo descendiente real tezcuco. Él es importante por dos notables trabajos, titulados *Historia Chichimeca* y *Relaciones,* una recopilación de incidentes históricos y semihistóricos. Fue maldito o bendito, depende, por su fuerte inclinación hacia lo maravilloso y dio a sus historias unos tintes tan fuertes de grandeza que nos mostraba a los toltecas o a la antigua civilización nahua como la más espléndida de cuantas han existido nunca. Sus descripciones de Tezcuco, pintorescas en extremo, son claramente efusivas de una mente romántica e idealista, que en su entusiasmo patriótico quiso justificar a su país del nacimiento de toda tacha de salvajismo y probar sus semejanzas con las grandes naciones de la antigüedad. Contra esto no tenemos ganas de discutir, pero debemos estar en guardia a la hora de aceptar estas afirmaciones, a menos que encontremos una corroboración fuerte de ello en las páginas de un autor más imparcial y más digno de confianza.

Topografía nahua

La geografía de Méjico es tan familiar para los europeos como lo es cualquiera de los países de nuestro propio continente, y es extremadamente fácil que el lector que no conoce Méjico y la enigmática ortografía de sus topónimos los confunda entre ellos, y durante una atenta lectura de un volumen como éste le será difícil al mismo, en un desesperanzador laberinto de conjeturas, la localización exacta de los más famosos centros mejicanos. Un estudio durante un momento de este párrafo le aclarará al lector algunos puntos al respecto y también le servirá para evitar confusiones en lo sucesivo. Verá en el mapa (pág. 241) que la ciudad de Méjico, o Tenochtitlán, su nombre nativo, estaba ubicada en una isla en el lago Tezcuco. Este lago ahora está parcialmente desecado y la moderna Ciudad de Méjico se sitúa a una considerable distancia de él. Tezcuco, la segunda ciudad en importancia, se extiende al Nordeste del lago y está algo más aislada; los otros pueblos están apiñados alrededor del Sur y Oeste de la costa. Al Norte de Tezcuco está Teotihuacán, la ciudad sagrada de los dioses. Al Sudeste de Méjico está Tlaxcallán, o Tlascala, la ciudad en la que Cortés fue contra los mejicanos y cuyos habitantes eran enemigos mortales del poder central de nahua. Al Norte yace la sagrada ciudad de Cholula y Tula, o Tollán.

Historia nahua

Un breve esbozo histórico o compendio de lo que se conoce de la historia nahua, aparte de la simple tradición, ayudará al lector en la comprensión de la mitología mejicana. Desde el período de asentamiento de los nahuas se desarrolló una base agrícola de gobierno feudal y en distintas épocas de la historia del país ciertas ciudades o grupos de ciudades alcanzaron un supremo dominio. Posteriormente al período tolteca, que ya hemos descrito y discutido, nos encontramos con los alcolhuans en su máximo poder, y gobernando desde sus ciudades de Tollantzinco y Cholula, una considerable zona del país. Más tarde, Cholula mantuvo una alianza con Tlascala y Huexotzinco.

Batallas sin sangre

El refrán «donde fueres haz lo que vieres» no está ejemplificado en ningún sitio mejor que en el curioso combate anual entre los guerreros de Méjico y Tlascala. Una vez al año ellos se citan en el campo de batalla y entran en combate, no con la intención de asesinar al contrario, sino con el objeto de tomar prisioneros para sacrificarlos en los altares de sus respectivos dioses de la guerra. El guerrero agarra a su oponente e intenta llevárselo; varias veces tirando y estirando desesperadamente el uno del otro con la intención de cogerle los miembros al desafortunado que ha sido derribado en primer lugar, con el objeto de arrastrarlo hacia sí efectuando el rescate. Una vez asegurado, el guerrero tlascalteca es llevado a Méjico y primero colocado en un bloque de piedra, donde le asegurarán los pies con una cadena o una correa. Entonces le entregaban unas ligeras armas, más parecidas a un juguete que al equipo de un guerrero. Si vencía a seis de sus enormes antagonistas, quedaba en libertad. Pero apenas resultara herido, lo llevaban al altar de los sacrificios, le arrancaban el corazón y se lo ofrecían a Huitzilopochtli, el implacable dios de la guerra.

Los tlascaltecas, asegurándose su posición tras la derrota de los tecpanecos de Huexotzinco sobre el año 1384 d. C., se hundieron en una oscuridad salvada por su anual combate con los mejicanos.

Los pueblos del lago

Lo que ahora reclama nuestra atención son las comunidades agrupadas alrededor de los numerosos lagos en el valle de Méjico. Más de cuarenta prósperas comunidades florecían en el momento de la conquista de Méjico, siendo las más destacadas las que ocupaban las orillas del lago de Tezcuco. Estaban agrupadas alrededor de dos núcleos, Azcapozalco y Tezcuco, entre las cuales había una gran rivalidad, y acabaron con el total desconcierto de Azcapozalco. Desde este suceso se puede considerar el comienzo de la historia real de Méjico. Estas ciudades que se habían aliado con Méjico, finalmente invadieron la totalidad del territorio de Méjico, desde el golfo de Méjico hasta el Pacífico.

Tezcuco

Si, como declaran algunas autoridades, Tezcuco era originalmente Otomi fue en años posteriores el poder lacustre más típico entre los nahuas. Pero bastantes otras comunidades cuyo poder había sido casi tan grande como el de Tezcuco favorecieron la supremacía de esta ciudad. Entre ellas estaba Xaltocán, una ciudad-Estado de incuestionable origen otomi, situada en el extremo norte del lago. Tal y como hemos visto en las afirmaciones de Ixtlilxochitl, un escritor tezcucano, su ciudad nativa estaba a la vanguardia de la civilización nahua cuando llegaron los españoles, y favoreció a la ciudad de Méjico (Tenochtitlán) en el momento en que tenía inferior calidad de arte.

Los tecpanecos

Los tecpanecos que vivieron en Tlacopán, Coyohuacán y Huitzilopocho eran también típicamente nahuas. El nombre, tal y como hemos explicado, indica que cada asentamiento poseía su propio *tecpan* (la casa del jefe), que carecía de significación racial. Su Estado se fundó probablemente sobre el siglo XII, aunque se reclama una cronología de no menos de quince mil años. Este pueblo formó una especie de estado-tapón entre los otomi al Norte y los nahuas al Sur.

Los aztecas

La amenaza de los otomi del Norte se incrementó cuando los tecpanemas recibieron refuerzos de manos de los aztecas, un pueblo de sangre nahua, que llegaron, según sus propias narraciones, desde Aztlán (Tierra de Grullas). El nombre «azteca» significa «pueblo grulla» y esto indujo a pensar que venían de Chihuahua, un lugar en el que abundan las grullas. Hay muchas dudas sobre el origen nahua de los aztecas. Pero de ningún modo esto está bien fundado, pues los nombres de los primitivos jefes y reyes aztecas son indudablemente poco menos que salvajes. Ya hemos perfilado algunas de las leyendas relacionadas con la llegada de los aztecas a la tierra de Anahuac, o el valle de Méjico, pero su verdadero origen es incierto, y es probable que fueran errando desde el Norte, igual que hicieron otros inmigrantes nahuas antes que ellos, y como los indios apaches aún hacen. Por sus propias indicaciones ellos permanecieron en varios puntos a lo largo del camino y los jefes de Colhuacan los sometieron a esclavitud. Ellos lo pasaron tan mal en su esclavitud que fueron liberados y se fueron a Chapoultepec, lugar que abandonaron por sus disensiones con los xaltocanecas. A su llegada al distrito habitado por los tecpanecas se les exigió un tributo; sin embargo, florecieron sobremanera, anegando pueblos que los tecpanecas habían levantado a orillas del lago que se convirtieron pronto en prósperas comunidades, suministrándoles jefes de entre la nobleza tecpaneca.

Los aztecas como aliados

Gracias a la ayuda de los aztecas, los tecpanecas extendieron enormemente sus posesiones. Ciudad tras ciudad iban añadiendo a su imperio y los aliados finalmente invadieron el territorio otomi, que fue sometido rápidamente. Estas ciudades que fundaron los acolhuanos en las orillas de Tezcuco se aliaron con los tecpanecas con la intención de liberarse del yugo de los chichimecas, que los oprimían con mano dura. Los chichimecas o tezcucanos opusieron fuerte resistencia y durante un tiempo la soberanía de los tecpanecas oscilaba. Pero finalmente fueron conquistados y los tezcucanos fueron derrocados y entregados a los aztecas como un botín.

Nuevos poderes

Hasta este momento los aztecas habían pagado tributo a Azcapozalco, pero ahora, fortalecidos gracias al triunfo del último conflicto, se agarraron a esta razón y pidieron permiso para construir un acueducto desde las costas con el propósito de llevar abastecimientos de agua a la ciudad. Los tecpanecas lo rechazaron y cayó sobre Méjico una política de aislamiento y se prohibieron las relaciones que había entre sus pueblos. La guerra siguió y tras una matanza los tecpanecas fueron derrotados. Después de este hecho, situable en 1428, los aztecas ganaron terreno rápidamente y su avance hacia la supremacía en todo el valle de Méjico era algo casi indiscutible. Aliados con Tezcuco y Tlacopán, los mejicanos recorrieron muchos Estados más allá de los confines del valle, y en la época de Moctezuma I ya se habían extendido sus límites casi hasta donde llegan los de la actual república. Los mercados mejicanos siguieron los pasos del guerrero mejicano y la expansión comercial de los aztecas rivalizó con su fama militar. Negociantes listos, fueron despiadados en las exacciones de tributo a los Estados que ellos conquistaron; manufacturando materia prima les pagaban en bienes y después se lo vendían de nuevo a las tribus que estaban bajo su dominio. Méjico se convirtió en el mercado principal del imperio, así como su núcleo político. Tal era la condición de los negocios cuando los españoles llegaron a Anahuac. Su llegada ha sido lamentada por varios historiadores, como precipitación de la destrucción del Edén del Oeste. Pero tan malo como lo ponen, fue probablemente pacífico si se compara con el cruel e insaciable dominio de los aztecas sobre sus infelices súbditos. Los españoles encontraron un tiránico despotismo en las provincias que conquistaron y una confianza en lo accesorio que era tan diabólico que sobrevino un pesimismo sobre la vida nacional. Esto lo sustituyeron por un vasallaje más pacífico y una administración más seria de un sacerdocio más culto.

Capítulo II

Mitología mejicana

Religión nahua

L
A religión de los antiguos mejicanos era el politeísmo o adoracion de un panteón de deidades cuyo aspecto general presentaba similitudes con los sistemas de Grecia y Egipto. A pesar de eso, las influencias originales eran muy fuertes y se distinguen sobre todo por las instituciones de los rituales caníbales y sacrificios humanos. Los conquistadores españoles observaron extraños parecidos con las prácticas cristianas, quienes piadosamente condenaron las costumbres nativas del bautismo, consustanciación y confesión como fraude fundado y perpetuado por medios diabólicos.

Un examen superficial de la religión nahua nos llevará a la conclusión de que dentro de su campo de acción y su sistema no se adoptaron perspectivas teológicas definidas ni se propusieron principios éticos, y que la mitología en su totalidad representa únicamente la fantástica actitud de las mentes bárbaras hacia las verdades eternas. Tal conclusión es a la vez errónea e injusta para una inteligencia humana en absoluto degradada. En realidad, la religión nahua presentaba unos avances teológicos enormemente superiores a los griegos o romanos y bastante superiores al nivel que expresaban los egipcios y asirios. Hacia el período de la ocupación española, el sacerdocio mejicano estaba indudablemente avanzando hacia la contemplación de la exaltación de un único dios, cuya veneración fue rápidamente excluyendo a otras deidades, y si nuestros datos son demasiado imperfectos para permitimos hablar totalmente con respecto a esta fase del avance religioso, sabemos, por lo menos, que muchos rituales nahuas y muchas de las plegarias conservadas por los padres españoles eran incuestionablemente genuinos y muestran el logro de un alto nivel religioso.

Cosmología

La teología azteca postulaba una eternidad que, sin embargo, tenía sus épocas. Se pensó en separarlas en un número de *aeones* (eternidades), cada una de las cuales dependía de un período de duración de un sol. No hay un acuerdo entre las autoridades de la mitología mejicana en cuanto al número de soles, pero puede parecer como probable que la tradición favorita estipulaba cuatro soles o épocas, cada una de las cuales concluía con un desastre nacional: inundaciones, hambre, tempestades o fuegos. El presente *aeón*, temían, podría concluir con la reunión de todos los «conjuntos» de cincuenta y dos años, siendo el «conjunto» una nueva porción arbitraria de un *aeón*. El período de tiempo desde la primera creación hasta el presente *aeón* se contaba de diversos modos como 15,228,2386, o mil cuatrocientos cuatro años solares; la discrepancia y la duda surgen debido a la naturaleza equívoca de los signos numéricos que expresan el período de las pinturas nativas. Con respecto a la secuencia de los soles no hay más acuerdo que el que hay en sus números. El códice Vaticano establece que fue agua, viento, fuego y hambre; Humboldt dice hambre, fuego, viento y agua; Boturini como agua, hambre, viento y fuego, y Gama como hambre, viento, fuego y agua.

Con toda probabilidad la adopción de cuatro edades surge de la naturaleza sagrada de ese número. Sin duda el mito se autoconfiguró sobre el *tonalamatl* (calendario nativo mejicano), el gran depósito de la sabiduría de la raza nahua, cuya clase sacerdotal lo tenía como su «vademécum» y que era muy consultado en cualquier ocasión, ya fuera civil o religiosa.

Las fuentes de la mitología mejicana

Nuestros conocimientos de la mitología mejicana aumentaron sobre todo gracias a los trabajos de aquellos españoles laicos y clérigos que llegaron al país inmediatamente después de que lo hicieran los conquistadores españoles. De muchos de ellos tenemos lo que se puede llamar narraciones de primera mano de teogonía y ritual del pueblo nahua. El compendio más valioso es el del padre fray Bernardino de Sahagún, titulado *Historia general de los hechos de Nueva España,* que fue publicado directamente del manuscrito ya en la mitad del siglo XX, aunque fue escrito en la primera mitad del siglo XVI. Sahagún llegó a Méjico ocho años después de que los españoles hubieran reducido a la población a la condición de servidumbre. Él dominaba perfectamente la lengua nahuatl, lo que le valió la admiración de los nativos y un profundo interés por las antigüedades del pueblo conquistado.

Su método para recopilar hechos relacionados con su mitología y su historia fue eficaz e ingenioso. Él mantenía conversaciones con los indios cuyas opiniones eran dignas de crédito y les planteaba cuestiones a las que ellos respondían con dibujos simbólicos detallando las respuestas. Sometió a los escolares a este método y fueron entrenados bajo su supervisión; tras hacerse consultas entre ellos le ponían a su disposición las respuestas en jeroglíficos nahuatl. No contento con este proceso, sometió estas respuestas a las críticas de una tercera parte, después de lo cual lo incluyó en su trabajo. Pero la intolerancia eclesiástica evitó la publicación de este trabajo durante dos siglos. Temerosos de que ese volumen hiciera reavivar los fuegos del paganismo en Méjico, los hermanos de Sahagún le negaron la asistencia que requería para publicarlo. Pero en su apelación al Consejo de Indias en España se le recibió con entusiasmo y se le ordenó que tradujese al español ese gran trabajo, labor que acometió cuando contaba con más de ochenta años de edad. Él lo tradujo al español y durante trescientos años no se volvió a oír hablar de él.

La novela del perdido Sahagún

Generación tras generación de anticuarios interesados en la traducción del antiguo Méjico, lamentaron su pérdida hasta que después de un tiempo un tal Muñoz, más infatigable que los demás, tuvo la oportunidad de visitar una deteriorada biblioteca en un antiguo convento de Tolosa, en Navarra. Allí, entre manuscritos estropeados y tomos que relataban los primeros padres y los intrincados puntos del derecho canónico, ¡descubrió el Sahagún perdido! Se había imprimido por separado, por Bustamante en Méjico y por lord Kingsborough en su colección de 1830, y M. Jourdanet lo tradujo al francés. De este modo, el manuscrito que se había iniciado alrededor del año 1530, se publicó con un lapso de tiempo no inferior ¡a trescientos años!

Torquemada

El padre Torquemada llegó al Nuevo Mundo sobre la mitad del siglo XVI, época apta para que él pudiera oír de boca de los conquistadores sus vivencias y mucha información curiosa acerca de las circunstancias de su llegada. Su *Monarchia Indiana* se publicó primero en Sevilla y en ella usó muchos de los manuscritos de Sahagún, no publicados entonces. En esa época sus observaciones sobre hechos relativos a la religión nativa son siempre muy claras y exhaustivas.

En su *Storia Antica del Messico,* el abate Clavigero, que publicó su trabajo en 1780, dispersó muchas de las nubes que se cernían sobre la historia y la mitología mejicanas. La claridad de estilo y la exactitud de su información hacen que este trabajo sea sumamente útil.

Antonio Gama, en su *Descripción Histórica y Cronológica de las dos Piedras,* llenó de luz la antigüedad mejicana. Se publicó su trabajo en 1832. Con él se puede decir que se acaba la línea de los arqueólogos mejicanos de la vieja escuela. Otros que merecen la pena ser mencionados de entre los viejos escritores de mitología mejicana (no nos referiremos aquí a la historia) son Boturini, quien con su *Idea de una Nueva Historia General de la América Septentrional* describe un vivo cuadro de la vida y la tradición nativas, tomado de las conversaciones de primera mano con la gente; Ixtlilxochitl, un mestizo cuyo mendaz trabajo *Relaciones e Historia Chichemica* es aún un valioso depósito de tradiciones; José de Acosta, del que su *Historia natural y moral de las Indias* fue publicado en Sevilla en 1580, y Gomara, quien en su *Historia General de las Indias* (Madrid, 1749) recoge la autoridad de los conquistadores. El gran trabajo de Tezozomoc *Crónica Mejicana,* reproducido en el trabajo de lord Kingsborough, es valioso en tanto que ofrece una visión singular de la mitología azteca, así como *Teatro Mejicano* de Vetancourt, publicado en Méjico en 1697-1698.

La adoración de un dios único

El ritual de esta fe muerta del otro hemisferio abunda en expresiones relativas a la unidad de deidad que acercaba a todos aquellos que nosotros usamos para referirnos a los atributos divinos. Las diferentes clases de sacerdocio solían dirigirse a los dioses a los que veneraban como «omnipotente», «infinito», «invisible», «el único Dios completo en perfección y unidad», y «el hacedor y deshacedor de todas las cosas». Estos apelativos no se los aplicaban a un ser supremo, sino a deidades individuales a cuyo servicio estaban unidos. Se puede pensar que tal práctica podría ser fatal para la evolución de un dios único y universal. Pero hay muchas razones para creer que Tezcatlipoca, el gran dios del aire, como el hebreo Yahvé, también un dios del aire, aumentó rápidamente su poder procedente de todas las otras deidades, que cuando llegó el hombre blanco puso fin a su oportunidad de soberanía.

Tezcatlipoca

Tezcatlipoca (espejo roto) era indudablemente el Júpiter del panteón nahua. Llevaba un espejo o escudo, de donde le venía el nombre, y en el que se suponía que veía reflejados los hechos de la humanidad. La evolución de este dios, desde el estado de espíritu de viento o aire hasta la deidad suprema de los aztecas, presenta muchos puntos de profundo interés para los estudiantes de mitología. Originariamente, la personificación del aire, la fuente tanto del aliento de vida como de la tempestad, Tezcatlipoca, poseía todos los atributos de un dios que presidía todos estos fenómenos. El disco tribal de los tezcucanos los dirigió hacia la Tierra Prometida y fueron el instrumento de la derrota tanto de los dioses como de los hombres de la raza más antigua de la que disponían. La popularidad y el honor público de Tezcatlipoca avanzaron tan rápidamente que se considera un pequeño prodigio que dentro de un corto espacio de tiempo fuera considerado como un dios del destino y la fortuna e inseparablemente relacionado con los destinos nacionales. De este modo, de ser la peculiar deidad de un pequeño grupo de inmigrantes nahuas, se derivó un prestigio procedente de la rápida conquista bajo su dirección, y los relatos de su destreza fueron rápidamente propagados por los que lo adoraban y veían en él el más popular y más temido dios de Anahuac, por tanto el único cuyo culto ensombreció rápidamente a otros dioses similares.

Tezcatlipoca, derrocador de los toltecas

Encontramos a Tezcatlipoca íntimamente asociado a las leyendas que narran el derrumbamiento de Tollan, la capital de los toltecas. Su jefe adversario en el lado de los toltecas es el dios-rey Quetzalcoatl, cuya naturaleza y reino trataremos más adelante, pero que ahora citaremos someramente como enemigo de Tezcatlipoca. La rivalidad entre estos dioses simboliza la que existía entre las civilizaciones toltecas y los bárbaros de Nahua, y está claramente explicada en los siguientes mitos.

Mitos de Quetzalcoatl y Tezcatlipoca

En los días de Quetzalcoatl había abundancia de todo lo necesario para subsistir. El maíz era abundante, las calabazas tan gordas como brazos y el algodón crecía de todos los colores sin necesidad de teñirlo. Una gran variedad de pájaros de rico plumaje pululaba en el aire con sus canciones, y había una enorme cantidad de oro, plata y piedras preciosas. En el reino de Quetzalcoatl había paz y prosperidad para todos los hombres.

Pero este dichoso estado era demasiado afortunado, demasiado feliz para que durase mucho. Envidiosos de la calma que disfrutaban el dios y su pueblo tolteca, tres malvados nigromantes urdieron su caída. La referencia es, por supuesto, a los dioses de las tribus invasoras nahuas, las deidades Huitzilopochtli, Titlacahuan o Tezcatlipoca y Tlacahuepan. Éstos sembraron diabólicos encantamientos sobre la ciudad de Tollan, y Tezcatlipoca en particular llevó el liderazgo de estas envidiosas conspiraciones. Distinguido por ser un hombre mayor, con pelo blanco, se presentó en el palacio de Quetzalcoatl, donde le dijo a un escudero: «Te ruego que me presentes a tu rey. Deseo hablar con él». Los escuderos le dijeron que se fuera porque Quetzalcoatl se encontraba mal y no recibiría a nadie. Él les pidió, así todo, que le dijeran al dios que él lo esperaba afuera. Ellos así lo hicieron y consiguió la audiencia.

Cuando entró en la cámara de Quetzalcoatl el astuto Tezcatlipoca simuló mucha simpatía con el enfermo dios-rey. «¿Cómo te encuentras, hijo mío?», le preguntó. «Te he traído una pócima que deberás beber y que pondrá fin a tu enfermedad».

«Bienvenido, anciano», replicó Quetzalcoatl. «Había oído desde hace bastantes días que ibas a venir. Estoy sumamente indispuesto. La enfermedad afecta a todo mi organismo y no puedo mover ni las manos ni los pies». Tezcatlipoca le garantizó que si tomaba la medicina que le había traído experimentaría inmediatamente una gran mejoría de su salud. Quetzalcoatl bebió la medicina y al momento se sintió reanimado. El astuto Tezcatlipoca le hizo beber otra taza más y otra más de su poción, y cuando ya no era nada más que *pulque,* el vino del país, se intoxicó rápidamente y se volvió como cera en manos de su adversario.

Tezcatlipoca y los toltecas

Tezcatlipoca, con arreglo a su política de enemistad con el Estado tolteca, adoptó apariencia de un indio bajo el nombre de Toueyo (Toveyo) y dirigió sus pasos hacia el palacio de Uemac, jefe de los toltecas de forma temporal. Este respetable hombre tenía una hija tan hermosa que era deseada en matrimonio por todos los toltecas, pero su padre rechazó toda propuesta de petición de mano a todos y cada uno. La princesa vio pasar al falso Toueyo ante el palacio de su padre y se enamoró perdidamente de él; tan arrebatadora fue su pasión que cayó gravemente enferma por su anhelo. Uemac, conociendo su indisposición, fue hacia sus aposentos y preguntó a las mujeres la causa de su enfermedad. Ellas le dijeron que la había ocasionado la repentina pasión que sentía por el indio forastero. Uemac, en ese momento dio órdenes de arrestar a Toueyo y el jefe temporal de Tollan lo sometió a un cuestionario.

«¿De dónde vienes?», inquirió Uemac a su prisionero, que iba muy ligero de ropa.

«Señor, soy forastero y vengo a estas tierras a vender pintura verde», replicó Tezcatlipoca.

«¿Por qué vas vestido de esa guisa? ¿Por qué no llevas una capa?», preguntó el jefe.

«Mi señor, yo sigo las costumbres de mi país», replicó Tezcatlipoca.

«Tú has despertado la pasión en el pecho de mi hija», dijo Uemac. «¿Qué te puedo hacer por haberme deshonrado de esta forma?».

«Mátame; no me importa», dijo el malvado Tezcatlipoca.

«Nada de eso», dijo Uemac, «si te mato mi hija perecerá. Ve a ella y dile que se case contigo y sed felices».

El matrimonio de Toueyo y la hija de Uemac incitó mucho descontento entre los toltecas y murmuraron entre ellos diciendo: «¿Por qué Uemac dio a su hija a Toueyo?». Uemac, haciendo caso omiso, decidió distraer su atención declarando la guerra a sus vecinos del Estado de Coatepec. Los toltecas armados para el combate, y una vez que llegaron al territorio de los Coatepec, tendieron a Toueyo y a sus hombres una emboscada con la esperanza de que los adversarios lo mataran. Pero Toueyo y los suyos mataron a un gran número de enemigos y los hicieron huir. Uemac celebró sus triunfos con mucha pompa. Se colocó en la cabeza el penacho del caballero y le pintaron el cuerpo con pintura roja y amarilla, un honor reservado para aquellos que se distinguían en la batalla.

El siguiente paso de Tezcatlipoca fue anunciar una gran fiesta en Tollan, a la que invitó a todos los pueblos de kilómetros a la redonda. Se congregaron grandes multitudes y bailaron y cantaron en la ciudad al sonido de su tambor. Tezcatlipoca cantó para ellos y los forzaba para que le acompañasen al ritmo de su canción con los pies. Cada vez más rápidamente la gente bailaba, hasta que el ritmo llegó a ser tan furioso que se volvieron locos, tropezaron y cayeron en tropel en un profundo barranco, donde se convirtieron en rocas. Otros, intentando cruzar un puente de piedra, se precipitaron al agua y se convirtieron en piedra.

En otra ocasión, Tezcatlipoca se hizo pasar por un valiente guerrero llamado Tequiua, e invitó a todos los habitantes de Tollan y sus alrededores a acudir a su jardín de flores llamado Xochitla. Cuando estaban todos reunidos los atacó con azadas y mató a un gran número y los otros, presas del pánico, precipitaron a sus camaradas a la muerte.

Tezcatlipoca y Tlacahuepan, en otra ocasión, se dirigieron a la plaza del mercado de Tollan, donde presentaban sobre la palma de la mano un niño pequeño, a quien obligaron a bailar y a realizar las travesuras más divertidas. Este niño era en realidad Huitzilopochtli, el dios nahua de la guerra. En cuanto lo vieron los toltecas se agolparon uno sobre otro para ver mejor y su impaciencia resultó mortal para muchos. Tan enfurecidos estaban los toltecas por los consejos de Tlacahuepan que mataron a ambos, a Tezcatlipoca y Huitzilopochtli. Cuando ya lo habían hecho, los cuerpos de los dioses muertos despedían unos efluvios tan perniciosos que miles de toltecas murieron por la pestilencia. El dios Tlacahuepan les aconsejó que retirasen de allí los cuerpos para que no les sucediera nada aún peor, pero al intentar quitarlos descubrieron que pesaban tanto que no podían moverlos. Enrollaron los cadáveres con cientos de cuerdas, pero se rompieron, y los que tiraban de ellos murieron inmediatamente, cayendo sobre los otros, a quienes asfixiaron.

La partida de Quetzalcoatl

Los toltecas sufrieron tantos tormentos por los encantamientos de Tezcatlipoca que poco a poco fueron empobreciendo y vieron cómo llegaba el final del imperio. Quetzalcoatl, disgustado por todo lo que había pasado, decidió abandonar Tollan e irse al país de Tlapallan, adonde había ido en su misión civilizadora de Méjico. Quemó todas las casas que había construido y enterró sus tesoros y piedras preciosas en profundos valles entre las montañas. Cambió los árboles de cacao por otros de mezquite y ordenó a todos los pájaros de rico plumaje y bello canto que abandonasen el valle de Anahuac y le siguieran durante más de cien leguas. En el camino desde Tollan descubrió un gran árbol en un punto llamado Quauhtitlán. Allí descansó y les pidió a sus pajes el espejo. Se observó en la pulida superficie y exclamó: «¡Soy viejo!». Por ese motivo el lugar recibió el nombre de Huehuequauhtitlán (viejo Quauhtitlán). Prosiguiendo la marcha le acompañaban músicos que tocaban la flauta; él caminó hasta cansarse, detuvo su paso y se sentó en una piedra, donde puso las manos. El lugar se llama Temacpalco (La Impresión de las Manos). En Coaapan fue recibido por los dioses nahuas, enemigos suyos y de los toltecas.

«¿Adónde vas?», le preguntaron. «¿Por qué has dejado tu ciudad?».

«Voy a Tlapallan», replicó Quetzalcoatl, «de donde yo vengo».

«¿Por qué razón?», persistieron los encantadores.

«Mi padre el Sol me ha llamado desde allí», contestó Quetzalcoatl.

«Ve, pues, feliz», dijeron, «pero déjanos el secreto de tu arte, el secreto de fundir la plata, de trabajar las piedras preciosas y la madera, la pintura, la artesanía de la pluma y otras materias».

Pero Quetzalcoatl se negó y arrojó sus tesoros a la fuente de Cozcaapa (Agua de Piedras Preciosas). En Cochtan lo recibió otro encantador, que le preguntó desde dónde venía, y una vez que lo supo le ofreció un trago de vino. Cuando lo hubo bebido Quetzalcoatl se adormeció. Continuando su viaje por la mañana, el dios pasó entre un volcán y Sierra Nevada, donde los escuderos que le acompañaban murieron de frío. Él lamentó mucho su desgracia y lloró maldiciendo su destino con las más amargas lágrimas y las canciones más tristes. Alcanzada la cima del monte Poyauhtecatl, se deslizó hasta la base. Cuando llegó a la orilla del mar, embarcó en una balsa de serpientes y fue llevado hacia la tierra de Thla-pallan.

Está claro que estas leyendas guardan semejanzas con las de Ixtlilxochitl, que narran la caída de los toltecas. Están tomadas del trabajo de Sahagún, *Historia General de Nueva España,* y están incluidas tanto por motivo de comparación como por su propio valor intrínseco.

Tezcatlipoca o Doomster

Tezcaltlipoca era mucho más que una mera personificación del viento y, si se presentaba como dador de vida, también tenía poder para destruir la existencia. De hecho, en ocasiones parecía como un inexorable comerciante de la muerte y fue tratado como Nezahualpilli (El Jefe Hambriento) y Yaotzin (El Enemigo). Quizá uno de los nombres por el que era más conocido era Telpochtli (El Joven Guerrero), por su fortaleza, su vitalidad, nunca menguada, y por su juvenil y turbulento vigor parecido a una tempestad.

A Tezcatlipoca se le representaba generalmente sujetando en la mano derecha un dardo colocado en un *atlatl* (lanza arrojadiza) y su espejo-escudo con cuatro dardos más en la izquierda. Este escudo es el símbolo de su poder que juzgaba la humanidad y sostiene su justicia.

Los aztecas representaban a Tezcatlipoca como un revoltoso a lo largo de los grandes caminos en busca de personas sobre las que ejecutar su venganza, como el viento de la noche que lleva rápidamente por los desiertos caminos más semillas de violencia que durante el día. No en vano, uno de sus nombres, Yoalli Ehecatl, significa «Noche Ventosa». Había bancos de piedra, labrados como los de los altos dignatarios de las ciudades de Méjico, distribuidos por todas las avenidas para su exclusivo uso, donde podía descansar tras sus turbulentos viajes. Estos asientos se ocultaban con ramas verdes y debajo de ellos se escondía el dios acechando a sus víctimas. Pero si una de las personas que él cogía lo vencía en la lucha, podía pedir cualquier deseo que quisiera, seguro de la promesa de la deidad que se le concedería en el acto.

Se suponía que Tezcatlipoca había dirigido a los nahuas, y especialmente a los tezcucos, desde un clima más al Norte al valle de Méjico. Pero no era una simple deidad local de Tezcuco; se le adoraba a lo largo y ancho del país. Su elevada posición en el panteón mejicano parecía haberle dado una reverencia especial como el dios del destino y la fortuna. El lugar que ocupó como cabeza del panteón nahua le otorgó muchos atributos que le eran extraños en su original carácter. El miedo y deseo de exaltar su mandato empujaron a los devotos de un dios todopoderoso a tenerle fe en cualquier concepto, pues no hay nada destacable en el espectáculo del montón de todos los posibles atributos, humanos o divinos, sobre Tezcatlipoca cuando recordamos la suprema posición que ocupó en la mitología mejicana. Su casta sacerdotal superaba ampliamente en poder, en anchura y en actividad de su propaganda a los sacerdocios de otras deidades mejicanas. A esto se atribuye la invención de muchas de las tradiciones de la civilización y todo esto está perfectamente claro, tal y como se ha demostrado. Los demás dioses eran adorados con algún propósito especial, pero la veneración de Tezcatlipoca se enfocaba como una obligación y como una especie de protección contra la destrucción del universo, una calamidad que los nahuas creían que podía ocurrir a través de su actuación. Se le conocía como Moneneque (El Demandante de Oraciones) y en algunas de sus descripciones aparecía con una espiga de oro que le colgaba del pelo con pequeñas lenguas doradas doblando hacia arriba en actitud de oración. En épocas de peligro nacional, plagas o hambre universal, se dirigían rogativas a Tezcatlipoca. Los jefes de la comunidad reparaban su *teocalli* (templo) acompañados por el pueblo en masa, y todos juntos rezaban fervorosamente para su rápida intercesión. Las oraciones a Tezcatlipoca, aún existentes, prueban que los antiguos mejicanos creían que poseía el poder de la vida y de la muerte, y muchos de ellos se expresaban en los más patéticos términos.

El festival teotleco

La suprema posición que ocupaba Tezcatlipoca en la región mejicana está bien ejemplarizada en el festival de Teotleco (Advenimiento de los Dioses), que Sahagún narró detalladamente en los festivales mejicanos. Otra peculiaridad relacionada con esta veneración era que se le consideraba una de las pocas deidades que tenían alguna conexión con el perdón de los pecados. Los nahuas simbolizaban el pecado como un excremento, y en varios manuscritos se representa a Tezcatlipoca como un pavo al que se le ofrece basura.

Sobre el festival de Teotleco, Sahagún dice: «Durante el duodécimo mes del año se celebraba un festival en honor de todos los dioses, de los que se decía que llegaban de algunas tierras que yo conozco. El último día del mes se celebraba el retorno de los dioses. El decimoquinto día del mes los jóvenes y los sirvientes cubrían los altares y las capillas de los dioses con ramas, así como los de las casas y las imágenes que se colocaban a lo largo del camino y en las calles. Este trabajo se pagaba en maíz. Algunos recibían una cesta llena y otros unas pocas mazorcas. El día dieciocho llegaba el eterno joven dios Tlamatzincatl o Titlacahuan. Se decía que él caminaba mejor y llegaba el primero porque era joven y fuerte. Esa noche se le ofrecía comida en su templo. Todo el mundo bebía, comía y era feliz. Los viejos, sobre todo, celebraban la llegada del dios bebiendo vino y se suponía que se lavaban los pies en estas fiestas. El último día del mes venía marcado por un gran festival, según la creencia de que todos los dioses llegaban a la vez. En la noche anterior se amasaba en una losa una gran cantidad de harina en forma de queso y se supone que los dioses imprimían su huella en él como signo de su regreso. El jefe estaba alerta toda la noche e iba y venía para comprobar si había aparecido la huella. Cuando por fin la veía él gritaba: "El maestro ha llegado", y los sacerdotes en sus templos empezaban a tocar los cuernos, trompetas y otros instrumentos musicales que usaban. Cuando oían este ruido todos se preparaban para ofrecer comida en todos los templos». El día siguiente se suponía que los dioses más ancianos llegarían y los hombres jóvenes, disfrazados de monstruos, arrojaban víctimas a un inmenso fuego de sacrificio.

El festival Toxcatl

El más importante festival con relación a Tezcatlipoca es el Toxcatl, celebrado el mes quinto. El día del festival se mataba a un joven al que se había aleccionado previamente durante un año para su papel de víctima. Se le seleccionaba entre los mejores prisioneros de guerra de ese año y debe ser sin mancha ni tacha. Él adoptaba el nombre, el traje, los atributos de Tezcatlipoca y la población entera lo trataba con reverencia, imaginando que era un representante de la divinidad en la Tierra. Él descansaba durante el día y solo actuaba por la noche, armado con su dardo y su escudo de dios, para recorrer las carreteras. Esta práctica, por supuesto, simbolizaba el avance del dios del viento por los caminos de la noche. También llevaba un silbato, símbolo de la deidad, y hacía con él un ruido como de un viento nocturno sobrenatural cuando sopla entre las calles. De los brazos y piernas le colgaban piedras que por mandato de Tezcatlipoca estaban en los caminos. Más tarde, el año en que se apareaba con cuatro hermosas doncellas de alta cuna, pasaba el tiempo en diversiones y emociones. Al final, el día fatal en que debía ser sacrificado llegaba. Él se despedía tristemente de las doncellas con las que se había desposado, y era conducido al *teocalli* de sacrificio, sobre cuyas laderas rompía los instrumentos musicales con los que lo habían seducido durante su cautiverio. Cuando llegaba a la cima, lo recibía el sacerdote, quien rápidamente lo unía al dios al que presentaba, arrancándole el corazón en el altar del sacrificio.

Huitzilopochtli, el dios de la guerra

Huitzilopochtli ocupaba en el panteón azteca un lugar similar al de Marte en Roma. Su origen es oscuro, pero el mito referido a él es diferente en originalidad y carácter. Cuenta cómo, bajo la sombra de la montaña de Coatepec, cerca de la ciudad tolteca de Tollan, habitaba una piadosa viuda llamada Coatlicue, la madre de una tribu de indios llamada Centzonhuitznahua, y que tenía una hija de nombre Coyolxauhqui; la madre diariamente subía a una pequeña colina con la intención de ofrecer oraciones a los dioses con un espíritu penitente de piedad. Un día, mientras rezaba, sorprendió una bolita brillantemente coloreada con plumas cayéndole encima. Le gustó la brillante variedad de colores y se la metió en el seno, con la intención de ofrecérselo al dios Sol. Algún tiempo después se dio cuenta de que iba a tener otro hijo. Sus hijos, cuando lo oyeron, la insultaron incitados por su hermana Coyolxauhqui a humillarla de todas las formas posibles.

Coatlicue vagó con miedo y ansiedad; pero el espíritu del aún no nacido bebé vino, le habló y le dio palabras de aliento tranquilizando su turbulento corazón. Sus hijos, sin embargo, decidieron borrar lo que consideraban un insulto para su raza matando a su madre, y acordaron asesinarla. Se vistieron con atuendos propios de los guerreros y se colocaron el pelo como para entrar en combate. Pero uno de ellos, Quauitlicac, se apiadó de ella y confesó la deslealtad de sus hermanos al nonato Huitzilopochtli, que le dijo: «Oh hermano, escucha atentamente lo que te voy a decir. Estoy totalmente informado de lo que va a ocurrir». Con la intención de asesinar a su madre, los indios fueron en su busca. A la cabeza iba la hermana Coyolxauhqui. Iban armados hasta los dientes y llevaban un fardo de dardos con los que darían muerte a la desafortunada Coatlicue.

Quauitlicac trepó a la montaña para avisar a Huitzilopochtli de que sus hermanos se acercaban para matar a su madre.

«Dime exactamente dónde están», dijo el dios-niño. «¿Hasta qué lugar han avanzado?».

«Hasta Tzompantitlan», respondió Quauitlicac.

Más tarde volvió a preguntar Huitzilopochtli: «¿Dónde están ahora?».

«En Coaxalco», fue la respuesta.

Una vez más Huitzilopochtli preguntó el punto en el que estaban sus enemigos.

«Están en Petlac ahora», dijo Quauitlicac.

58

Después de un momento Quauitlicac informó a Huitzilopochtli que los Centzoniutzanaua estaban bajo el liderazgo de Cayolxauhqui. Cuando llegaron los enemigos, salió Huitzilopochtli blandiendo un escudo y una lanza de color azul. Él estaba pintado, tenía la cabeza tocada con un penacho y la pierna izquierda cubierta de plumas. Destrozó a Cayolxauhqui con un destello de luz de serpiente y dio caza a los Centzonhuitznahua, a los que persiguió durante mucho rato a través de las montañas. No intentaron defenderse, pero huyeron inmediatamente. Muchos perecieron en las aguas del lago contiguo, adonde se habían lanzado en su desesperación. Todos murieron excepto unos pocos que se escaparon a un lugar llamado Uitzlampa, donde se rindieron a Huitzilopochtli y le entregaron sus armas.

El nombre Huitzilopochtli significa «Colibrí en la izquierda», pues el dios se adornaba con las plumas de colibrí su mano izquierda. De aquí se extrae el tótem del colibrí. La explicación del origen de Huitzilopochtli es algo más profunda que ésta. Entre las tribus americanas, especialmente las del Norte del continente, se veneraba a la serpiente como símbolo de sabiduría y magia. De estas fuentes viene el éxito en la guerra. La serpiente también tipifica el relámpago, el símbolo divino de la lanza, la apoteosis del poder guerrero. Se tenía a los fragmentos de serpiente como un poderoso elemento guerrero entre las tribus. Atatarho, un mítico sabio-rey iroqués, se vestía con serpientes vivas y su mito arrojaba luz a uno de los nombres de la madre de Huitzilopochtli, Coatlantona (Vestida de Serpientes). La imagen de Huitzilopochtli estaba rodeada de serpientes y descansaba en soportes con forma de serpiente. Su cetro era una culebra y su gran tambor estaba hecho de piel de serpiente.

En la mitología americana, la serpiente está estrechamente asociada al pájaro. Por esta razón el nombre del dios Quetzalcoatl se puede traducir como «la serpiente con plumas». Se pueden aportar muchos casos similares en los que se unen el concepto del pájaro y la serpiente. Huitzilopochtli es, indudablemente, la idea de serpiente, el símbolo guerrero de la sabiduría y el poder, el símbolo de los dardos y lanzas del guerrero, y el colibrí precursor del verano, la estación por excelencia en la que la serpiente o el relámpago tienen su poder sobre las cosechas.

Huitzilopochtli era representado normalmente llevando en la cabeza un penacho de plumas onduladas de colibrí. La cara y los miembros los llevaba orlados con brazaletes azules y en la mano derecha llevaba cuatro lanzas. Con la mano izquierda agarraba su escudo, en cuya superficie se exhibían cinco mechones de plumón colocados en forma de quincunce. El escudo estaba hecho con juncos cubiertos con plumón de águilas. La lanza que blandía estaba también adornada con mechones de plumón, en vez de piedra. Estas armas se ponían en las manos de aquellos a los que se apresaba como cautivos en las luchas de sacrificios, que simbolizaba en la mente azteca la muerte del guerrero en la piedra de combate del gladiador. Como se ha dicho, Huitzilopochtli era el dios de la guerra de los aztecas y se supone que los condujo al lugar de Méjico desde su tierra originaria en el Norte. La ciudad de Méjico tomó su nombre de uno de los distritos que tuvieron el título de Huitzilopochtli. Mexitli (Liebre de Áloe).

El dios de la guerra como fertilizador

Pero Huitzilopochtli no era el único dios de la guerra. Lo mismo que el dios-serpiente de relámpago, tenía relación con el verano, la estación de los relámpagos y, por tanto, dominaba las extensiones de cultivos y frutos de la tierra. Los indios algonquianos de Norteamérica creían que la serpiente cascabel podría provocar devastadoras tormentas o las más favorables brisas. Ellos atribuían a esta serpiente el símbolo de la vida, pues la serpiente tiene un significado fálico por su semejanza con el símbolo de la generación y la fructificación. Con algunas tribus norteamericanas, sobre todo el pueblo indio de Arizona, también tiene la serpiente un significado solar, y con la cola en la boca simboliza el movimiento anual del Sol. Los nahuas creían que Huitzilopochtli podía concederles buen tiempo para la fructificación de sus cosechas, y colocaban una imagen de Tlaloc, el dios de la lluvia, cerca de él, para que, si era necesario, el dios de la guerra obligase al fabricador de la lluvia ejercer sus poderes pluviales o abstenerse de crear inundaciones. Debemos, en cuanto a la naturaleza de los dioses, tener clara la conexión en los conocimientos nahuas entre el panteón, guerra y suministrador de alimentos. Si no se libraba la guerra anualmente, los dioses tendrían que irse sin carne para comer y con desperdicios, y si los dioses sucumbían, las cosechas se echarían a perder y el hambre destruiría la raza. Por eso fue una pequeña maravilla que Huitzilopochtli fuese uno de los jefes-dioses de Méjico.

El principal festival de Huitzilopochtli era el Toxcatl, celebrado inmediatamente después del festival Toxcatl de Tezcatlipoca, con quien guardaba grandes semejanzas. Los festivales de los dioses se celebraban en mayo y en diciembre, y durante el último de ellos el sacerdote oficiante atravesaba con una flecha un molde de pasta amasada con sangre de niños sacrificados, un acto significativo de la muerte de Huitzilopochtli hasta su resurrección el año siguiente.

Bastante extraño cuando se recuerda la absoluta supremacía de Tezcatlipoca, el gran sacerdote de Huitzilopochtli, el Mexicatl Teohuatzin, considerado jefe religioso del sacerdocio mejicano. El sacerdote de Huitzilopochtli oficiaba la celebración por derecho de descendencia y su primado exigía a los sacerdotes absoluta obediencia a todas las otras deidades, visto como el siguiente al monarca en poder y dominio.

Tlaloc, el dios de la lluvia

Tlaloc era el dios de la lluvia y la humedad. En un país como Méjico, donde el éxito o el fracaso de las cosechas depende totalmente de la naturaleza o, dicho de otra forma, de la lluvia, sería fácilmente una deidad de gran importancia. Se creía que construyó su casa en las montañas que rodeaban el valle de Méjico como si fuesen el origen de la lluvia local y su popularidad estaba garantizada por el hecho de que había más representaciones escultóricas de él que de las restantes deidades mejicanas. Se le representa generalmente en una actitud semirrecortada con la parte superior del cuerpo apoyada en los codos y las rodillas medio extendidas, probablemente para representar el carácter montañoso del país del que procedía la lluvia. Estaba casado con Chalchihuitlicue (Dama Esmeralda), que le dio numerosos hijos, los Tlalocs (nubes). Muchas de las figuras que lo representaban se tallaban en la piedra denominada *chalchiuitl* (jade), para simbolizar el color del agua, y en algunas se le mostraba sujetando una serpiente de oro que simbolizaba el relámpago, pues los dioses del agua están estrechamente identificados con el trueno que cae de las colinas y acompaña copiosas lluvias. Tlaloc, igual que su prototipo, el Kiche dios Huracán, se manifestaba de tres formas: como destello del relámpago, como rayo y como trueno. Sin embargo, su imagen estaba orientada hacia el Este, donde se supone que fue originado; se le veneraba como morador de los cuatro puntos cardinales en todas las cimas de las montañas. Los colores de los cuatro puntos de la brújula, amarillo, verde, rojo y azul, de los que procedía la lluvia con viento, estaban dentro de la composición de su traje, que más abajo estaba atravesado por rayos de plata, tipificando los torrentes de la montaña. Un jarrón con toda la descripción de cereales se colocaba delante del ídolo como ofrenda de la vegetación que se esperaba llegase a fructificar. Él habitaba un paraíso lleno de aguas llamado Tlalocan (El País de Tlaloc), un lugar de prosperidad y frondosidad, donde los que habían sido anegados o derribados por un rayo o que habían muerto por una enfermedad hidrópica disfrutaban eternamente de felicidad. Todos los que no murieron por esas causas fueron a la oscura morada de Mictlan, el devorador y tenebroso señor de la muerte.

En los manuscritos nativos Tlaloc es generalmente representado como de complexión oscura, un gran ojo redondo, una hilera de colmillos y sobre los labios una raya angular azul curvada hacia abajo y enrollada al final. Esta última característica se supone que le venía de los anillos de dos serpientes, sus bocas con largos colmillos en la mandíbula superior se juntaban en el medio con el labio de arriba. La serpiente, además, simboliza el relámpago en muchas mitologías americanas y también representa el agua, bien tipificada por sus sinuosos movimientos.

Se sacrificaban anualmente muchas doncellas y niños en ofrenda a Tlaloc. Si los niños lloraban se tenía como feliz presagio para la estación lluviosa. El Etzalqualiztli (cuando comen habas) era el festival de su jefe y se celebraba aproximadamente el 13 de mayo, más o menos cuando comenzaba la estación lluviosa. Otro festival en su honor, el Quauitleua, comenzaba el año mejicano, el 2 de febrero. En el festival anterior los sacerdotes de Tlaloc se zambullían en el lago imitando los sonidos y los movimientos de las ranas, como habitantes del agua, bajo la protección del dios. Chalchihuitlicue, su esposa, era a menudo representada con la pequeña imagen de una rana.

Sacrificios a Tlaloc

También había sacrificios humanos en ciertos puntos de las montañas donde se consagraban estanques artificiales a Tlaloc. Los cementerios estaban situados en las cercanías y las ofrendas a los dioses se enterraban cerca de los lugares de la sepultura de los cuerpos que habían sido víctimas en el servicio. Su estatua estaba situada en la montaña más alta de Tezcuco; un viejo escritor menciona que se ofrecían al dios anualmente cinco o seis niños en varios puntos: se les extraía el corazón y se enterraban sus despojos. Las montañas de Popocatepetl y Teocuinani son importantes por su altura y en esta última se construyó su templo, donde figuraba su imagen labrada en piedra verde.

Los nahuas creían que la constante producción de alimentos y lluvia proporcionaba una condición de ancianidad en aquellos dioses cuya obligación era abastecerlos. Los dioses rechazaban esa condición, temerosos de que si fallaban en su actuación, podrían morir. Ellos les otorgaban, según su acuerdo, un período de descanso y recuperación, y una vez cada ocho años se celebraba un festival llamado Atamalqualiztli (ayuno de avena y agua), durante el cual todos los miembros de la comunidad nahua volvían a la época salvaje. Vestidos con trajes que representaban todas las formas de vida animal, e imitando los sonidos de algunas criaturas, las gentes bailaban alrededor del *tocalli* de Tlaloc, con el propósito de divertirlo y entretenerlo después de su trabajo, de haber producido próspera y fertilizante lluvia en los últimos ocho años. Llenaban un lago con culebras de agua y ranas y la gente se zambullía, cogiendo los reptiles con la boca y comiéndoselos vivos.

El único grano comestible que podían tomar durante esa estación de descanso era papilla de maíz.

Si uno o más campesinos prósperos o terratenientes consideraban necesaria la lluvia para que crecieran sus cosechas, o si temían una sequía, buscaban a uno de los profesionales que hacían ídolos de masa o pasta para que moldease uno de Tlaloc. A esta imagen le ofrecían papilla de maíz y *pulque.* Durante toda la noche los granjeros y sus vecinos bailaban gritando y chillando alrededor de la figura con el propósito de despertar a Tlaloc de su inactividad. El día siguiente lo pasaban bebiendo grandes tragos de *pulque* y tomándose un necesario descanso debido al esfuerzo de la noche anterior.

Es fácil encontrar en Tlaloc semejanzas con otras concepciones mitológicas que se extienden entre los pueblos indígenas de América. Él es similar a deidades como el Hurakán de Kiche en Guatemala, el Pillán de los aborígenes de Chile y como el dios-trueno del Collao en Perú. Solo sus poderes atronadores son distintos a la hora de hacer llover, y en esto difiere con respecto a los dioses aludidos.

Quetzalcoatl

Es más que probable que Quetzalcoatl fuera el dios del pueblo prenahua en Méjico. Los aztecas lo consideraban como un dios de carácter extraño y tenía unos adeptos bastante limitados en Méjico, en la ciudad de Huitzilopochtli. En Cholula, sin embargo, y otras antiguas ciudades, la veneración era enorme. Lo consideraban como el «Padre de los toltecas» y la leyenda dice que era el menor de los siete hijos del Abraham tolteca, Iztacmixcohuatl. Quetzalcoatl (cuyo nombre significa «serpiente de plumas» o «bastón con plumas») llegó a ser, en un período relativamente primitivo, dirigente de los toltecas, y su culto y estímulo a las artes liberales fueron muy importantes para el avance posterior de su gente. Su reinado duró un tiempo lo suficientemente largo como para permitir cultivar las artes sobre una base satisfactoria cuando dos astutos magos, Tezcatlipoca y Coyotlinaual, dios de los amantecas, visitaban el país. Liberado de su término de mito, este estamento implica que los invasores nahuas llegaron antes al territorio tolteca. Tezcatlipoca, descendiendo del cielo en forma de araña por medio de una fina red, les arrojaba *pulque,* y de esta forma los intoxicaba y maldecía, y olvidaba su condición de castidad con Quetzalpetlatl. La condena que profirió sobre él era dura, pues le obligaba a abandonar Anahuac. Su exilio conllevó cambios peculiares en todo el país. Escondió sus tesoros de oro y plata, incendió sus palacios, transformó en mezquitas las plantas de cacao y obligó a todos los pájaros de las cercanías a que abandonasen Tollán. Los magos, perplejos ante estos inesperados acontecimientos, le rogaron que volviera, pero él se negó. Continuó hacia Tabasco, la fabulosa tierra de Tlapallan, y embarcó en una balsa hecha de serpientes rumbo al Este. También se da una versión algo diferente de este mito. Otros relatos aseguran que el rey se lanzó a una pira funeraria y se consumió, y su corazón también se elevó al cielo y se convirtió en estrella de la mañana. Los mejicanos aseguraban que Quetzalcoatl miró cuando la estrella se hizo visible, y por esta razón le concedieron el título de «Señor del Alba». Dicen, además, que cuando murió se hizo invisible durante cuatro días y que estuvo ocho días vagando por el mundo de las tinieblas, después de los cuales apareció la estrella de la mañana, y fue cuando logró resucitar y elevar su trono como un dios.

Ésta es la conexión que establecen algunas autoridades del mito de Quetzalcoatl como el dios del Sol. Esa estrella, dicen, comienza su trayectoria diaria en el Este, lugar al que volvió Quetzalcoatl como su hogar. Esto recordará que Moctezuma y sus súbditos imaginaron que Cortés no era otro que Quetzalcoatl, que volvía de sus dominios tal y como se había dicho en una profecía. Pero es bastante improbable que representase al Sol, como demostraremos. Lo primero será prestar atención a otras teorías que hablan de su origen.

Quizá la más importante es la que considera a Quetzalcoatl como el dios del aire. Está conectado, según algunos, con los cuatro puntos cardinales y lleva la señal de la cruz como representación. El doctor Seler dice de él: «La boca le sobresale como una trompeta, para que sople como dios del viento... Su figura sugiere giros y círculos, de ahí que sus templos se construyeran en forma circular. La cabeza del dios del viento muestra el segundo de los signos de veinte días y se llamaba Ehecatl (viento)». La misma autoridad, sin embargo, en su ensayo sobre la cronología mejicana, otorga a Quetzalcoatl una naturaleza dual, «la naturaleza dual que aparenta pertenecer al dios del viento, Quetzalcoatl, que aparece ahora como simple dios del viento y otra vez parece que muestra el verdadero carácter del viejo dios del fuego y la luz»[1].

El doctor Brinton percibe en Quetzalcoatl una naturaleza dual similar. «Él es a la vez señor de la luz oriental y de los vientos», escribe (*Mitos del Nuevo Mundo*, pág. 214). «Como todos los héroes del amanecer, también va representado con una complexión clara, vestido con un traje negro y blanco, y, como muchos dioses aztecas, con una poblada barba... Lo venció Tezcatlipoca, el viento o espíritu de la noche, que descendió desde el cielo por medio de una tela de araña que le confería inmortalidad, a pesar de la inmensa nostalgia que sentía de su hogar. En cuanto al viento y la luz, ambos comienzan

---

[1] *Boletín 28* de la Oficina de Etnología de Estados Unidos.

cuando amanece o cuando las nubes extienden su oscuridad y su manto sombrío sobre las montañas y envían una fructífera lluvia a los campos».

La teoría que dice que Quetzalcoatl procede de un «héroe cultural» que aún existe, es apenas creíble. Es poco más que verosímil que, como en el caso de otros míticos paladines, la leyenda de un poderoso héroe surja de cualquier ligera idea de una gran divinidad. Algunos de los primeros misioneros españoles creían ver en Quetzalcoatl al apóstol Santo Tomás que viajó a América para llevar a cabo su conversión.

El hombre del Sol

Una explicación más probable sobre el origen de Quetzalcoatl y una aportación más creíble de su naturaleza es la que lo considera como el hombre del Sol que abandonó su morada durante una temporada para inculcar a la humanidad aquellas artes que mostraban los primeros pasos de la civilización que cumple su misión y que más tarde se presenta a los dioses como una raza invasora. Quetzalcoatl está representado como un viajero con una lanza en la mano, y ésta es la prueba de su carácter solar, que asegura que bajo su mandato los frutos de la Tierra prosperaron más que en cualquier otro período posterior. La abundancia de oro que se supone que acumuló en su reinado refuerza la teoría de que el preciado metal se asociaba invariablemente con el Sol, así pensaban incluso los pueblos más bárbaros. En las pinturas nativas hay que destacar el disco solar y el semidisco, que están casi siempre unidos a la serpiente plumada, como atributos simbólicos de Quetzalcoatl. Los indios hopi de Méjico actualmente representan al Sol como una serpiente con la cola en la boca, y los antiguos mejicanos introducían el disco solar relacionado con las pequeñas imágenes de Quetzalcoatl que sujetaban el tocado de la cabeza. En otros ejemplos aparece Quetzalcoatl como si emergiera o caminase por una estrella, representación de su morada.

Varias tribus tributarias de los aztecas solían implorar a Quetzalcoatl con oraciones para que volviera y los liberase de aquella intolerable esclavitud. Cabe destacar entre ellas a los totonacas, que creían apasionadamente que el Sol, su padre, les enviaría un dios que los liberaría del yugo azteca. Con la llegada de los conquistadores españoles, los totonacas los aclamaron como si fueran sirvientes de Quetzalcoatl, pues veían en sus ojos el cumplimiento de que, según la tradición, Quetzalcoatl volvería.

Distintas formas de Quetzalcoatl

Se pueden distinguir varias concepciones de Quetzalcoatl en la mitología de los territorios que se extienden desde el Norte de Méjico hasta las marismas de Nicaragua. En Guatemala los kiches lo reconocían como Gucumatz y en Yucatán fue venerado como Kukulcán; ambos nombres se pueden traducir literalmente del título mejicano «La serpiente plumada» al kiche y al maya. Esas tres deidades se unen en una sola y así no hay sombra de duda. Muchas personalidades han visto en Kukulcán al «dios de la serpiente y de la lluvia». Él puede llegar a ser también un dios solar. El culto a la serpiente plumada en Yucatán era incuestionablemente una rama de la adoración del Sol. En latitudes tropicales, el Sol arrastra de las nubes hacia sí al mediodía. Empieza a llover con truenos y relámpagos, símbolos de la serpiente divina. Por tanto, las manifestaciones de la celestial serpiente estaban directamente asociadas al Sol, y no hay ninguna afirmación acerca de que Kukulcán sea un dios serpiente del agua que aclare satisfactoriamente sus características.

Origen norteño de Quetzalcoatl

Es posible que Quetzalcoatl tuviera un origen norteño, y que en su adopción por los pueblos del Sur y tribus que habitaban en países tropicales, se alterasen gradual e inconscientemente sus características para cumplir las exigencias en que se encontraban. La mitología de los indios de Norteamérica, de donde con toda probabilidad procedían originariamente los nahuas, poseía una figura central que tenía muchas semejanzas con Quetzalcoatl. Por esto, la tribu thlingit adoraba a Yetl; los indios quaquiutl, a Kanikilak; el pueblo salish de la costa, a Kumsnöotl, Quäalqua o Slaalekam. Hay que destacar que a estos seres divinos los adoraban como al hombre del Sol, independientemente de la lumbrera que era Quetzalcoatl en Méjico. Los quaquiutl creían que antes de su asentamiento entre ellos con el propósito de inculcarles las artes de la vida, el Sol descendería como un pájaro y adoptaría forma humana. Kanikilak es su hijo, quien, como emisario, extiende el arte de la civilización por el mundo. Por su parte, los mejicanos creían que Quetzalcoatl descendía, antes que nada, en forma de pájaro y que luego era apresado en una redecilla de flores por el héroe tolteca Hueymatzin.

Los títulos que los nahuas otorgaron a Quetzalcoatl muestran que, en su significado solar, él era dios en la bóveda celeste y también el hijo del Sol. Se aludía a él como Ehecatl (el aire), Yolcaut (la serpiente cascabel), Tohil (el rumor), Nanihehecatl (señor de los cuatro vientos), Tlauizcalpantecutli (señor de la luz del amanecer). Toda la bóveda celeste era suya, junto con todos sus fenómenos. Esto parece que está en directa oposición con la teoría de que Tezcatlipoca era el dios supremo de los mejicanos. Pero hay que tener en cuenta que Tezcatlipoca era el dios de una edad posterior y de unos jóvenes inmigrantes nahuas y que, como amigo de Quetzalcoatl, estaba en un similar estado de oposición con Itzamna, una deidad maya del Yucatán.

La veneración por Quetzalcoatl

La veneración por Quetzalcoatl era, en cierto modo, hostil hacia todas las demás deidades mejicanas, y sus sacerdotes se encontraban en una casta separada. Aunque los sacrificios humanos no eran frecuentes entre los devotos, es un error afirmar, como han hecho algunas autoridades, que no ha existido una conexión con esta veneración. El sacrificio más aceptable que ofrecían a Quetzalcoatl parece ser que era la sangre del celebrante o de los adoradores vertida por él mismo. Cuando consideramos la mitología de los zapotecas, un pueblo cuyas costumbres y creencias parecían haber formado una especie de unión entre las civilizaciones mejicana y maya, encontramos que sus sacerdotes en ocasiones representaban la leyenda de Quetzalcoatl en sus propias personas, y que su adoración, en apariencia basada en la de Quetzalcoatl, tiene una de sus características más importantes en el vertido de sangre. Los celebrantes o devotos se extraían la sangre de las venas que están debajo de la lengua o detrás de la oreja atravesando estas delicadas partes con un cordel hecho de cuerno cubierto de fibra de pita. Con la sangre se untaba la boca de los ídolos. En esta práctica percibimos un acto análogo a la sustitución de sacrificios de la parte por el todo, como sucedía en la antigua Palestina y en otros muchos países, una señal cierta de que a la opinión racial o tribal le disgustaban los sacrificios humanos, y trataron de apaciguar la ira de los dioses ofreciéndoles una parte de la sangre de cada orador, en vez de sacrificar la vida de uno para el bienestar general.

Los dioses mejicanos del maíz

Un grupo especial de dioses llamados Centeotl presidía la agricultura de Méjico, personificado cada uno de ellos en uno u otro de los aspectos de la planta del maíz. La diosa principal del maíz, por su parte, era Chicomecohuatl (siete serpientes), cuyo nombre aludía al poder fertilizante del agua, elementos que los mejicanos simbolizan por medio de la serpiente. Lo mismo que Xilonen, ella representaba el *xilote* o mazorca verde. Pero es posible que Chicomecohuatl fuese la creadora de una raza más antigua y que los habitantes nahuas adoptasen o trajeran otro espíritu de crecimiento, la «Tierra madre», Teteoinnan (madre de los dioses) o Tocitzib (nuestra abuela). Esta diosa tenía un hijo, Centeotl, un espíritu masculino del maíz. A veces la madre se conoce también como Centeotl, nombre genérico del grupo completo, y este hecho ha provocado cierta confusión entre los americanistas. Pero esto no quiere decir que Chicomecohuatl fuera negligente. Su festival de primavera, celebrado el 5 de abril, era conocido como Hueytozoztli (la gran vigilancia), que iba acompañado de un ayuno general adornando las viviendas de los mejicanos con aneas que habían sido rociadas con sangre de los habitantes. Las estatuas de pequeños *tepitoton* (dioses domésticos) también estaban decoradas. Los adoradores iban a los campos de maíz, donde extraían los tallos tiernos del maíz y, decorándolos con flores, los colocaban en el *calpulli* (la casa común del pueblo). Entonces tenía lugar un combate fingido ante el altar de Chicomecohuatl. Las chicas del pueblo presentaban a la diosa ramos de maíz de la cosecha siguiente. También se representaba a Chicomecohuatl entre deidades domésticas de los mejicanos, y cuando llegaba el festival, la familia colocaba una cesta de provisiones coronada con una rana guisada delante de la imagen que llevaba a la espalda un trozo de tela de almidón de maíz con maíz y verduras molidas. Esta rana simbolizaba a Chalchihuitlicue, esposa de Tlaloc, el dios de la lluvia que ayudaba a Chicomecohuatl para producir una buena cosecha. Para que el suelo diera mayores beneficios, se sacrificaba una rana, símbolo del agua, pues su vitalidad recuperaría el cansancio y el peso de la tierra.

El sacrificio del bailarín

El festival más importante de Chicomecohuatl era el Xalaquia, que duraba desde el 28 de junio al 14 de julio, y comenzaba cuando la planta del maíz había alcanzado su total madurez. Las mujeres del pueblo se soltaban el pelo y lo agitaban y sacudían para que el mago del maíz lo tomara como una señal para hacerlo crecer. Consumían enormes cantidades de *Chian pinolli* y de papilla de maíz. Interpretaban jocosos bailes durante toda la noche en el *teopan* (templo), la figura central donde estaba Xalaquia, una cautiva o esclava con la cara pintada de rojo y amarillo, los colores del maíz. Ella se instruía durante un largo entrenamiento en una escuela de danza y ahora, totalmente ignorante del horrible destino que la esperaba, bailaba y danzaba alegremente entre todos. Ella bailaba mientras duraba el festival y cuando llegaba la última noche la acompañaban las mujeres de la comunidad que bailaban a su alrededor cantando las acciones de Chicomecohuatl. Cuando llegaba el alba, se le unían los jefes y los mandatarios, que bailaban la danza de la muerte con la exhausta y semidesmayada víctima. La comunidad al completo se dirigía al *teocalli* (pirámide de sacrificio) y cuando llegaban a la cima desnudaban a la víctima y el sacerdote le clavaba un cuchillo de piedra en el seno y le extraía su aún palpitante corazón para ofrecérselo a Chicomecohuatl. De esta forma, la venerable diosa, cansada de su labor de hacer crecer el maíz, se refrescaba y revivía. De hecho, el nombre Xalaquia significa «La que está vestida de arena». Hasta que la víctima no moría, no se podía probar el nuevo maíz.

La apariencia general de Chicomecohuatl no era muy agradable. Su imagen descansa en el Museo Nacional de Méjico y está rodeada de culebras. En la base de la imagen está labrada la simbólica rana. Los americanistas del siglo XVIII y principios del XIX tuvieron diferentes opiniones a la hora de aclarar el origen de la figura llamada Teoyaominqui. El primero en percatarse del error fue Payne, en su *Historia del Nuevo Mundo llamado América*, (volumen I, pág. 424). El pasaje en el que anuncia su descubrimiento es de tal interés que merece la pena transcribirlo íntegramente.

Un hallazgo ilusorio de un anticuario

Se creía que todos los grandes ídolos de Méjico habían sido destruidos hasta que se desenterró éste, entre otras reliquias, en las labores de alcantarillado de la plaza Mayor de Méjico en agosto de 1790. El descubrimiento produjo una gran sensación. Llevaron el ídolo al patio de la Universidad y lo colocaron allí. Los indios comenzaron a adorarlo y le ponían flores; los anticuarios que tenían unos conocimientos parejos especularon sobre él. Lo que más inquietud les causó fue la cara de la diosa y algunas otras partes que se encontraron por duplicado en la espalda de la figura, de aquí que ellos concluyeran que representa a dos dioses en uno, siendo el principal una mujer y el otro, indicado al dorso, un varón. El autor especialista en antigüedades mejicanas en ese momento era el diletante italiano Boturini, de quien se puede decir que era bueno, pero no mucho mejor que los demás. De su trabajo, en su página 27, los anticuarios aprendieron que Huitzilopochtli iba acompañado de la diosa Teoyaominqui, que era la que se encargaba de recolectar las almas de los muertos en guerras y sacrificios. Esto fue suficiente. La figura, por fin, se denominó Teoyaominqui o Huitzilopochtli (el uno más el otro) y así se ha llamado desde siempre. Los anticuarios posteriores elevaron esta imaginaria diosa al rango de esposa del dios de la guerra. «Un soldado», dice Bardolph, «está mejor acomodado con su esposa»: *a fortiori*, es decir, un dios de la guerra. Además, como dice Torquemada (volumen II, pág. 47) con gran acierto, los mejicanos no pensaban que los dioses se casaban entre ellos, dios con diosa.

La figura es, sin duda, una mujer. No hay vestigios de armas ni de otros elementos. No se parece en absoluto al dios de la guerra Huitzilopochtli, cuyos detalles se conocen sobradamente. Nunca existió una diosa llamada Teoyaominqui. De aquí se llega a la conclusión de que tal diosa era desconocida no solo para Sahagún, Torquemada, Acosta, Tezozomoc, Durán y Clavigero, sino también para todos los demás escritores excepto Boturini. El error de este último se explica fácilmente. Antonio León y Gama, un astrónomo mejicano, escribió un relato sobre los descubrimientos de 1790, en el que, evidentemente perplejo por el nombre de Teoyaominqui, él cita un manuscrito mejicano que fue escrito por un indio de Tezcuco, nacido en 1528, para el hecho de que Teoyaotlatohua y Teoyaominqui eran los espíritus que presidían más de quince de los veinte signos del calendario de los pronosticadores, y que los nacidos bajo este signo serían bravos guerreros pero que morirían pronto. (Como el decimoquinto signo era *quauhtli,* es casi suficiente.) Cuando llegaba su hora, los antiguos espíritus los perfumaban y luego los mataban.

Las sandeces que se han escrito sobre Huitzilopochtli, Teoyaominqui y Mictlantecutli en relación con esta estatua podrían llenar un amplio volumen. La razón por la que las características se duplicaban está clara. La figura se llevaba en medio de una gran multitud. Probablemente se consideraba un presagio diabólico si el ídolo volvía la cara hacia sus adoradores; ésta es la causa del duplicado. Por eso se bailaba alrededor de la figura (compárese con Jano). Esta duplicación de caracteres, propia de los dioses más viejos, parece clara cuando el numeral *ome* (dos) precede al título de la deidad. De este modo, los antepasados y conservadores de la raza se llamaban Ometecuhtli y Omecihuatl (dos-jefe, dos-mujer), antiguos dioses toltecas, que cuando comenzó la conquista llegaron a ser menos prominentes en la teología de Méjico y que están mejor representados en la colonia mejicana de Nicaragua.

La ofrenda a Centeotl

Durante sus últimas horas, la víctima sacrificada en Xalaquia vestía un traje ritual hecho de fibras y de áloe, y con esta indumentaria se vestía al dios del maíz Centeotl. De esta guisa ataviado, representaba durante un tiempo a la diosa de la tierra para que él pudiera recibir el sacrificio de ella. La sangre de las víctimas se le ofrecía en un jarrón decorado con brillante y artística artesanía de plumas, que causa admiración en el seno de los entendidos y estetas europeos del siglo XVI. Para tomarse la sangre de la ofrenda, el dios emitía un gemido tan intenso y terrorífico que los españoles quedaron impresionados y presas del pánico. Esta ceremonia la continuaba otro, el *nitiçapoloa* (catador de tierra), que consistía en tomar un poco de tierra con el dedo, llevársela a la boca y comerla.

Como ya hemos dicho, Centeotl hijo ha sido confundido con Centeotl madre, que es en realidad la madre tierra Teteoinnan. Cada uno de estos dioses tenían un *teopan* (templo) de su propiedad, pero estaban estrechamente unidos como madre e hijo. Cuando murió sacrificada una de las víctimas, llevaron su piel al templo de Centeotl hijo y el sacerdote oficiante la usó para el siguiente ritual. Este horripilante vestido está frecuentemente representado en las pinturas aztecas, donde la piel de las manos y, a veces, de los pies de las víctimas se puede ver colgando de las muñecas y de los tobillos de los sacerdotes.

Importancia de los dioses de la comida

Para los mejicanos, los dioses de mayor importancia para la comunidad eran, sin lugar a dudas, los dioses de la comida. Ante la ausencia de caza y en su estado rural de vida, empezaron a mantenerse casi únicamente de los frutos de la tierra, y los mejicanos pronto se percataron de que las viejas deidades de la caza, como Mixcoatl, no podrían socorrerlos ahora de la misma forma que lo hacían los guardianes de las cosechas y los fertilizadores del suelo. Gradualmente vemos cómo estos dioses tienen cada vez más poder e influencia, hasta que a la llegada de los españoles alcanzaron su punto álgido. Incluso el terrible dios de la guerra tenía su significado agrícola, como ya hemos apuntado. Un pacto diferente al de los dioses de la comida está claramente trazado y no es menos obvio, aunque no se haya escrito nunca. El convenio era obligatorio para los nativos como cualquiera que se hiciera entre Dios y el hombre de la antigua Palestina, e incluía asistencia mutua, así como provisión para el simple abastecimiento alimentario. No se encuentra en ninguna mitología tan claramente definido el entendimiento entre el dios y el hombre como en la nahua, y en ninguna está su operación mejor ejemplificada.

Xipe

Xipe (El Desollador) era ampliamente venerado por todo Méjico y está representado en las figuras con piel humana desollada. En su especial festival, «El Hombre Desollado», se les arrancaba la piel a las víctimas y se vestían con ella los devotos del dios los siguientes veinte días. Se presentaba su imagen generalmente como de color rojo. En los últimos días de la monarquía azteca, los reyes y dirigentes de Méjico se ataviaban con los vestidos y prendas típicas de Xipe. Este atuendo consistía en una corona hecha de plu-

71

mas de espátula y un delantal de plumas verdes que caían una sobre otra como las tejas de un tejado. En el códice Cozcatzin vemos un cuadro del rey Axayacatl vestido, como Xipe, con una falda de plumas y con una vaina para la espalda hecha de piel de tigre. De las muñecas del monarca cuelga la piel de las manos de un humano desollado y la piel de los pies cae sobre sus pies a modo de polainas.

El escudo de Xipe es una diana redonda cubierta de plumas pintadas de rosa, con círculos concéntricos de un tono más oscuro en la superficie. Hay ejemplos de ese escudo que están divididos en parte superior e inferior los antiguos lucían una esmeralda en un campo de azur, y los últimos, un dibujo de piel de tigre. Se imaginaban que Xipe tenía tres formas, la primera como una espátula rosada, la segunda como una cotinga azul y la última como un tigre; las tres formas quizá correspondan a las regiones del cielo, tierra e infierno, o a los tres elementos: aire, tierra y agua. Las deidades de muchas tribus de Norteamérica muestran similares variantes en forma y color, pues se supone que siguen a los cambios de vivienda de las divinidades: Norte, Sur, Este y Oeste. Pero Xipe rara vez es retratado en las pinturas de otra forma que no sea dios rojo, forma que adoptaron los mejicanos de la tribu yopi de las vertientes del Pacífico. Él es el dios del sacrificio humano por excelencia y ha de ser considerado como un Yopi equivalente a Tezcatlipoca.

Nanahuatl o Nanauatzin

Nanahuatl (Pobre Leproso) es el patrón de las enfermedades de la piel, como la lepra. Se pensaba que a las personas afectadas por este mal las apartaba la Luna para su servicio. En la lengua nahua, las palabras «leproso» y «eccematoso» también significan «divino». El mito de Nanahuatl cuenta cómo antes de que se creara el Sol, la humanidad habitaba en una oscuridad negra y horrible. Solo un sacrificio podría acelerar la aparición de la luminaria. Metztli (la Luna) llevó a Nanahuatl al sacrificio y lo arrojó a una pira funeraria en cuyas llamas se consumió. Metztli también se tiró a las llamas y con su muerte el Sol apareció por el horizonte. No cabe duda de que el mito hace referencia al momento en que la estrellada noche llega a su fin e incidentalmente a la muerte nocturna de la Luna cuando amanece.

Xolotl

Xolotl tiene un origen sureño, posiblemente Zapotec. Presenta tanto el fuego que cae del cielo como la luz ascendente de las llamas. Hay que remarcar que, en las pinturas, la escena del Sol poniente devorado por la Tierra está siempre opuesta a esta imagen. Es parecido a Nanahuatl y aparece como el representante del sacrificio humano. Tiene también puntos en común con Xipe. En su conjunto, como mejor puede definirse Xolotl es como un dios del Sol de las tribus de más al Sur. Su cabeza (*quaxolotl*) era uno de los más famosos emblemas que usaban los guerreros, que como sacrificio entre los nahuas estaba, como hemos visto, estrechamente asociado a la guerra. Xolotl fue una figura mítica bastante extraña para los pueblos de Anahuac o Méjico, donde lo consideran algo raro y monstruoso. Se alude a él como el «dios de la monstruosidad» y, según cree el doctor Seler, la palabra «monstruosidad» sirve perfectamente para traducir su nombre. Está representado con las cuencas de los ojos vacías, circunstancia que se explica por el mito de que cuando los dioses decidieron sacrificarse a sí mismos para dar vida al nuevo Sol, Xolotl se retiró y lloró tanto que se le cayeron los ojos de las órbitas. Ésta era la explicación mejicana para un atributo zapoteca. Xolotl era originariamente la «bestia del relámpago» de los mayas y de otros pueblos del Sur, y era representado como un perro, el animal al que más se parecía. Pero no era en absoluto un perro natural, de aquí la concepción que se tenía de él como no natural. El doctor Seler se inclina a identificarlo con el tapir; de hecho, Sahagún habla de un extraño ser animal, *tlaca-xolotl,* que tiene un largo hocico, dientes grandes, pezuñas como un buey, pellejo grueso y un pelo rojizo, una buena descripción del tapir de Centroamérica. Por supuesto que para los mejicanos el dios Xolotl no era un animal, a pesar de que evolucionó desde uno, y se lo imaginaban con una forma similar a la de la ilustración.

XOLOTL

El dios del fuego

Esta deidad era conocida en Méjico bajo varios nombres, entre los que destacan Tata (Nuestro Padre), Huehueteotl (el Mayor de los Dioses) y Xiuhtecutli (el Señor del Año). Está representado con el color del fuego, con la cara negra, un tocado de plumas verdes y, a la espalda, una serpiente que representa la naturaleza serpenteante del fuego. También llevaba un espejo de oro que demostraba su relación con el Sol, del que emana todo el calor. Cuando llegaba la mañana, todas las familias mejicanas hacían a Xiuhtecutli una ofrenda, que consistía en una pieza de pan con una bebida. Él no era solo, como Vulcano, el dios del rayo y de las conflagraciones, sino también el pacífico dios del corazón doméstico. Una vez al año se extinguía el fuego en todos los hogares mejicanos y se reavivaba por fricción ante el ídolo de Xiuhtecutli. Cuando nacía un niño mejicano, era sometido a los cuatro días a un bautismo de fuego que se encendía cuando había nacido y se mantenía ardiendo para mantener su existencia.

Mictlán

Mictlantecutli (Señor del Infierno) era el dios de la muerte y del reino de la maldad y de las sombras, adonde acudían las almas de los hombres después de su morada mortal. Está representado en las pinturas como un monstruo horrible, con una boca enorme a la que caían los espíritus de la muerte. Su horrenda morada se conocía como Tlalxicco (el Ombligo de la Tierra), pero los mejicanos, por lo general, creían que estaba en el lejano norte, lugar considerado como de hambre, desolación y muerte. Aquí, aquellos que fallecían en circunstancias no aptas para entrar en el paraíso de Tlaloc —a saber, a los que no habían muerto ahogados o en la guerra, o en el caso de las mujeres, las que no habían muerto en el parto— pasaban una existencia aburrida y carente de sentido. Mictlán estaba rodeado de una especie de demonios llamados *tzitzimimes*, y tenía una esposa, Mictecaciuatl.

Cuando discutamos las análogas deidades de los mayas, veremos que Mictlán se representaba seguramente como un murciélago, animal típico del infierno. En un párrafo anterior que trataba de las costumbres funerarias, hemos descrito el viaje de las almas a la morada de Mictlán y de los sufrimientos que tenía que soportar el espíritu del difunto antes de entrar en su reino *(véase pág. 35)*.

Adoración del planeta Venus

Los mejicanos llamaban al planeta Venus Citlalpol (la Gran Estrella) y Tlauizcalpantecutli (Señor del Alba). Parece que eran las únicas estrellas a las que adoraban y las tenían en una considerable veneración. Antes de que apareciesen en el firmamento, se paraban sobre las chimeneas de las casas para que con su luz no hubiese peligro de ninguna clase. En el atrio del gran templo de Méjico se colocaba una columna llamada Ilhuicatlán, que significa «en el cielo», y se pintaba sobre ella un símbolo del planeta. En su aparición durante su recorrido normal, se tomaban algunos cautivos antes de esta representación y eran sacrificados. Se recordará que el mito de Quetzalcoatl manifiesta que el corazón de la deidad se elevó a lo alto en la pira funeraria en la que se consumía y se convirtió en el planeta Venus. No es fácil asegurar si el mito es anterior o no a la veneración del planeta por los nahuas, pues puede ser una leyenda acerca del desarrollo pre o postnahua. En el *tonalamatl*, Tlauizcalpantecutli está representado como el señor de la novena división de trece días, comenzando por Ce Coatl (el signo de «una serpiente»). En varias pinturas aparece con el cuerpo blanco, con largas rayas rojas y alrededor de los ojos pintura negra como una máscara de dominó bordeada con circulitos blancos. Los labios son de un rojo bermellón brillante. Las rayas rojas son, seguramente, para acentuar la blancura de su cuerpo, que se entienden como símbolo de la peculiar claridad que emana el planeta. La pintura negra de la cara alrededor de los ojos simboliza el cielo oscuro de la noche. En el simbolismo mejicano y centroamericano los ojos suelen representar la luz, y en este caso, rodeados de negro, es quizá casi jeroglífico. Igual que la estrella del atardecer, Tlauizcalpantecutli tiene, a veces, una representación semejante a una calavera, para indicar su descenso al infierno en su persecución al Sol. Por eso, los mejicanos y los mayas observaron cuidadosamente sus períodos de revolución, que están bien recogidos en las pinturas.

Veneración del Sol

El Sol era considerado por los nahuas, y también por todos los mejicanos y habitantes de Centroamérica en general, como el dios supremo o como la principal fuente de subsistencia y de vida. También se aludía a él como el *teotl*, el dios, y su veneración parecía el último término de todos los dioses. Su nombre mejicano, Ipalnemohuani (Por el que viven los Hombres), muestra cómo los mejicanos lo consideraban como el principal origen del ser y el corazón, símbolo de vida; era el sacrificio especial. Los que se

75

levantaban cuando salía el Sol para preparar comida para el día, elevaban hacia él los corazones de los animales que habían matado para cocinar, así como el corazón de las últimas víctimas que se habían ofrecido a Tezcatlipoca y Huitzilopochtli, como si tuviera derecho primordial de todo sacrificio antes de arrojarlo al cáliz que permanece a los pies del ídolo. Se supone que el astro se alegraba con las ofrendas de sangre y que constituía la única comida que le podía dar el suficiente vigor para efectuar su diario viaje a través del cielo. En las pinturas está representado frecuentemente unido a la sangre derramada de las víctimas humanas, con su lengua larga como rayos. El Sol debe despedirse si quiere continuar dando vida, luz y calor a la humanidad.

Los mejicanos, como hemos visto, creían que a la estrella que ellos conocían la habían precedido otras, cada una de las cuales se había ido apagando en algún horrible cataclismo natural. De hecho, la eternidad está compuesta de épocas marcadas por la sucesiva destrucción de soles. En el período anterior al que vivían, un enorme diluvio había privado al Sol de vida, ya que al final de cada conjunto de cincuenta y dos años se producía alguna catástrofe. Los viejos soles estaban muertos y el actual no era más inmortal que ellos. Al final del correspondiente período también moriría.

Manutención del Sol

Era, por tanto, necesario mantener al Sol con el alimento diario de sacrificios humanos, que satisfaría con la décima parte de la vida humana. Naturalmente, un pueblo con estas creencias buscaría en más sitios que en sus propios límites material con el que aplacar a su dios. Sería lo más conveniente buscarlo entre los habitantes del Estado vecino. Así llegaría la ocupación de la clase de los guerreros en el Estado azteca para suministrar víctimas humanas a los altares de los dioses. El distrito más conveniente para el suministro era el pueblo de Tlaxcallan, o Tlascala, cuyos habitantes eran afines al origen de los aztecas. Como ya se ha dicho, las comunidades habían estado separadas durante tantas generaciones que ellos se consideraban tradicionales enemigos el uno del otro, y un día fijado al año medían sus fuerzas en un lugar determinado y se enzarzaban en una lucha que proveería a uno o a otro del suficiente número de víctimas para el sacrificio. El guerrero que capturaba mayor número de enemigos vivos era considerado el campeón del día y recibía como recompensa los honores del combate por parte del jefe. El Sol era, por tanto, el dios de los guerreros, pues él les daría la victoria en la batalla para que pudieran suministrarle sustento. Los ritos de esta veneración militar del Sol se celebraban en el Quauhquauhtinchan (la casa de las águilas), un arsenal aparte del regimiento de ese nombre. El 17 de marzo y el 1 y 2 de diciembre, durante las ceremonias conocidas como Nauhollin (los cuatro movimientos, aludiendo a las cíclicas apariciones de los rayos del Sol), los guerreros se reunían en esta dependencia para atender el mensaje de su señor. En la parte superior de la pared de la sala principal había una gran representación simbólica del orbe, pintado sobre un algodón de brillantes colores. Antes, este algodón y otras olorosas plantas y especies ardían cuatro veces al día. La víctima, un cautivo de guerra, se colocaba al pie de una larga escalera presidiendo el Quauhxicalli (copa de las águilas), el nombre de la piedra sobre la que iba a ser sacrificado. Se le ponía un traje de rayas rojas y blancas y plumas en el pelo —colores simbólicos del Sol— y llevaba una estaca decorada con plumas y un escudo cubierto de tobas de algodón. También llevaba un manojo de plumas de águila y un poco de pintura en los hombros para que el Sol pudiera pintarle la cara. El sacerdote oficiante, entonces, se dirigía a él en los siguientes términos: «Señor, te pedimos que vayas a nuestro dios el Sol y lo saludes de nuestra parte; dile que de parte de sus hijos, guerreros, jefes y todos cuantos aquí le piden que se acuerde de ellos, que reciba esta pequeña ofrenda que le presentamos. Entrégale este palo para que se ayude en su viaje y este escudo para que se defienda, y el resto que llevas en este manojo». La víctima, llevándose todo lo que tenía que darle al Sol, era enviada a su largo viaje.

Se puede encontrar un Quauhxicalli en el Museo Nacional de Méjico. Consiste en un macizo basáltico de forma circular, en donde vemos una serie de grupos esculpidos que representan guerreros mejicanos recibiendo la sumisión de los cautivos de guerra. El prisionero tiende una flor a su captor, como símbolo de la vida que le va a ofrecer, como la vida que las flores ofrecen a los dioses, y el campo de donde se tomaron las flores se llama Xochiyayotl (la guerra de las flores). Los guerreros que reciben la sumisión de los cautivos se representan arrancándose los penachos de la cabeza. Estos bajorrelieves ocupan los lados de la piedra. El frente está cubierto por un gran disco solar con ocho rayos y la superficie tiene en el medio un agujero en forma de recipiente para la sangre, la copa aludida en el nombre de la piedra. No hay que confundir el Quauhxicalli con el *temalacatl* (piedra-huso), por el que se salvó un guerrero foráneo que recibió una oportunidad de escapar con vida. El combate de gladiadores le daba al cautivo de guerra una oportunidad para salvarse con armas superiores. El *temalacatl* era algo más alto que un hombre y estaba provisto de una plataforma en la parte superior en cuyo centro había una enorme piedra con un agujero por donde pasaba una cuerda. Por esto, el cautivo de guerra tenía la seguridad de que si vencía a siete de sus captores quedaba libre. Si fallaba, era sacrificado.

Un Valhalla mejicano

Los guerreros mejicanos creían que seguían al servicio del Sol después de su muerte, como los héroes escandinavos de Valhalla, que eran admitidos en la morada de los dioses, donde compartían todas las delicias de su circuito diario. El guerrero mejicano temía morir en su cama y anhelaba un final en el campo de batalla. Esto explica la extrema naturaleza de su resistencia a los españoles bajo las órdenes de Cortés, cuyos oficiales afirmaban que parecía que los mejicanos deseaban morir luchando. Después de la muerte creían que tomarían parte de las fiestas caníbales que se le ofrecían al Sol y que beberían el néctar de las flores.

La fiesta de Totec

La principal de todas las fiestas del Sol se celebraba en primavera, en el equinoccio de invierno, ante la representación de un dios conocido como Totec (Nuestro Gran Jefe). Aunque Totec era un dios solar, lo habían adoptado los habitantes de un Estado foráneo, Zapotecs o Zalisco, y por este motivo apenas es considerado como el principal dios del Sol. Su festival se celebraba con una simbólica lucha de todos los demás dioses para proporcionarle manutención al Sol, y cada uno de los dioses era asesinado figuradamente en la persona de una víctima. Totec era ataviado en la misma forma que el guerrero que se enviaba una vez al año para asegurarle al Sol la lealtad de los mejicanos. El festival, al principio, tenía lugar una vez en cada estación, igual que los manojos de maíz seco que se ofrecían a Totec. Pero su mayor significado está claro. Era, por supuesto, una conmemoración de la creación del Sol. Esto se ve en la descripción de la imagen de Totec, al que se vestía y equipaba como al viajero solar, con el disco solar y las tablas del progreso del Sol labradas en el altar empleado para la ceremonia y por los atuendos de las víctimas, a quienes se vestía para representar a los habitantes en las estancias del dios del Sol. Quizá Totec, a pesar de tener un origen foráneo, era el único dios que tenían los mejicanos que representaba directamente al Sol. Siendo un dios prestado, tendría una posición menor en el panteón mejicano, pero, como único dios solar al que es necesario tener presente durante un estricto festival solar, él sería durante bastante tiempo un dios muy importante.

Tepeyollotl

Tepeyollotl significa corazón de la montaña y, evidentemente, hace alusión al dios que los nahuas relacionaban con los movimientos sísmicos y los terremotos. Según el intérprete del códice Telleriano-Remensis, se llama Tepeolotlec, una clara distorsión de su nombre real. El intérprete del códice establece que su nombre «se refiere a la condición de tierra después de la inundación. Los sacrificios de estos trece días no eran buenos y la traducción literal de su nombre es "sucio sacrificio". Ellos provocaban parálisis y malos humores... Este Tepeolotlec era el dios de estos trece días. En ellos se celebraba la fiesta del jaguar y los últimos cuatro días eran de fiesta... Tepeolotlec significa "señor de las bestias". Los cuatro días festivos eran en honor de Suchiquetzal, que era el hombre que quedaba detrás en la tierra sobre la que vivimos ahora. Este Tepeolotlec era el mismo que el eco de la voz cuando rebota en un valle de una montaña a otra. Este nombre "jaguar" se le da a la tierra porque el jaguar es el animal más audaz y el eco que despierta la voz en las montañas es vestigio de la inundación, según se dice».

De aquí podemos deducir que Tepeyollotl es un dios puro y simple, un dios de los lugares desiertos. Es cierto que no era un dios mejicano o, al menos, no de origen nahua, pues no se menciona en ninguno de los escritos que tratan de las tradiciones nahuas y debemos buscarlo entre los mixtecas y los zapotecas.

Macuilxochitl o Xochipilli

Este dios, cuyos nombres significan «Cinco flores» y «Origen de las flores», es el patrón de la buena suerte en el juego. Él fue adoptado por los nahuas zapotecas, aunque lo contrario puede ser igualmente cierto. Los zapotecas lo representaban con un gráfico que recuerda a una mariposa cerca de la boca y la cara coloreada parecida a un pájaro con el pico abierto y una cresta muy alta y erecta. La veneración de este dios parece que estaba muy extendida. Sahagún dice que se celebró una fiesta en su honor que fue precedida de un riguroso fasto. La gente se cubría con adornos y joyas simbólicas del dios, como si deseasen representarlo, y bailaban y cantaban seguidos de un alegre sonido de tambor. Seguía la ofrenda de la sangre de varios animales y preparaban pastas especialmente para el dios. Este simple recorrido, sin embargo, venía seguido de sacrificios humanos, rendido por los personajes notables, que traían algunos de sus esclavos para inmolarlos. Con esto se completaba el festival.

Dioses padre y madre

Los nahuas creían que Ometecutli y Omeciuatl eran el padre y la madre de la especie humana. Los nombres significan «Señores de la dualidad» o

«Señores de los dos sexos». También eran conocidos como Tonacatecutli y Tonacaciuatl (Señor y señora de nuestro cuerpo o de subsistencia). De hecho, eran considerados como la esencia sexual de la deidad creadora o, quizá más correctamente, de la deidad en general. Ellos ocupaban el primer puesto en el calendario nahua, y significaba que ellos habían existido desde los orígenes; son representados normalmente con ricas vestiduras. Ometecutli (cuya traducción literal es Dos-señores) se identifica, a veces, con el cielo y el dios del fuego, la diosa representa la tierra y el agua —concepciones similares a los respectivos Kronos y Gea—. Nos referiremos de nuevo a estas supremas divinidades en el capítulo siguiente *(véase pág. 89)*.

Los dioses del pulque

Cuando un hombre se intoxicaba con la bebida nativa mejicana, *pulque,* un licor hecho con zumo de pita, se creía que estaba bajo la influencia de un dios o espíritu. La forma más común bajo la cual se veneraba al dios de la bebida era un conejo, animal considerado completamente desprovisto de sentido. Esta particular divinidad era conocida como Ometochtli. La escala de libertinaje que se deseaba alcanzar venía indicada por el mayor número, cuatrocientos, exponente del más alto grado de intoxicación. Los dioses-jefes de *pulque,* aparte de éstos, eran Patecatl y Tequechmecauiani. Si el borracho quería escapar del peligro de un accidente durante la intoxicación, era necesario sacrificarlo al final, pero si Teatlahuiani moría ahogado, el dios que llevaba a los borrachos a ahogarse se aplacaba. Si el vicioso no quería que su castigo fuese más allá de un dolor de cabeza, era sacrificado para Quatlapanqui (El Abrecabezas) o a Papaztac (El Enervado). Cada negocio o profesión tenía su propio Ometochtli, pero para la aristocracia había sido uno de estos dioses, Cohuatzincatl, nombre que significa «el que tiene abuelos». Varios de estos dioses de la bebida tenían nombres relacionados con algunas localidades; por ejemplo Tepoxtecatl era el dios del *pulque* de Tepoztlan. El día Ometochtli, que significa «dos conejos» por el símbolo que lo acompaña, estaba bajo la especial protección de estos dioses, y los mejicanos creían que cualquiera que naciera en este día estaba inevitablemente destinado a ser borracho. Todos los dioses del *pulque* estaban estrechamente asociados al suelo y a las diosas de la Tierra. Ellos llevaban el *huaxtec* dorado, un adorno para la nariz, y el *yacametzli,* en forma de cresta, que lo caracterizaba, adorno que estaba relacionado con todos los artículos sagrados de los dioses del *pulque*. Tenían la cara pintada de rojo y negro, igual que los objetos que se le consagraban, los protectores y los escudos. Después de que los indios habían recogido la cosecha de maíz, bebían hasta

embriagarse e invocaban a uno u otro de estos dioses. En su conjunto, seguramente de aquí se deduce que todos ellos eran dioses locales de la agricultura
que impartían virtud al suelo, lo mismo que el *pulque* proporcionaba fuerza y
coraje al guerrero.

Está claro que el dios de la bebida era de la misma clase que el dios de
la comida —patrones del suelo provechoso—, pero es extraño que fuera
masculino, mientras que los dioses de la comida eran mayoritariamente femeninos.

Las diosas de Méjico: Metztli

Metztli o Yohualticitl (La Señora de la Noche) era la diosa mejicana de
la Luna. Ella tenía, en realidad, dos fases: una de protección beneficiosa sobre las cosechas y promotora del crecimiento en general, y otra que era portadora de humedad, frío y aires corruptos, fantasmas misteriosos, formas de
la turbia media luz de la noche y su sobrecogedor silencio.

Para la gente que se dedica a la agricultura, la Luna se presenta como
una gran indicadora de las cosechas. Pero tiene también la supremacía sobre
el agua, que siempre se relaciona a las antiguas civilizaciones con la Luna.
Citatli (Luna) yAtl (agua) se confunden constantemente en la mitología
nahua y de muchas formas se mezclan sus características. Fue Metztli quien
llevó a Nanahuatl El Leproso a la pira donde se redujo a cenizas —una referencia al alba— y que se consumiría en el cielo estrellado de la noche a la
salida del Sol.

Tlazolteotl

A Tlazolteotl (dios de la inmundicia), o Tlaelquani (comedor de porquería), los mejicanos la llamaban diosa de la tierra, porque erradicaba los pecados; los habitantes se confesaban con el sacerdote para ser absueltos de
sus faltas. El pecado se simbolizaba entre los mejicanos como excremento.
La confesión solo cubría los pecados de inmoralidad. Pero si Tlazolteotl era
la diosa de la confesión, también era la patrona del deseo y la lujuria. Era
una sola diosa cuyo principal oficio era la erradicación del pecado humano.
El proceso por el que se supone que tenía efecto está bien descrito en la obra
de Sahagún, en el capítulo XII de su primer libro. El penitente se dirigía al
confesor en los siguientes términos: «Señor, deseo acercarme lo máximo
posible al poder de dios, el protector de todo, es decir, Tezcatlipoca. Deseo
decirle mis pecados en secreto». El confesor replicaba: «Sé feliz, hijo mío:

eso que quieres hacer será bueno y venturoso para ti». El confesor entonces abría el libro divino conocido como el *Tonalamatl* (esto es, el Libro del Calendario) y consultaba sobre lo que consideraba que se adaptaba más a la confesión según el día que apareciera. Cuando llegaba el día señalado, el penitente se proveía de una esterilla, goma para que prendiera el incienso y madera para encenderlo. Si la persona era de una posición elevada, el sacerdote iba a su casa, pero en el caso de que fuera de clase baja, la confesión tenía lugar en el domicilio del sacerdote. Una vez encendido el fuego y cuando ya empezaba a arder el incienso, el penitente se dirigía al fuego en los siguientes términos: «Tú, señor, que eres el padre y la madre de los dioses, y el más veterano de todos tus siervos, tu esclavo se inclina ante ti. Llorando se acerca a ti con gran dolor. Viene inmerso en el dolor porque ha caído en pecado, habiendo reincidido y dejado llevar por los vicios y por las tentaciones del demonio que merecen la muerte. Oh, maestro misericordioso, que estás en lo alto defendiendo a todos, recibe la penitencia y la angustia de tu esclavo y vasallo».

Una vez concluida esta plegaria, el confesor se volvía al penitente y le decía: «Hijo mío, estás en presencia del dios protector y defensor de todas las cosas, tú has venido a él para confesar tus licenciosos vicios y tus ocultas impurezas; estás aquí para descubrir los secretos de tu corazón. Ten cuidado de no omitir ninguno de tus pecados en presencia de nuestro señor llamado Tezcatlipoca. Es cierto que estás ante él, que es invisible e intocable, tú que no eres merecedor de verlo o de hablar con él...».

Las alusiones a Tezcatlipoca son, por supuesto, a él en la forma de Tlazolteotl. Habiendo escuchado el sermón del confesor, el penitente confesaba sus faltas, después de lo cual decía el confesor: «Hijo mío, has confesado ante la presencia de nuestro señor tus diabólicas acciones. Deseo decirte en su nombre lo que tienes obligación de hacer. Cuando la diosa Ciuapipiltin descienda a la Tierra durante la celebración de la fiesta de la diosa de las cosas carnales, la que llaman Ixcuiname, tú ayunarás durante cuatro días castigando tu estómago y tu boca. Cuando llegue el día de la fiesta de Ixcuiname, te desollarás la lengua con un cuernecillo de mimbre (llamado *tocalcacatl* o *tlazolt*) y si eso no es suficiente harás lo mismo con tus orejas, todo por la penitencia para la remisión de tus pecados y como un acto meritorio. Te pondrás en la lengua media espina de pita y te desollarás los hombros... Hecho esto, tus pecados serán perdonados».

Si los pecados del penitente no eran muy graves, el sacerdote le imponía un ayuno más o menos largo. Solo los ancianos confesaban crímenes *in veneribus* y el castigo era la muerte; los jóvenes no deseaban arriesgarse a la pena que conllevaba, a pesar de que los sacerdotes les obligaban a ser rigurosos.

El padre Burgoa describe prolijamente una ceremonia de este tipo que explicó en un informe del año 1652 en el pueblo zapoteco de San Francisco de Cajonos. Él contaba cómo en un viaje de inspección se encontró con un cacique nativo de gran exquisitez de formas y de una extraordinaria presencia, que vestía con caros trajes según la moda española, y que era muy considerado entre los indios. Este hombre vino al sacerdote con la intención de hacer un informe sobre los progresos en cosas espirituales y temporales de su pueblo. Burgoa reconoció su urbanismo y maravilloso dominio de la lengua española, pero percibió, gracias a ciertas señales, a pesar de sus enseñanzas y de la larga experiencia, que el hombre era pagano. Él comunicó sus sospechas al vicario del pueblo, pero encontró como garantía la robustez de la fe del cacique, que él creyó que estaba en un error. Poco tiempo después un español errante encontró al jefe de un lugar retirado en las montañas representando ceremonias idólatras, dio cuenta a los monjes, dos de los cuales le acompañaron al sitio en el que al cacique se le había visto llevando a cabo prácticas paganas. Encontraron en el altar «plumas de muchos colores», salpicadas de sangre que los indios habían derramado de sus venas, de debajo de la lengua y detrás de las orejas, cucharillas de incienso y restos de copal, y en el medio una horrible figura de piedra que era el dios al que habían ofrecido este sacrificio en expiación de sus pecados, mientras se confesaba a los blasfemos sacerdotes y se perdonaban los pecados de la forma siguiente: habían entretejido una especie de bandeja hecha de fuerte hierba, especialmente recolectada para este fin, y presentado ante el sacerdote, diciéndole que venían a pedirle favores a su dios y perdón por los pecados que habían cometido durante el año y que deberían enumerarlos cuidadosamente en la ceremonia. Luego, ellos sacaban de una prenda un par de finos hilos hechos de hollejo de maíz seco que liaban de dos en dos con un nudo en medio, que representaban sus pecados. Echaban estos hilos a las bandejas de hierba y se atravesaban las venas y dejaban que la sangre saliera a chorro; el sacerdote tomaba estas ofrendas del ídolo y con un largo discurso le pedía al dios que les perdonase a ellos, sus hijos, sus pecados, ya que habían venido hasta él, y permitirles ser felices y celebrar fiestas en su honor como su dios y señor. Luego el sacerdote volvía a los que se habían confesado, pronunciaba un largo discurso sobre las ceremonias que ellos llevaban a cabo y les decía que el dios les había perdonado y que podían ser felices otra vez y pecar de nuevo.

Chalchihuitlicue

Esta diosa era la esposa de Tlaloc, el dios de la lluvia y la humedad. El nombre significa señora del manto esmeralda, en alusión al color del elemento sobre el que presidía la diosa. Era venerada especialmente por los aguadores de Méjico y todos aquellos cuyo trabajo les tenía en contacto con el agua. Su vestimenta era peculiar e interesante. Alrededor del cuello llevaba un magnífico collar de piedras preciosas, de las que colgaba un pendiente de oro. Era coronada con una diadema de papel azul decorada con plumas verdes. Las cejas eran de turquesa, dispuestas como un mosaico, y su vestido era de un nebuloso color verde azulado, que recordaba el color del agua de los mares de los trópicos. Su apariencia se resaltaba con una aureola de flores marinas o plantas acuáticas y en la mano izquierda también llevaba una, mientras que en la derecha llevaba un jarrón con una cruz en la parte superior, emblema de los cuatro puntos de la brújula, de donde viene la lluvia.

Mixcoatl

Mixcoatl era el dios azteca de la caza y era, probablemente, una deidad de los otomi, aborígenes de Méjico. El nombre significa serpiente de nube y esto dio origen a la idea de que Mixcoatl era la representación del torbellino tropical. Esto no es del todo correcto, pues el dios de la caza se identifica con la tempestad y los nubarrones, y el relámpago se supone que representa su flecha. Como muchos otros dioses de la caza, se le representa con las características del ciervo o del conejo. Cuando se le representa normalmente lleva un haz de flechas, para representar al rayo. Puede ser que Mixcoatl fuese un dios del trueno entre los otomis, anterior en origen que Quetzalcoatl o Tezcatlipoca, y que para que su inclusión en el panteón nahua se hiciese necesaria para calmar las susceptibilidades nahuas, se le otorgaba la categoría de dios de la caza. Pero por otro lado, los mejicanos, de forma diferente a los peruanos que adoptaron muchos dioses foráneos para propósitos políticos, tenían en poca consideración los sentimientos de otras razas y solo aceptaban dioses extranjeros en el círculo nativo por alguna buena razón; la más probable, porque les faltaba la figura en su propio sistema divino, o también por un temor a que cierto dios foráneo pudiera forzarlos a adoptarlo como su propia esperanza para aplacarlo. Su veneración por Quetzalcoatl es quizá un ejemplo de esto.

Camaxtli

Esta deidad era el dios de la guerra de los tlascalanas, que estaban constantemente en oposición a los aztecas de Méjico. Él fue para los guerreros de Tlascala prácticamente lo que Huitzilopochtli para los de Méjico. Estaba estrechamente identificado con Mixcoatl y con el dios de la estrella de la mañana, cuyos colores se veían en su cara y cuerpo. Pero con toda probabilidad Camaxtli era un dios de la caza, que en los últimos tiempos fue adoptado como dios de la guerra debido a que poseía el dardo del relámpago, símbolo de la destreza guerrera divina. En la mitología de Norteamérica encontramos dioses de la caza semejantes, quienes, a veces, se convertían en dioses de la guerra por una razón parecida, y luego en dioses de la caza, que tienen toda la apariencia y los atributos de las criaturas cazadas.

Ixtlilton

Ixtlilton (El Negrito) era el dios mejicano de la medicina y la curación y por esto se le consideraba frecuentemente hermano de Macuilxochitl, el dios del bienestar y la buena suerte. Podemos concluir de la narración del aspecto general de su templo —un edificio de tablones pintados— que se había levantado partiendo de un tenderete primitivo o un albergue de un médico o hechicero. Contenía varias jarras de agua llamadas *tlilatl* (agua negra), cuyo contenido se administraba a los niños enfermos. Los padres de los niños que se beneficiaban del tratamiento ofrecían una fiesta a la deidad, cuyo ídolo se traía a la residencia del agradecido padre, donde se hacían bailes ceremoniales y oblaciones ante él. Se creía que entonces Ixtlilton bajaba al patio para abrir las jarras frescas de licor de *pulque,* que se habían preparado para la fiesta, y se acababa el entretenimiento con un examen que hacía el esculapio azteca de las jarras de *pulque* dedicadas a su servicio, que debían permanecer en el patio para su uso diario. Si estaban en unas condiciones sucias, se entendía que el propietario de la casa era un hombre de vida perniciosa, y el sacerdote lo presentaba con una máscara para esconderle la cara de las burlas de los amigos.

Omacatl

Omacatl era el dios mejicano de la alegría y la diversión. El nombre significa dos juncos. Era venerado principalmente por los que vivían bien y por los ricos, que celebraban espléndidas fiestas y orgías. El ídolo de la deidad se colocaba invariablemente en la cámara donde tenían lugar estos actos, y los aztecas consideraban una atroz ofensa si se representaba algo despectivo al dios durante la alegre ceremonia, o si faltaba algo que tendría que haber estado según acordaban en las reuniones. Creían que si al anfitrión se le pillaba en algún descuido, Omacatl se le aparecería al asustado huésped y, en un tono de gran severidad, echaría una reprimenda al que daba la fiesta, haciéndole saber que no volvería a considerarlo como venerador y que, en lo sucesivo, lo abandonaría. Una terrible enfermedad, cuyos síntomas eran mareos, se podía apoderar en poco tiempo de los invitados, pero como los síntomas se relacionan con la indigestión aguda y otros trastornos gástricos, es probable que los cocineros que ofrecían el homenaje al dios del buen humor tuvieran una veneración celosa, en vez de indiferente. Pero la idea de comunión que subyace en muchos ritos mejicanos entra indudablemente en la adoración a Omacatl, previo a un banquete en su honor en el que tomaba parte, formado por un gran hueso de pasta de maíz, pretendiendo demostrar que era uno de los huesos de la deidad que se llevaban a los alegres ritos. Ellos se lo comían mojándolo con grandes tragos de *pulque*. El ídolo de Omacatl tenía un agujero en la zona del estómago donde estas provisiones se almacenaban. Se le representaba como una figura rechoncha, pintada de blanco y negro, coronada con una diadema de papel, con papeles de colores colgando. Una capa con franjas de flores y su cetro eran los otros símbolos de la realeza que llevaba este Dioniso mejicano.

Opochtli

Opochtli (el de la mano izquierda) era el dios sagrado de los pescadores y los cazadores de pájaros. Durante un período de la historia azteca fue una deidad de considerable importancia, pues, desde generaciones, los aztecas habitaban en pantanos y dependían de la comida diaria a base de pescado de los lagos y de pájaros de los juncos. Creían que el dios había inventado el arpón o el tridente para pescar peces y la caña y la malla para los pájaros. Los pescadores y los cazadores de pájaros de Méjico celebraban fiestas en ocasiones especiales en honor a Opochtli, a cuyo licor llamaban *octli*. Se celebraba una procesión en la que desfilaban los mayores que se habían dedicado a la adoración del dios, probablemente no habían tenido otros medios de subsistencia que la que aportaban aquellos de los que era patrón y tutor. Se le representaba como un hombre pintado de negro, con la cabeza decorada con plumas de pájaros nativos salvajes y coronado por una diadema de papel en forma de rosa. Iba revestido con un papel verde que le caía de la rodilla y estaba calzado con sandalias blancas. En la mano izquierda llevaba un escudo pintado de rojo con una flor blanca en el centro con cuatro pétalos colocados en forma de cruz y en la mano derecha llevaba el cetro en forma de copa.

Yacatecutli

Yacatecutli era el patrón de los viajeros de la clase mercantil, que lo adoraban colocando sus bastones juntos y salpicando con un montón de sangre de sus narices y orejas. El bastón del viajero era su símbolo, al que se le hacía una oración y se le ofrecían flores e incienso.

El sacerdocio azteca

El sacerdocio azteca era una jerarquía en cuyas manos residía una buena parte del poder de las clases altas, especialmente relacionadas con la educación y el talento. El simple hecho de que sus miembros tuvieran potestad para seleccionar a las víctimas para el sacrificio era suficiente para ubicarlos en una privilegiada posición y sus profecías, basadas en el arte de la adivinación —una característica peculiar del pueblo azteca, que dependían de ella desde la cuna hasta la tumba— probablemente mantenidas en la imaginación popular. Pero además la evidencia de los religiosos españoles imparciales, como Sahagún, demuestra que usaban su influencia para lo bueno y adiestraban firmemente a la gente bajo la importancia de las virtudes cardinales; «brevemente», dice el venerable fraile, «para llevar a cabo las delegaciones que supone la religión natural».

La renta de los sacerdotes

Los efectivos de la religión natural, lo mismo que en el caso de la Iglesia medieval en Europa, se basaba en la tenencia de tierras que proporcionaban a la clase sacerdotal unos sustanciosos ingresos, considerando sus números de ningún modo desmesuradas rentas. Los principales templos tenían tierras para poder mantener a todos los sacerdotes acogidos en ellos. Junto con esto, tenían un sistema de preferencia para la recogida de los frutos fijado por la ley sacerdotal y el excedente se distribuía entre los pobres.

Educación

La educación estaba totalmente en manos de los sacerdotes, que supervisaban el método de impartirla, cuando se daban las condiciones óptimas. La educación estaba, asimismo, muy bien organizada. Se dividía en primaria y secundaria. A los chicos los instruían los sacerdotes y a las chicas las monjas. Las escuelas secundarias se llamaban *calmecac* y se dedicaban a ramas superiores de la educación, y las enseñanzas incluían el arte de descifrar las pinturas o manuscritos, astrología y adivinación, con una gran abundancia de enseñanza religiosa.

Órdenes en el sacerdocio

A la cabeza del sacerdocio azteca estaba el Mexicatl Teohuatzin (el señor mejicano de los asuntos divinos). Él tenía un asiento en el consejo imperial y tenía poder que lo colocaba el segundo entre las autoridades reales. El siguiente a él en rango era el alto cargo de Quetzalcoatl, que vivía en un retiro casi total. Este cargo era, con toda probabilidad, una reliquia de la época tolteca. Los sacerdotes de Quetzalcoatl eran conocidos por un nombre después de su deidad tutelar. Los grados inferiores incluían al Tlenamacac (sacerdote común) que vestían de negro y llevaban el pelo largo cubierto con una especie de mantilla. El orden más bajo era el de Lamacazton (pequeño sacerdote), jóvenes que estudiaban el oficio del sacerdocio.

Un exigente ritual

Los sacerdotes no tenían una vida fácil, pues su lema era vida austera, ayuno, penitencia y oración, con el constante cumplimiento de rituales rigurosos y severos que conllevaban sacrificio, la conservación de los fuegos perpetuos, la entonación de cantos sagrados a los dioses, bailes, y la inspección de los periódicos festivales. Se requería su presencia durante la noche para rendir alabanza y mantenerlos en condiciones absolutamente puras por medio de constantes abluciones. Hemos visto que las ofrendas de sangre —la sustitución de la parte por el todo— era un método común de sacrificio y de ellos se ocupaban personalmente los sacerdotes en frecuentes ocasiones. La casta no perdonaba al pueblo, tampoco se perdonaba a sí misma y sus perspectivas eran quizá solo una sombra más oscura y fanática que la de la jerarquía española que continuó en esa tierra.

Capítulo III

Mitos y leyendas
de los antiguos mejicanos

La idea mejicana de la creación

E N el año y en el día de las nubes», escribe García en su *Origen de las Indias,* pretendiendo aportar al lector una traducción de un manuscrito gráfico original de Mixtec, «incluso antes de que existieran los años o los días, el mundo estaba sumido en la oscuridad. Todo estaba en desorden y las aguas cubrían el lodo y el cieno que era la Tierra entonces». Esta imagen es común en casi todas las historias sobre la creación de América[1]. El hombre rojo creía que el globo habitable se había creado del lodo que surge de las aguas primaverales, y puede ser indudable que Nahua compartiera esta creencia. Encontramos en el mito de Nahua dos creencias de naturaleza bisexual, anunciando a los aztecas como Ometecutli-Omeciuatl (señores de la dualidad), que fueron representados como las deidades que denominaban el origen de las cosas, el principio del mundo. Ya hemos informado sobre ello en el capítulo II *(ver págs. 79 y 80),* pero podemos recapitular. Estos seres, cuyos nombres propios fueron Tonacatecutli y Tonacaciuatl (señor y señora de nuestro género humano), ocuparon el primer lugar en el calendario, circunstancia que exigía que sean vistos como responsables del origen de todo lo creado.

Fueron representados invariablemente como seres vestidos con ricas prendas abigarradas, símbolo de la luz. Tonacatecutli, el principio masculino de la creación o la generación del mundo, frecuentemente se identifica con el Sol o el dios del fuego, pero no hay razones para considerarlo simbólico de otra cosa que no sea el cielo. El firmamento es visto, casi universal-

---

[1] Ver el artículo del autor «Los mitos en la creación de América», en la *Enciclopedia de Religión y Ética,* vol. IV.

mente, por la población aborigen americana como el principio masculino del cosmos, en contradicción con la Tierra, de la que piensan que posee atributos femeninos, y que indudablemente está personificado en este caso por Tonacaciuatl.

En los mitos de Norteamérica encontramos al Padre Cielo cernido sobre la Madre Tierra, igual que en la primitiva historia griega sobre la creación vemos unirse a los elementos, al firmamento impregnando el suelo y fructificándolo. Para la mentalidad salvaje, el crecimiento de cultivos y vegetación procede tanto del cielo como de la tierra. El hombre poco instruido contempla la fecundación del suelo por la lluvia y, viendo en todas las cosas la expresión de un impulso personal e individual, contempla el origen del crecimiento de los vegetales como análogo del origen humano. Para él, por tanto, el cielo es el principio masculino donador de vida, la semilla fertilizante de la que desciende en forma de lluvia. La tierra es el elemento receptivo que incuba aquello con lo que el cielo la ha impregnado.

La leyenda de la creación de Ixtlilxochitl

Una de las más completas historias sobre la creación de la mitología mejicana es la que ofrece el autor mestizo Ixtlilxochitl, quien sin duda lo recibió directamente de fuentes nativas. Establece que los toltecas atribuían a un cierto Tloque Nahuaque (señor de toda la existencia) la creación del universo, las estrellas, montañas y animales. Al mismo tiempo hizo al primer hombre y mujer, de los que descienden todos los habitantes de la Tierra. Esta «primera Tierra» fue destruida por el «Sol-agua». Al comienzo de la siguiente época aparecieron los toltecas, y después de muchos viajes se establecieron en Huehue Tlapallan (muy viejo Tlapallan). Después vino la segunda catástrofe, la del «Sol-viento». El resto de la leyenda narra cómo fuertes terremotos agitaron el mundo y destruyeron a los gigantes de la Tierra. Estos gigantes (Quinames) eran semejantes a los titanes griegos, y fueron el origen del gran desasosiego para los toltecas. En opinión de viejos historiadores, ellos descendían de familias que habitaban la zona más septentrional de Méjico.

Historia de la creación de los Mixtecs

Será bueno volver por un momento a la historia de la creación de los Mixtecs, quienes, emanando de poblaciones en cierto modo aisladas en el extremo Sur del imperio mejicano, al menos nos aportan una imagen viva de lo que una tribu fuertemente relacionada con la raza Nahua aportó un gran caudal del proceso creativo.

Cuando la Tierra surgió de las primitivas aguas, un día, el dios-ciervo, que llevaba el apellido de Serpiente-Puma, y la bella diosa-cierva, o Serpiente-Jaguar, aparecieron. Tenían forma humana y con sus amplios conocimientos (es decir, con su magia) ascendieron a una alta colina sobre el agua y construyeron en ella magníficos palacios para su residencia. En la cima de esta colina colocaron un hacha de cobre con el filo hacia arriba, y sobre este filo reposaba el cielo. Los palacios permanecieron en el Alto Mixteca, próximo a Apoala, y la colina se llamó «Lugar donde permanecían los cielos». Los dioses vivieron juntos y felices durante muchos siglos, cuando sucedió que dos pequeños niños les nacieron, bellos de forma y hábiles y experimentados en las artes. Desde el momento de su nacimiento fueron llamados Viento de Nueve Culebras y Viento de Nueve Cavernas. Se tuvo mucho cuidado con su educación y sabían cómo transformarse en un águila o una culebra, o hacerse invisibles o incluso atravesar cuerpos sólidos.

Después de un tiempo, estos dioses llenos de juventud decidieron hacer una ofrenda y un sacrificio a sus ancestros. Tomando vasijas de incienso hechas de arcilla, las llenaron con tabaco, al que prendieron fuego, dejándolas arder lentamente. El humo ascendió hacia el cielo, y esa fue la primera ofrenda (a los dioses). Luego hicieron un jardín con arbustos y flores, árboles frutales y hierbas con fragancias dulces. Contiguo a esto, hicieron un prado y lo equiparon con todo lo necesario para el sacrificio. Los piadosos hermanos vivían con satisfacción en este trozo de terreno, lo cultivaban, quemaban tabaco y sus oraciones, votos y promesas suplicaban a sus ancestros que permitieran aparecer la luz, recoger agua en ciertos lugares y permitir que la Tierra no estuviera cubierta de agua, puesto que no tenían más que un pequeño jardín para su subsistencia. Para fortalecer sus rezos perforaban sus orejas y sus lenguas con puntiagudos cuchillos sílex y rociaban la sangre sobre los árboles y plantas con un cepillo de ramitas de sauce.

Los dioses-ciervo tuvieron más hijos e hijas, pero hubo una inundación en la que muchos de ellos perecieron. Tras la catástrofe, el dios llamado el Creador de Todas las Cosas formó los cielos y la Tierra y restauró la raza humana.

El mito de Zapotec sobre la creación

Entre los zapotecas, pueblo relacionado con los mixtecas, hallamos una concepción similar del proceso creativo. Cozaana es mencionado como el creador y hacedor de todas las bestias en el valioso diccionario zapoteca del padre Juan de Córdoba, y Hui-chaana como el creador de hombres y peces. Así tenemos dos creaciones separadas para hombres y animales.

Cozaana atribuía al Sol la creación de todas las bestias, pero, extrañamente, es aludido en el diccionario de Córdoba como «procreador», mientras que indudablemente es una deidad masculina. Huichaana, el creador de los hombres y los peces, es, por otro lado, aludido como «agua» o «el elemento de agua» y «diosa de la generación». Ciertamente, ella es la parte femenina de la obra creativa de Zapotec.

En el mito de Mixtec sobre la creación podemos ver al creador verdadero y al primer par de dioses tribales, que también fueron considerados los progenitores de los animales, los equivalentes habitantes salvajes del mundo consigo mismo. Los nombres de los hermanos Nueve Culebras y Nueve Cavernas indudablemente hacen referencia a la luz y la oscuridad, al día y a la noche. Pudiera ser que estas deidades sean las mismas que Quetzalcoatl y Xolotl (la última deidad zapoteca), quienes eran considerados gemelos. En cierto modo, Quetzalcoatl era visto como un creador, y en el calendario mejicano seguía al Padre y a la Madre, o deidades seculares originales, ocupando el segundo lugar como creador del mundo y del hombre.

El Noah mejicano

Las leyendas de inundaciones, aunque parezca mentira, ocurren con más frecuencia entre el pueblo Nahua y afines que en las leyendas sobre la creación. El Abbé Brasseur de Bourbourg ha traducido una del códice Chimalpopoca, un trabajo en Nahuatl datado en la última parte de siglo XVI. Narra los hechos del mejicano Noah y su esposa de la siguiente manera:

«Y este año fue de Ce-calli, y el primer día todo se había perdido. La montaña estaba sumergida en el agua y el agua permanecía tranquila durante cincuenta y dos primaveras.

»Ahora, hacia el fin del año, Titlacahuan había prevenido al hombre llamado Nata y a su esposa Nena, diciendo: "No hagáis más *pulque,* pero vaciar inmediatamente un gran ciprés y entrad en él cuando en el mes Tozoztli el agua se acerque al cielo". Ellos entraron y entonces Titlacahuan cerró la puerta y dijo: "No comerás más que una mazorca de maíz y tu mujer lo mismo".

»En cuanto acabaron de comer, salieron y el agua se quedó tranquila; el tronco no se volvió a mover y, abriéndolo, vieron muchos peces.

»Luego prendieron un fuego frotando trozos de madera y asaron pescado. Los dioses Citallinicue y Citallatonac, mirando hacia abajo, exclamaron: "Divino Señor, ¿qué significa ese fuego de ahí abajo? ¿Por qué ahuman así el cielo?".

»Inmediatamente descendieron Titlacahuan-Tezcatlipoca y comenzaron a reprender diciendo: "¿Qué es ese fuego?". Y cogiendo los peces vaciaron sus partes más escondidas y cambiaron sus cabezas, e inmediatamente fueron transformados en perros».

La leyenda de Las Siete Cavernas

Pero hay otras leyendas, aparte de las historias sobre la creación del mundo puro y simple, que tienen relación con el origen de la humanidad. Los aztecas creían que el primer hombre emergió de un lugar conocido como Chicomoztoc (Las Siete Cavernas), situado al Norte de Méjico. Varios escritores han visto en estos descansos míticos a las fabulosas «siete ciudades de Cibola» y las grandes ruinas de carácter extensivo en el valle del río Gila, y así sucesivamente. Pero la alusión al número mágico siete en el mito demuestra que toda la historia es puramente imaginaria y no tiene bases reales. Una historia similar tiene lugar en las leyendas de Kiche de Guatemala y en las peruanas.

La princesa sacrificada

Acercándonos a los tiempos semihistóricos, hallamos una gran variedad de leyendas conectadas con la primitiva historia de la ciudad de Méjico. La mayoría de éstas tienen un carácter misterioso y pesimista y arrojan mucha luz sobre el oscuro fanatismo de una gente que podía inmolar a sus hijos sobre los altares de los implacables dioses.

Se dice cómo, después de que los aztecas hubieran edificado la ciudad de Méjico, levantaron un altar a su dios de la guerra Huitzilopochtli. En general, las vidas entregadas a estas deidades, casi todas sanguinarias, fueron las de los prisioneros de guerra, pero en épocas de calamidad pública demandaba el sacrificio de los más nobles del lugar. En una ocasión, su oráculo requirió el sacrificio de una princesa real en el altar mayor. El rey azteca, no poseyendo hijas propias o no deseando sacrificarlas, envió una embajada al monarca de Colhuacan para pedir que una de sus hijas fuera la madre simbólica de Huitzilopochtli. El rey de Colhuaca, no sospechando nada raro y altamente halagado por dicha distinción, entregó a la chica, quien fue escoltada hasta Méjico, donde fue sacrificada con mucha pompa, siendo su piel desollada para vestir al sacerdote que representaba a la deidad en la fiesta. El infeliz padre fue invitado a esta horrible orgía, aparentemente para presenciar la deificación de su hija. En los tenebrosos aposentos del templo del dios de la guerra él fue al principio incapaz de advertir el curso del horrible ritual. Pero dándole una antorcha de goma de copal, vio al sacerdote oficiante vestido con la piel de su hija, recibiendo el homenaje de los fieles. Reconociendo los rasgos de su hija, enloqueció de aflicción y horror, huyendo destrozado del templo, para pasar el resto de sus días enlutado por el asesinato de su hija.

La princesa fugitiva

Uno se aparta con alivio de tales historias sanguinarias a la consideración de los agradables relatos semilegendarios de Ixtlilxochitl en relación a la civilización de Tezcuco, vecina y aliada de Méjico.

Hemos visto en el esbozo que se ha dado de la historia de Nahua cómo los tecpanecas vencían a los alcahuanos de Tezcuco y asesinaban a su rey hacia el año 1418. Nezahualcoyotl (El rápido coyote), el heredero al trono de Tezcucán, contempló la matanza de su real padre desde el refugio de un árbol cercano y consiguió escapar de los invasores. Las subsecuentes apasionantes aventuras han sido comparadas con las del joven pretendiente tras el fracaso de la resistencia «Cuarenta y cinco». No había disfrutado de muchos días de libertad cuando fue capturado por quienes habían salido en su busca, y, siendo devuelto a su ciudad nativa, fue arrojado a prisión. Encontró un amigo en el gobernador del lugar, quien debía su posición al último padre de la princesa, y que por medio de su ayuda consiguió volver a escapar de los hostiles tecpanecas. Sin embargo, por ayudar a Nezahualcoyotl, el gobernador pagó inmediatamente con la pena de muerte. La familia real de Méjico intercedió por el joven buscado y se le permitió buscar asilo en la corte azteca, de donde posteriormente se trasladó a su ciudad de Tezcuco, ocupando apartamentos en el palacio donde su padre había habitado. Durante ocho años permaneció allí, viviendo inadvertido en la generosidad del jefe de Tecpanec, que había usurpado el trono a sus ancestros.

Maxtla el cruel

Con el tiempo, el primitivo conquistador Tecpanec fue llevado con sus padres y fue sucedido por su hijo Maxtla, un gobernante que mal podría soportar al aplicado príncipe, quien había viajado a la capital de los tecpanecas a hacer un homenaje. Él rehusó las insinuaciones de amistad de Nezahualcoyotl, y este último fue advertido por un cortesano, dispuesto favorablemente, de que se refugiara en la huida. Tuvo en cuenta la advertencia y volvió a Tezcuco, donde, sin embargo, Maxtla preparó una trampa para su vida. Una fiesta que tuvo lugar por la tarde le proporcionó al tirano su oportunidad. Pero el preceptor del príncipe frustró la conspiración sustituyéndole por un joven con el que tenía un gran parecido físico.

Este segundo fallo exasperó a Maxtla de tal manera que envió una fuerza militar a Tezcuco, con órdenes de liquidar a Nezahualcoyotl sin dilación. Pero el mismo vigilante que había guardado tan bien al príncipe, se enteró de su peligro y le avisó para que huyera. Sin embargo, Nezahualcoyotl rehusó atender el aviso y decidió aguardar el acercamiento de sus enemigos.

Una escapada romántica

Cuando llegaron, él estaba ocupado en el juego de pelota mejicano de *tlachtli*. Con gran amabilidad, él les pidió que entraran y tomaran alimentos. Mientras ellos se refrescaban, él se dirigió a otra habitación, pero su acción no provocó sospecha, puesto que podía ser visto a través de la puerta abierta por la que los apartamentos se comunicaban. Sin embargo, había un enorme incensario en el vestíbulo, y el humo que subía del incienso ocultaba sus movimientos a los que habían sido enviados para asesinarlo. Escondido de esa manera, pudo entrar en un oculto pasadizo subterráneo, que conducía al alcantarillado, por el que se arrastró y pudo escapar.

Una emocionante persecución

Durante una temporada Nezahualcoyotl evadió la captura escondiéndose en la cabaña de un celoso partidario. La cabaña fue buscada, pero los perseguidores no miraron debajo de un montón de fibra de pita usada para tejer tela, bajo el cual él se ocultaba.

Furiosos por la fuga de su enemigo, Maxtla ordenó una búsqueda rigurosa y se organizó una batida meticulosa del país alrededor de Tezcuco. Se ofreció una gran recompensa por la captura de Nezahualcoyotl, muerto o vivo, junto con una gran hacienda y la mano de una joven noble, y el infeliz príncipe fue forzado a buscar seguridad en el territorio montañoso entre Tezcuco y Tlascala. Llegó a ser un desgraciado proscrito, un paria, escondido en cuevas y bosques, que salía a vagabundear tras la caída de la noche para satisfacer su hambre, y teniendo en ocasiones que ocultarse toda la noche debido a la vigilancia de sus enemigos.

Perseguido con pasión, fue obligado a buscar algunos lugares extraños como escondrijo para ponerse a salvo. En una ocasión fue escondido por soldados amigos en un gran tambor, y en otra fue ocultado debajo de unos tallos de *chia* por una muchacha que los segaba. La lealtad de los campesinos de Tezcucán a su príncipe escondido era extraordinaria, y lejos de revelar su paradero a los vasallos de Maxtla, sufrieron tortura en mucha ocasiones e incluso la propia muerte. Sin embargo, cuando su sino parecía más negro, Nezahualcoyotl experimentó un cambio en su suerte. Maxtla el tirano se había ganado una gran impopularidad por sus opresiones, y los habitantes de los territorios anexionados tampoco estaban contentos bajo su mandado.

La derrota de Maxtla

Estos descontentos decidieron unirse para defenderse del tirano y ofrecieron el mando a Nezahualcoyotl. Éste aceptó y el usurpador tecpaneca fue totalmente derrotado en un combate abierto y total.

Restaurado el trono de sus padres, Nezahualcoyotl se alió con Méjico, y con la ayuda de su monarca derrotó por completo la fuerza restante de Maxtla, quien fue derrotado en los baños de Azzapozalco, arrastrado y sacrificado, y su ciudad destruida.

El Solon de Anahuac

Nezahualcoyotl sacó partido de las duras experiencias vividas y resultó un gobernante justo y sabio. El código de leyes por él estructurado era sumamente drástico, pero con hombres tan sabios y comprensivos que, en general, se merece el título que le ha sido concedido de «El Solon de Anahuac». Fomentó generosamente las artes y estableció un Consejo de Música, cuyo propósito era supervisar los esfuerzos artísticos de cada género. En Nezahualcoyotl Méjico encontró, con toda probabilidad, su más importante poeta nativo. Una de sus odas sobre la mutalidad de la vida muestra gran nobleza de pensamiento y recuerda notablemente los sentimientos expresados en los versos de Omar Khayyám.

La teología de Nezahualcoyotl

Se dice que Nezahualcoyotl erigió un templo al Dios Desconocido, y demostró una marcada preferencia por el culto a una deidad. En uno de sus poemas se le supone expresado con los siguientes exaltados sentimientos: «Permítenos aspirar a ese cielo donde todo es eterno y la corrupción no tiene lugar, los horrores de la tumba son la cuna del Sol, y las oscuras sombras de la muerte son luces brillantes para las estrellas». Desgraciadamente, estas ideas no pueden ser verificadas como sentimientos inequívocos del poeta real de Tezcuco, y lamentablemente estamos forzados a considerar como falsa la atribución. Debemos llegar a tal conclusión con auténtica decepción, como descubrir una creencia espontánea y poco docta construida en un dios en medio de un ambiente tan poco favorable a su desarrollo, que habría sido sumamente valioso desde muchos puntos de vista.

El príncipe poeta

Encontramos los últimos días de Nezahualcoyotl teñidos por un hecho impropio de tan gran monarca y sabio hombre.

Su hijo mayor, el heredero de la corona, comenzó un amorío con una de las esposas de su padre y a ella dedicó muchos poemas apasionados, a los que ella contestó con igual ardor. La correspondencia poética llegó a oídos del rey, quien la estimaba mucho por su belleza. Ultrajado en sus más sagrados sentimientos, Nezahualcoyotl lo acusó al Tribunal Supremo, quien lo sentenció a muerte, sentencia que su padre permitió llevar a cabo. Tras la ejecución de su hijo, se encerró en su palacio durante unos meses, y dio órdenes de que puertas y ventanas de la residencia del infeliz prócer se cerraran, para que nunca más pudieran sus paredes repetir el sonido de la voz humana.

La reina con cien amantes

En su *Historia de Chichimeca* Ixtlilxochitl narra el siguiente horripilante cuento, recordando el espantoso destino de una mujer favorita de Nezahualpilli, el hijo de Nezahualcoyotl: Cuando Axaiacatzin, rey de Méjico, y otros señores enviaron a sus hijas al rey Nezahualpilli para que eligiera a una para ser reina y legítima esposa, cuyo hijo podía ser heredero, la que tuvo mayores aclamaciones por la nobleza del nacimiento y rango fue Chachiuhnenetzin, la joven hija del rey mejicano. Ella había sido educada por el monarca en un palacio separado, con gran pompa y numerosos sirvientes, como correspondía a la hija de tan gran monarca. El número de sirvientes asignados a su casa excedía de los dos mil. Joven como era, era sumamente astuta y viciosa; por tanto, encontrándose sola, y viendo que su gente la temía por su posición e importancia, comenzó a utilizar su poder con una intemperancia sin límites. Allá donde veía a un joven que satisfacía su capricho, daba órdenes secretas de que debía serle traído, siendo seguidamente ajusticiado. Posteriormente ella ordenaba hacer una estatua o efigie de la persona a la que había dado muerte y, adornándola con ricas ropas, oro y joyas, la colocaba en el apartamento en el que vivía. El número de estatuas de los así sacrificados fue tan grande que casi llenaba la habitación. Cuando el rey fue a visitarla y la interrogó con respecto a las estatuas ella contestó que eran sus dioses, y él, conociendo lo estrictos que eran los mejicanos en la adoración a sus falsas deidades, la creyó. Pero como la injusticia no se puede cometer con absoluto secreto fue descubierta de la siguiente manera: Por una u otra razón ella dejó vivos a tres de los jóvenes. Sus nombres eran Chicuhcoatl, Huitzilimitzin y Maxtla, uno de los cuales era señor de Tesoyucan y uno de los grandes del reino, y los otros dos, nobles de alto rango. Sucedió que un día el rey reconoció en el atavío de uno de estos dioses una preciosa joya que él había regalado a la reina, y a pesar de que no temía ninguna traición por parte de ella, esto le produjo cierto desasosiego. Disponiéndose a visitarla esa noche, sus sirvientes le dijeron que ella estaba dormida, suponiendo que el rey se marcharía, como había hecho en otras ocasiones. Pero el asunto de la joya le hizo insistir en entrar a la habitación donde ella dormía; cuando iba a despertarla, solo encontró una estatua en su cama, adornada con su pelo y guardando un enorme parecido a ella. Viendo esto y dándose cuenta de que los sirvientes estaban agitados y alarmados, el rey llamó a sus guardias y, reuniendo a toda la gente de la casa, ordenó una búsqueda general de la reina, que fue hallada rápidamente en una fiesta con tres jóvenes señores que estaban secuestrados con ella. El rey refirió el caso a los jueces de su corte para que fuera investigado el suceso y examinadas las partes implicadas. Estos descubrieron muchos individuos, siervos de la reina, que, de una u otra forma, habían sido cómplices de sus crímenes; operarios que se habían ocupado en hacer y adornar las estatuas, otros que habían ayudado a introducir las estatuas, otros que habían ayudado a introducir a los jóvenes en el palacio y otros que los habían dado muerte y ocultado sus cuerpos. Habiendo sido el caso suficientemente investigado, el rey envió embajadores a los gobernantes de Méjico y Tlacopán, dándoles información del suceso y señalando el día en que tendría lugar el castigo de la reina y sus cómplices; así mismo convocó a todos los señores del imperio para que llevaran a sus esposas e hijas, independientemente de su edad, para ser testigos del castigo decidido, a fin de que sirviera de ejemplo. Él también dio una tregua a todos los enemigos del imperio para que pudieran ir libres a verlo. Llegado el momento, la cantidad de gente reunida era tan grande que, a pesar del tamaño de la ciudad de Tezcuco, apenas encontraron alojamiento para todos. La ejecución tuvo lugar públicamente, a la vista de toda la ciudad. La reina fue colocada en el garrote (un método de estrangular por medio de una cuerda retorcida alrededor de un poste), así como sus tres amantes. Y por ser personas de alta cuna, sus cuerpos fueron incinerados, junto con las efigies previamente citadas. Las otras personas que habían sido cómplices de sus crímenes, que sumaban más de dos mil, también fueron colocadas en el garrote e incineradas en un foso hecho a propósito en una hondonada cercana a un templo del Ídolo de los Adúlteros. Todos aplaudieron tan severo y ejemplar castigo, salvo los señores mejicanos, los parientes de la reina, quienes estaban muy indignados ante tan público ejemplo, y que, aunque de momento disimulaban su resentimiento, meditaban una futura venganza.

Dice el cronista que no sin razón el rey experimentó esta deshonra en su casa, puesto que así fue castigado por el uso de un indigno subterfugio para conseguir a su madre como esposa.

Este Nezahualpilli, el sucesor de Nezahualcoyotl, fue un monarca de gustos científicos, y, como los estados de Torquemada, tuvo un primitivo observatorio en su palacio.

La Edad de Oro de Tezcuco

El período abarcado por la vida de este monarca y su predecesor puede ser recordado como la Edad de Oro de Tezcuco, y es semimítico. El palacio de Nezahualcoyotl, según los relatos de Ixtlilxochitl, se extendía de este a oeste en 1234 yardas y 978 yardas de norte a sur. Cercado por una alta muralla, tenía dos grandes patios, uno usado como lugar de mercado municipal, mientras que el otro estaba rodeado por oficinas administrativas. Aparte había una gran sala para uso especial de poetas y hombres de talento que organizaban simposios bajo su clásico techo o se ocupaban en controversias en los pasillos circundantes. Los cronistas del reino también se localizaban en estas partes del palacio. Los apartamentos privados del monarca estaban contiguos a este colegio de bardos. Eran extremadamente magníficos y las descripciones rivalizan con la de la fabulosa ciudad tolteca de Tollan.

Extrañas piedras y molduras de yeso bellamente coloreadas alternaban con maravillosos tapices de espléndido trabajo de pluma para hacer una encantadora exhibición de decoración florida, y los jardines circundantes a este maravilloso edificio eran deliciosos retiros en los que grandiosos cedros y cipreses sobresalían por encima, centelleando fuentes y lujuriosos baños. Los peces se lanzaban acá y allá en los estanques, y las pajareras resonaban con las canciones de los pájaros de vistoso plumaje.

Una villa de hadas

De acuerdo con Ixtlilxochitl, la villa del rey de Tezcotzinco era una residencia sin igual, en cuanto a belleza absoluta, en los poemas persas, o en los cuentos de ensueño de Arabia que en la infancia creemos que son ciertos y posteriormente, con pesar, admitimos que solo se puede conocer navegando por el mar de la poesía o penetrando en el nebuloso continente del sueño.

El relato de esto, que tenemos del impreciso mestizo, nos recuerda a la majestuosa colina de recreo decretado por Kubla Khan sobre las turbulentas riberas del sagrado Alph. Una eminencia cónica se extendía sobre los jardines colgantes, a la que se accedía por un airoso recorrido de quinientos veinte peldaños de mármol. Enormes estanques contenían una inmensa reserva de agua, en medio de la cual se aislaba una gran roca esculpida con jeroglíficos que describían los principales cuentos del reino de Nezahualcoyotl. Había otros tres depósitos de agua, cada uno de ellos con una estatua de mármol de una mujer representando a cada una de las tres provincias de Tezcuco. Estos tres grandes depósitos suministraban a los jardines situados en la parte inferior con un constante flujo de agua, saltando en cascadas sobre un jardincito rocoso artificial o serpenteando entre musgosos recovecos con un refrescante susurro, regando las raíces de olorosos arbustos y flores y dibujando un zigzag dentro y fuera de las ramas de los cipreses. Aquí y allá asomaban doseles de mármol sobre baños de pórfido, la piedra con más brillo, en la que se reflejaban los cuerpos de los bañistas. La villa misma se erigía en medio de una infinidad de majestuosos cedros, que la protegían del tórrido calor del sol mejicano. El diseño arquitectónico de este encantador edificio era luminoso y espacioso en extremo, y el perfume de los jardines circundantes llenaba los espaciosos aposentos con un delicioso incienso de naturaleza. En este paraíso, el monarca tezcucano buscó reposo en compañía de sus esposas de la opresión de la gobernabilidad, y pasó horas de descanso en deportes y bailes. Los bosques de alrededor le permitían los placeres de la caza, y arte y naturaleza se combinaban para prestar a su retiro rural un centro de recreo y de placer, así como de reposo y refresco.

Desilusión

Sería absurdo negar la existencia de tales palacios en el terreno en cuestión, puesto que sus estupendas columnas y ruinas todavía permanecen en los bancales de Tezcotzinco. Pero, ¡ay!, no debemos escuchar las fanfarronadas del informal Ixtlixochitl, quien declara haber visto el lugar. Sería mejor volver a una autoridad más moderna que visitó el lugar hace unos noventa años y ha dado quizá el mejor relato de ello. Dice:

«Fragmentos de cerámica, piezas rotas de cuchillos y flechas de obsidiana, piezas de estuco, terrazas destrozadas y viejas murallas muy dispersas por toda su superficie. Pronto encontramos otro ascenso impracticable a caballo y, atando a nuestro paciente corcel a un arbusto de nopal, seguimos a nuestro guía indio a pie, escalando rocas y a través de enmarañados arbustos. Al llegar a la estrecha sierra que conecta la colina cónica con otra en la parte posterior, encontramos los restos de una muralla y una calzada y, un poco más arriba, alcanzado un receso donde, al pie de un pequeño precipicio sobresalía una higuera india y hierba, la roca había sido labrada a mano en una llana superficie de grandes dimensiones. En este muro perpendicular de roca había antiguamente un calendario esculpido; pero los indios dándose cuenta de que, extranjeros de la capital, habían visitado de cuando en cuando el lugar, se les metió en la cabeza que allí había una veta de plata y en seguida comenzaron a trabajar para encontrarla, destruyeron la escultura y profundizaron varios metros a niveles inferiores a ella en la dura roca. Desde este receso, y tras unos minutos de escalada, llegamos a la cima de la colina. El sol se estaba poniendo al otro lado del valle y el paisaje que se extendía bajo nuestros pies era extraordinario. Todo el lago de Tezcuco, y el campo y las montañas a ambos lados, se extendía delante de nosotros.

Pero, a pesar de la panorámica, decidimos no pararnos largo tiempo observándolo y admirándolo, pero descendiendo un poco oblicuamente pronto encontramos el supuesto baño, dos singulares lavatorios, de quizá unos ochenta centímetros de diámetro, excavados en una roca sólida, sobresaliendo del perfil general de la colina y rodeada por asientos lisos esculpidos y acanaladuras, suponemos, puesto que confieso que toda la apariencia del lugar era totalmente inexplicable para mí. Tuve la sospecha de que muchos de estos planos horizontales y acanaladuras eran estratagemas para ayudar en sus observaciones astronómicas, una como ésta he mencionado que ha sido descubierta por De Gama en Chapultepec.

Como el Baño de Moctezuma podría ser su lavapiés, si se quiere, pero sería una inmoralidad para un monarca de mayor categoría que Oberon darse un baño en él.

La montaña tiene muestras de la laboriosidad humana en su cumbre más alta, muchos de los bloques de pórfido de los que está compuesto son extraídos en lisos planos horizontales. Es imposible decir ahora qué parte de la superficie es artificial o no; tal es el estado de confusión observable en todos los lados.

Es difícil comprender cómo las naciones desconocían el uso de los trabajos construidos en hierro, tan pulidos en rocas de tal dureza. Muchos creen que se empleaban herramientas de estaño y cobre; otros que uno de los principales recursos era la paciente fricción. Cualquiera que sea la asignación auténtica a estas inexplicables ruinas, o la época de su construcción, no hay duda de que toda esta colina, que yo supongo se erigió ciento cincuenta o ciento ochenta metros sobre el nivel basal, se cubrió con trabajos artificiales de uno u otro tipo. Hay menos dudas del origen tolteca que del azteca y quizá todavía con mayor probabilidad atribuido a pueblos de una época aún más remota».

El noble Tlascalán

Como se puede imaginar refiriéndose a una comunidad donde el sacrificio humano era frecuente, abundaban historias relacionadas con aquellos que eran destinados a estos espantosos fines. Quizá la más impactante de estas historias está relacionada con el nombre guerrero tlascaliano Tlalhuicole, que fue capturado en combate por las tropas de Moctezuma.

Antes de un año los españoles llegados a la conquista de Méjico se hicieron oír entre los huexotzincanos y los dascalianos, el gobierno de los que los aztecas actuaban como aliados. En el campo de batalla fue capturado con astucia un líder tlascaliano muy valiente llamado Tlalhuicole, tan famoso por su valor que la simple mención de su nombre era suficiente para desanimar a cualquier héroe mejicano para intentar su captura.

Fue llevado a Méjico en una jaula y presentado al emperador Moctezuma, quien, conociendo su nombre y fama, le concedió la libertad y lo colmó de honores. Además le otorgó permiso para volver a su país, favor que jamás había concedido a ningún cautivo. Pero Tlalhuicole rehusó su libertad y contestó que prefería ser sacrificado a los dioses, de acuerdo con lo acostumbrado. Moctezuma, que le tuvo el más alto respeto y estimaba su vida más que cualquier sacrificio, no consintió su inmolación.

En esta coyuntura, estalló la guerra entre Méjico y los tarascanos, y Moctezuma anunció el nombramiento de Tlalhuicole como jefe de la fuerza expedicionaria. Él aceptó el nombramiento y marchó contra los tarascanos y, habiéndolos derrotado totalmente, volvió a Méjico cargado con un enorme botín, multitud de esclavos. La ciudad celebró su triunfo. El emperador le rogó que aceptara ser ciudadano mejicano, pero él contestó que bajo ningún concepto traicionaría a su país. Entonces, Moctezuma volvió a ofrecerle su libertad, pero rehusó enérgicamente volver a Tlascalán, habiendo sufrido la deshonra de la derrota y captura. Suplicó a Moctezuma que terminara con su infeliz existencia sacrificándolo a los dioses, acabando así el deshonor que sentía viviendo tras haber sido derrotado, alcanzando así la máxima aspiración de su vida: morir como un guerrero en el campo de batalla. Moctezuma, el modelo más noble de la caballerosidad de los aztecas, tomado su requerimiento, no podía estar de acuerdo con él, que había elegido el destino más conveniente para un héroe, y le ordenó ser encadenado a la piedra de combate, el *temelacatl* teñido de sangre. Los guerreros aztecas más célebres se opusieron a él y el propio emperador honró el sangriento torneo con su presencia. El propio Tlalhuicole resistió en el combate como un león, mató a ocho guerreros famosos e hirió a más de veinte. Pero al final cayó lleno de heridas y fue llevado por los exultantes sacerdotes al altar del terrible dios de la guerra Huitzilopochtli, a quien fue ofrecido su corazón.

Las madres persistentes

Solo ocasionalmente encontramos dioses o seres sobrenaturales en alguna descripción de los mitos mejicanos. Pero algunas veces hemos visto tales seres, como el Ciuapipiltin (Mujeres Honradas), los espíritus de mujeres que habían muerto en el parto, muerte altamente venerada por los mejicanos, que ven a la mujer que ha perecido de esta forma como si fuera un guerrero que encuentra su destino en la batalla. Extrañamente, estos espíritus eran activamente malévolos, probablemente porque la diosa Luna (que también era la diosa de emanaciones nocivas) era de tendencias perniciosas, afines a ellas. Se suponía que afligían a los niños con varias enfermedades, y los padres mejicanos tomaron todas las precauciones para impedir que sus hijos salieran de casa en los días en los que se creía que la influencia era mayor. Se decía que frecuentaban los cruces de caminos, incluso que entraban en los cuerpos de personas débiles para que su perniciosa voluntad actuara. Se supone que la locura se encontraba bajo su especial contagio. Los templos se levantaron en los cruces de caminos para aplacarlos y les dedicaron panes en forma de mariposa. Se representaban como caras de un blanco de muerte y blanqueando sus brazos y manos con un polvo blanco llamado *tisatl*. Sus cejas eran de un tono dorado y su vestimenta era la de mujeres mejicanas de la clase gobernante.

El retorno de Papantzin [2]

Una de las leyendas más misteriosas de la tradición mejicana refiere cómo Papantzin, la hermana de Moctezuma II, vuelve de su tumba para profetizar a su real hermano en lo concerniente a su suerte y a la caída de su imperio en manos de los españoles.

---

[2] El sufijo *-tzin* tras un nombre mejicano denota tanto «señor» como «señora», según el sexo de la persona aludida.

Tomando posesión de los entresijos del gobierno, Moctezuma había casado a esta dama con uno de sus servidores más ilustres, el gobernador de Tlatelulco, y tras su muerte parecía como si ella continuara ejerciendo casi sus funciones del virreinato y residiendo en su palacio.

Con el tiempo, ella murió y de sus exequias se ocupó el emperador en persona, acompañado por los más grandes personajes de su corte y reino. El cuerpo fue enterrado en un sótano subterráneo de su propio palacio, contiguo a los baños reales, que permaneció en una parte aislada de los extensos campos circundantes a la residencia real. La entrada al sótano fue cerrada con un bloque de piedra de peso moderado, y cuando las numerosas ceremonias prescritas para el entierro de un personaje real acabaron, el emperador y su séquito se retiraron. A pleno día, la mañana siguiente, uno de los niños reales, una pequeña niña de unos seis años de edad, habiendo ido al jardín para buscar a su niñera, vio a la princesa Papan de pie cerca de los baños. La princesa, que era su tía, la llamó y le pidió que le llevara a su niñera.

La niña actuó como si fuera mandada, pero su niñera, pensando que la imaginación la hubiera engañado, prestó poca atención a lo que ella decía. Como la niña persistía en su declaración, la niñera por fin le siguió por el jardín donde vio a Papan sentada en uno de los peldaños de los baños. La visión de la princesa supuestamente fallecida llenó a la mujer de tanto terror que se desmayó. Luego, la niña fue al aposento de su madre y le contó con todo detalle lo que había ocurrido. Inmediatamente fue a los baños con dos de sus sirvientes, y la visión de Papan también la sobrecogió. Pero la princesa la tranquilizó, pidió permiso para acompañarla a sus aposentos y rogó que todo lo acontecido quedara guardado en absoluto secreto. Posteriormente, ya de día, ella mandó llamar a Tiçotzicatzin, su mayordomo, y le pidió que informara al emperador de que deseaba hablar con él inmediatamente sobre asuntos de la mayor importancia. El hombre, aterrado, suplicó ser excusado de la misión, por lo que Papan dio órdenes de que su tío Nezahualpilli, rey de Tezcuco, se pusiera en contacto con ella. Dicho monarca, recibiendo la petición de que él debería ir hacia ella, se apresuró hacia el palacio. La princesa le rogó ver al emperador sin pérdida de tiempo y le suplicó que fuera adonde ella. Moctezuma escuchó su historia con mezcla de sorpresa y duda. Corriendo hacia su hermana, gritó según se aproximaba a ella: «¿Eres realmente mi hermana o algún malévolo demonio que ha tomado su parecido?». «Yo soy realmente ella, majestad», contestó.

Moctezuma y los exaltados personajes que le acompañaban se sentaron y un silencio de expectación cayó sobre todos ellos mientras la princesa se dirigía a ellos con las siguientes palabras:

«Escuchad atentamente lo que os voy a contar. Me habéis visto muerta, incinerada y ahora me veis viva de nuevo. Por la autoridad de nuestros ancestros, mi hermano, yo he vuelto de las moradas de la muerte para predeciros ciertas cosas de primera importancia».

La historia de Papantzin

«En el momento justo después de la muerte me encontré en un espacioso valle, que parecía no tener ni principio ni fin, y estaba circundado por grandiosas montañas. Hacia el medio descubrí un camino con muchos senderos. Al lado del valle fluía un río de considerable tamaño, cuyas aguas corrían ruidosas. En sus márgenes vi un joven vestido con un traje largo, sujeto con un diamante, y brillando como el Sol, su semblante brillante como una estrella. En su frente había una señal en forma de cruz. Tenía alas cuyas plumas proporcionaban los más maravillosos y vivos reflejos y colores. Sus ojos eran como esmeraldas y su mirada era modesta. Era rubio, de bello aspecto e imponente presencia. Me cogió la mano y dijo: "Ven acá. Todavía no es el momento de que cruces el río. Posees el amor de Dios, que es más grande de lo que sepas o puedas comprender". Luego me condujo a través del valle, donde divisé muchas cabezas y huesos de hombres muertos. Después contemplé innumerables tribus negras, astados y con los pies de ciervo. Se dedicaban a construir una casa, que estaba casi acabada. Girando hacia el este del espacio, contemplé sobre las aguas del río un amplio número de barcos tripulados por una gran multitud de hombres vestidos de forma diferente a nosotros. Sus ojos eran de color gris claro, sus complexiones rudas; portaban estandartes y enseñas en sus manos y llevaban cascos en sus cabezas. Se llamaban a sí mismos "hijos del Sol". Los jóvenes que me conducían y me hicieron ver todas estas cosas dijeron que aún no era deseo de los dioses que cruzara el río, pero que se me había reservado el contemplar el futuro con mis propios ojos y disfrutar de los beneficios de la confianza que estos extraños traían; los huesos que contemplé sobre la llanura eran de mis compatriotas, que habían muerto ignorando esa creencia y, consecuentemente, habían sufrido grandes tormentos; ignorando que la casa que las tribus negras estaban construyendo era un edificio preparado para los que podrían caer en la batalla con los extraños marineros a los que no habían visto, y que yo estaba destinada a volver con mis compatriotas para contarles la verdadera religión y anunciarles lo que yo había visto y que ellos, por tanto, podrían aprovechar».

Moctezuma escuchó estos sucesos en silencio y se sintió muy preocupado. Dejó a su hija sin decir ni una palabra y, alcanzando sus propios aposentos, se hundió en pensamientos melancólicos.

La resurrección de Papantzin es uno de los incidentes más auténticos de la historia mejicana, y es un hecho curioso que, a la llegada de los conquistadores españoles, una de las primeras personas en abrazar la fe cristiana y recibir el bautismo de sus manos fue la princesa Papan.

Capítulo IV

La estirpe maya y la mitología

Los mayas

E S al pueblo maya que ocupó el territorio entre el itsmo de Tehuantepec y Nicaragua al que más debe la civilización de Centroamérica. El idioma que hablaban era bastante distinto del nahuatl hablado por los nahuas de Méjico, y en muchos aspectos, sus costumbres y hábitos eran claramente diferentes de los del pueblo anahuaco. Como se sabe, estos últimos fueron los herederos de una civilización más antigua que además habían entrado en el valle de Méjico como salvajes, y que prácticamente todos sabían que las artes de la cultura les eran enseñadas por los restos de los pueblos a los que habían desahuciado. No fue así con los mayas. Sus artes e industrias eran de su propia invención, y lavaban el sello de un origen de considerable antigüedad. De hecho, ellos fueron la raza intelectual suprema de América, y, entrando en contacto con los nahua, el pueblo asimiló lo suficiente de su cultura como para ascenderles en muchos grados en la escala de la civilización.

¿Eran toltecas los mayas?

Ya se ha planteado el que muchos anticuarios vean en los mayas a los toltecas, que, debido a las incursiones de tribus bárbaras, abandonaron su tierra nativa de Anahuac y viajaron hacia el Sur en busca de un nuevo hogar en Chiapas y Yucatán. Sería inútil intentar defender o refutar tal teoría ante la absoluta ausencia de evidencias positivas a favor o en contra. Los vestigios arquitectónicos de la vieja tribu de Anahuac no guardan ningún parecido llamativo con las formas mayas, y sí las mitologías de ambos pueblos son en cierto modo tan parecidas que pueden ser explicadas por la mutua adopción de deidades y costumbres religiosas. Por otro lado, es claramente notable que el culto al dios Quetzalcoatl, visto en Méjico como de origen extranjero, tuvo notable influencia entre los mayas y las tribus aliadas.

El reino maya

Con la llegada de los españoles (tras la celebrada marcha de Cortés desde Méjico a América Central), los mayas se dividieron en un número de Estados subsidiarios que nos recuerdan en cierto modo a los numerosos pequeños reinos de Palestina. El que estos hayan vivido lejos de un Estado original considerablemente mayor es una clara evidencia, pero la discordia interna hizo estragos en la política del gobierno central de este imperio, cuya desintegración tuvo lugar en un período remoto.

En las leyendas semihistóricas de este pueblo vislumbramos un gran reino, ocasionalmente aludido como «El Reino de la Gran Serpiente» o el imperio de Xibalba, reinos que han sido identificados con los centros de las ciudades en ruinas de Palenque y Mitla. Estas identificaciones deben verse con prudencia, pues el trabajo de excavación indudablemente, tarde o temprano, ayudará a los teóricos a llegar a conclusiones que no admitirán duda. La esfera de la civilización maya y su influencia están marcadas de forma regular, y abarcan desde la península de Yucatán, Chiapas, al istmo de Tehuantepec por el Norte y toda Guatemala hasta el límite de la actual república de El Salvador. Sin embargo, el verdadero núcleo de la civilización maya se debe buscar en esa parte de Chiapas que bordea las orillas del río Usumacinta y en los valles de sus afluentes. Aquí el arte maya y la arquitectura alcanzan un grado de esplendor desconocido en cualquier otro lugar, y en este distrito, también, el ajeno sistema maya de escribir tuvo sus más hábiles exponentes. A pesar de que las artes y los trabajos de muchos distritos habitados por pueblos de raza maya mostraban muchas diferencias superficiales, son tan pequeñas como para hacer cierto el hecho de que varias zonas habitadas por estirpes mayas habían adquirido su inspiración hacia la civilización de un núcleo común, pasando por igual por una civilización uniforme, y habían extraído la savia de un centro original de cultura.

Los dialectos mayas

Quizá el método más eficaz para distinguir las distintas familias del pueblo maya de cualquier otro consiste en dividirles en grupos lingüísticos. Los diversos dialectos hablados por las tribus de origen maya, aunque muestran algunas diferencias considerables, revelan fuertemente que la afinidad de la construcción y semejanza en la raíz probarán que todas ellas proceden de una lengua madre común. En Chiapas es la propia lengua maya el dialecto habitual mientras que en Guatemala se utilizan no menos de veinticuatro dialectos, de los que los principales son el Quiche o Kiche, el Kakchiquel, el Zutugil, Coxoh Chol y Pipil. Estos dialectos y las tribus que los hablan son suficientes para llamar nuestra atención, puesto que encierran los mitos y las leyendas más llamativas de la raza y los hombres que los usaron fueron los principales representantes conseguidos por la historia maya.

¿De dónde llegaron los mayas?

¿De dónde llegaron estas tribus que crearon una civilización en ningún modo inferior al antiguo Egipto, la cual, si hubiera habido posibilidades, habría rivalizado en sus hazañas de gloria con la vieja Asiria? No podemos decirlo. El misterio de su entrada en el país es tan profundo como el misterio de los antiguos bosques que entierran los vestigios de sus inmensos monumentos y encierra sus templos en impenetrable oscuridad. Generaciones de anticuarios han intentado encontrar el origen de esta raza en Egipto, Fenicia, China, Birmania. Pero los manifiestos indicios del origen americano indígena están presentes en todos sus trabajos, y los escritores que han visto estos parecidos con el arte de los pueblos asiáticos o africanos, lamentablemente, han llevado a conclusiones erróneas por semejanzas superficiales que podrían no haber descubierto cualquiera que hubiera estudiado en profundidad las afinidades mayas.

Civilización de los mayas

Aun a riesgo de ser repetitivo, es esencial destacar que la civilización, que fue algo recientemente adquirido por los pueblos nahua, no le fue con los maya. Eran indiscutiblemente una raza más antigua, con instituciones que llevaban la huella del uso de generaciones, mientras que los nahua solo acababan de entrar de forma evidente en la herencia de la ley y el orden.

Cuando vislumbramos por primera vez los reinos mayas, se encuentran en el proceso de desintegración. Sangre joven tan fuerte como la que tenía el viril pueblo de Anahuac no fluía por las venas de la gente de Yucatán y Guatemala. Ellos eran para los nahua más que los antiguos asirios eran para las huestes de Israel a la entrada de estos últimos en la existencia nacional. Sin embargo, sería imposible negar que había un sustrato de relación cultural y étnica. Las instituciones, la arquitectura, los hábitos, incluso la forma racial de pensamiento de los dos pueblos parecidos tan generales que demostraban que existían entre ellos muchas afinidades de sangre y relaciones culturales. Pero no se insistirá suficientemente en esto. Se puede argumentar, con gran probabilidad, que estas relaciones y el parecido existen debido a la influencia de la civilización maya solo sobre Méjico o a la herencia tanto del pueblo maya como del mejicano de una cultura más antigua ignorada por nosotros, y las pruebas de ello se encuentran enterradas bajo los bosques de Guatemala y las arenas de Yucatán.

Los zapotecas

La influencia de los mayas sobre los nahuas fue un proceso de suma lentitud. Los pueblos que los dividieron uno de otro se beneficiaron llevando la cultura maya a Anahuac; es más, se podía decir que constituyeron una forma de filtro a través del cual la civilización del sur alcanzó a la del norte. Estos pueblos fueron los zapotecas, los mixtecs y los kuikatecas, de los que, con mucho, el más importante fue el primero mencionado. Ellos tenían rasgos de la naturaleza y civilización de ambas razas, y, en efecto, se encontraban en una población frontera que tomaba y daba tanto a los mayas como a los nahuas, más de lo que Judea absorbió y diseminó las culturas de Egipto y Asiria. Sin embargo, eran de raza nahua, pero su idioma llevaba las fuertes marcas de haber tomado extensamente vocabulario maya. Durante muchas generaciones, estos pueblos vagaron de forma nómada del territorio maya al nahua, absorbiendo así las costumbres, las palabras y la mitología de cada uno.

Los huastecas

Pero estaríamos equivocados si pensáramos que los mayas nunca habían intentado expandirse, ni buscado nuevos hogares para su población excedente. La prueba de que lo hicieron viene dada por una remota tribu de los mayas, los huastecas, establecidos en la desembocadura del río Panuco, en la costa Norte de Méjico.

La presencia de esta curiosa isla etnológica, por supuesto, ha animado a toda clase de teorías extrañas sobre la relación de los toltecas, mientras que simplemente indican que antes de la era de la expansión nahua, los mayas habían intentado colonizar el territorio situado al norte de sus territorios, pero sus esfuerzos en esta dirección habían sido cortados por la entrada de los salvajes nahuas, contra los que se vieron incapaces de luchar.

El tipo de la civilización maya

¿Difiere entonces el tipo de civilización maya de la nahua, o fue simplemente una amplia expresión de lo que estaba en boca de Anahuac? Podemos considerar que la civilización nahua caracterizó la cultura de América Central en su juventud, mientras que la maya se manifestó en su florecimiento, y quizá en su senilidad. La diferencia no era ni esencial ni radical, pero hay que decir que en su mayor parte han surgido de causas climáticas y semejantes. El clima de Anahuac es seco y templado, el de Yucatán y Guatemala es tropical, y encontramos incluso conceptos religiosos de los dos pueblos como los extraídos de una fuente común variando en la misma causa y coloreado por diferencias en temperatura y lluvia.

Historia maya

Antes de entrar a considerar el arte, la arquitectura o la mitología de este extraño y altamente interesante pueblo, sería necesario aportar al lector un breve esbozo de su historia. Tales reseñas, como las que existen en inglés, son escasas y de dudoso valor.

Sobre la historia más remota del pueblo de raza maya dependemos casi completamente de la tradición y de los restos arquitectónicos. El resultado neto de la evidencia extraída de ellos es que la civilización maya era una y homogénea, y que todos los Estados separados deben haber pasado en un período por una uniformidad en cultura, a la que todos ellos fueron por igual deudores, y que es una base suficiente para creer que todos estuvieron al mismo tiempo bajo el dominio de un poder central.

De la historia más reciente poseemos los escritos de los padres españoles, pero no con tanta profusión como en el caso de Méjico. De hecho, los autores originales en los que se puede confiar relacionados con la historia maya pueden casi contarse con los dedos de una mano. La confusión aumenta cuando examinamos con detenimiento todo esto; de hecho, a través del estudio de la historia maya descubrimos que muchos de los sitios de ciudades mayas son de origen con nombres nahua. Esto se debe al hecho de que los conquistadores españoles fueron guiados en sus conquistas de los territorios mayas por nahuas, quienes, naturalmente, aplicaron designaciones nahuas a los sitios por los que los españoles preguntaban los nombres. Estas apelaciones se ajustan a los lugares en cuestión; y de aquí la confusión y las garrafales teorías que se leen en estos nombres de lugares vestigios de la conquista azteca.

El núcleo del poder maya

Como se ha dicho, el núcleo del poder y la cultura mayas probablemente será encontrado en esa parte de Chiapas a la falda de las escarpadas cordilleras. Aquí, las ruinas de Palenque, Piedras Negras y Ocosingo son elocuencia de esa opulencia de imaginación y grandiosidad de concepción que va de mano en mano con una cultura avanzada. Los templos y palacios de esta región llevan la estampa de una dignidad y conciencia del poder metropolitano que raramente se confunden, tan tolerante, tan libre en su concepción arquitectónica, tan llena para desbordar la manifestación del deseo de superación. Pero por encima de las necesidades de religión y organización central, solo estaba la profusa habilidad artística arquitectónica. Sus dignidades no fueron profanadas por su aplicación a los usos domésticos, por lo que, salvo lo que se supone que evidentemente fueran palacios, ningún ejemplo de edificio doméstico maya ha sobrevivido. Por supuesto, esto está justificado por la circunstancia de que el pueblo estaba claramente dividido en clases aristocrática y trabajadora, la primera de las cuales estaba totalmente identificada con la religión o la monarquía, y se alojaba en edificios eclesiásticos o reales, mientras que los de rango menor estaban forzosamente contentos de compartir el albergue proporcionado por un cobertizo construido con materiales perecederos, cuyas huellas han desaparecido hace tiempo. De hecho, los templos eran los núcleos de las ciudades, el centro alrededor del cual se agrupaban las comunidades mayas, muchas de la misma manera que las ciudades de Europa en la Edad Media, apiñadas y desarrolladas alrededor de la sombra de alguna enorme catedral o al amparo de alguna fortaleza.

Primeros movimientos de razas

Abandonemos la consideración de la tradición maya hasta que hablemos del propio mito maya, e intentemos recoger datos del caso de leyendas, algunos hechos ciertos, conectados con la historia maya.

De acuerdo con un manuscrito de origen kuikateca descubierto recientemente es probable que tuviera lugar una invasión nahua de los Estados mayas de Chiapas y Tabasco hacia el siglo IX de nuestra era, y de momento debemos verla como un punto de inicio de la historia maya. Las zonas del sudeste del territorio maya se agitaron al mismo tiempo por movimientos de razas, que se dirigieron hacia el norte, a Tehuantepec, y, atravesando Guatemala, hasta detenerse en Acalan, en la frontera de Yucatán, retrasado probablemente por inhóspitas y áridas condiciones de este país. Probablemente, esta invasión nahua tuvo el efecto de dirigir a los mayas más pacíficos desde sus establecimientos del norte hacia el sur. De hecho, la evidencia no muestra que los guerreros nahuas siguieran a los mayas pacíficos a sus nuevos asentamientos, y por un tiempo los dejaron en paz. Esta lucha finalmente resultó en una ruptura de la civilización maya, que incluso en esos períodos relativamente remotos había alcanzado su apogeo; sus muchas razas se habían separado en muchos Estados-ciudad que tenían un gran parecido político al de Italia en la caída de Roma. En este período probablemente comenzó la escisión entre los mayas de Yucatán y los de Guatemala, que finalmente se resolvió en tantas diferencias en el habla, creencias y arquitectura, casi como para constituir diferentes pueblos.

El asentamiento de Yucatán

Al igual que los celtas de Gales y Escocia fueron conducidos a las regiones menos acogedoras por las invasiones de los sajones, una de las ramas de los mayas fue forzada a buscar refugio en las tierras casi desiertas de Yucatán. No hay duda de que los mayas no tomaron estas tierras áridas y estériles espontáneamente de propio acuerdo. Ahorrativos y con grandes conocimientos agrícolas, este pueblo vería con preocupación un movimiento hacia una tierra tan lúgubre después del país rico y de fácil desarrollo en el que había vivido durante generaciones. Pero los inexorables nahuas estaban detrás y era un pueblo pacífico no acostumbrado a los horrores de la guerra. Por tanto, cargándose de coraje se adentraron en el desierto. Todo apunta a una última ocupación de Yucatán por los mayas y los esfuerzos arquitectónicos muestran deterioros, evidenciados en un alto convencionalismo de diseño y exceso de ornamentación. Las evidencias de la influencia nahua no son deficientes, hecho que es elocuente del último período de contacto conocido entre los pueblos y que casi es suficiente para fijar la fecha de establecimiento de los mayas en Yucatán. No hay que pensar que los mayas en Yucatán formaban un Estado homogéneo que reconoció una autoridad central. Por el contrario, como ocurre con frecuencia con los colonizadores, la muchas bandas mayas de inmigrantes formaron diferentes Estados o reinos, cada uno con tradiciones individuales propias. Por ello supone una gran dificultad recoger y analizar estas tradiciones para construir una historia del pueblo maya en Yucatán. Como se puede suponer, encontramos las diversas ciudades fundadas por seres divinos que suponen una parte más o menos importante en el panteón maya. Por ejemplo, Kukulcán es el primer rey de Mayapan, mientras que Itzamna figura como fundador del Estado de Itzamal. Los dioses eran líderes espirituales de estas bandas de mayas, igual que Jehová era el líder espiritual y guía de los israelitas en el desierto. Por tanto, no sorprende encontrar en el *Popol Vuh* la epopeya de los Kiche-Maya de Guatemala, que fue el dios Tohil (El Retumbador) quien les guió al sitio de la primera ciudad, Kiche. Algunos escritores del tema piensan que los incidentes ocurridos en tales leyendas sobre migraciones, especialmente el tutelaje y la guía de las tribus por dioses y las descripciones que contienen por escenarios el desierto, son suficientes para señalarlos como meras versiones nativas del libro del *Éxodo*, o los mejores mitos sofisticados por influencia de las misiones.

La verdad es que las condiciones de las migraciones llevadas a cabo por los mayas eran similares a las descritas en las Escrituras y de ningún modo mero reflejo de la historia de la Biblia.

Los clanes de Yucatán

El rey-sacerdote de Mayapán, que afirmaba descender de Kukulcán o Quetzalcoatl, elevó pronto su Estado a una posición prominente entre las ciudades circundantes. Las que fundaron Chichén-Itza, conocidos como itzaes, eran, por otro lado, una casta de guerreros que parecían no apreciar la función sacerdotal con tanta asiduidad. Los gobernantes de los itzaes, conocidos como Tutul Xius, parecían haber llegado, de acuerdo con la tradición, de los Estados mayas occidentales, quizá de Nonohualco, en Tabasco. Llegando de allí al extremo sur de Yucatán, fundaron la ciudad de Ziyan Caan, sobre el lago Bacalar, que tuvo un período de prosperidad durante, al menos, un par de generaciones. Al finalizar este período, por alguna desconocida razón, emigraron hacia el norte, quizá porque, en ese momento en concreto, la influencia del poder se dirigía hacia el norte de Yucatán, y se establecían en Chichén-Itza, eventualmente la ciudad sagrada de los mayas, que ellos fundaron.

Los cocomos

Pero no estaban destinados a permanecer tranquilos en su nueva tierra. Los cocomos de Mayapán, cuando estaban en lo más alto de su poder, vieron con malos ojos el establecimiento de los Tutul Xius. Tras un florecimiento durante un período de unos ciento veinte años, fueron derrocados por los cocomos, quienes les redujeron en una dependencia, permitiendo a los gobernadores y a cierto número de gente marchar a otros lugares.

Huida de los Tutul Xius

Así expulsados, los Tutul Xius huyeron hacia el sur, de donde originariamente procedían, y se establecieron en Potonchan o Champoton, donde reinaron durante casi trescientos años. Desde este nuevo centro, con la ayuda de mercenarios nahuas, comenzaron una extensión hacia el norte del territorio y entraron en relaciones diplomáticas con los gobernantes de los Estados mayas.

En este momento, ellos construyeron Uxmal, y su poder llegó a ser tan extenso que conquistaron los territorios que habían perdido frente a los cocomos. En conjunto, parece haber sido un período en el que las artes florecieron bajo una política ilustrada, que sabía cómo hacer y mantener relaciones amistosas con los Estados circundantes, y la espléndida red de caminos que recorría el país y las abundantes evidencias de las excelencias arquitectónicas prueban que la raza tuvo tiempo libre para conseguir mucho en arte y trabajos de utilidad. Así, la ciudad de Chichén-Itza estaba unida con la isla de Cozumel por una carretera por la que cientos de peregrinos caminaban hacia los templos de los dioses del viento y la humedad. También desde Itzamal salían caminos en todas las direcciones para que la gente tuviera todas las facilidades para alcanzar el santuario principal del país, situado allí.

Pero los dominadores cocomos eran opresivos con los otros Estados mayas que les eran tributarios. Como en el Yucatán de hoy, donde el desgraciado recolector del cáñamo lleva la vida de un auténtico esclavo, un sistema aplastante de esclavitud obtenido. Los cocomos demandaron demasiado de los Tutul Xius, quienes a su vez explotaron al desventurado pueblo bajo su poder, pasando los límites de la resistencia humana. Como en todas las civilizaciones tambaleantes, el sentimiento de responsabilidad entre las clases superiores se volvió inactivo y se abandonaron a los placeres de la vida sin pensar en el futuro. La moralidad dejó de ser vista como una virtud, y la corrupción dominó toda la vida maya. El descontento se extendió rápidamente por todo los dominios.

La revolución en Mayapán

La consecuencia, naturalmente, fue la revolución. Oprimidos por la tiranía de una oligarquía disoluta, los Estados se levantaron en sublevación. Los cocomos los rodearon por mercenarios nahuas, quienes consiguieron rechazar la primera ola de sublevación dirigida por el rey o reyezuelo de Uxmal, que fue derrotado y cuyo pueblo, en respuesta, se alzó contra él, circunstancia que concluyó con el abandono de la ciudad de Uxmal. Una vez más, los

Tutul Xius fueron forzados a peregrinar, y en esta ocasión fundaron la ciudad de Mani, nueva sombra del esplendor de Uxmal y Chichén.

Hunac Eel

Si la aristocracia de los cocomos estaba compuesta por débiles, su gobernante tenía más carácter. Hunac Eel, que ejerció el poder real sobre este pueblo y subyugó a los principados más pequeños de Yucatán, no solo fue un tirano de temperamento vengativo y cruel, sino un hombre de Estado, de juicio y experiencia que solicitó la ayuda de los vecinos nahuas, a quienes empleó en su campaña contra el nuevo agresor de su absolutismo, el gobernador de Chichén-Itza. Reuniendo un poderoso ejército de sus vasallos, Hunac Eel partió contra la leal ciudad, cuyo príncipe se atrevió a desafiar su supremacía, y consiguió infringir una aplastante victoria sobre sus habitantes. Pero aparentemente al Estado se le permitió permanecer bajo la soberanía de sus príncipes nativos. Sin embargo, la sublevación simplemente se mantenía latente y en el reino de Mayapán, el territorio de los cocomos, el fuego de la revolución comenzaba a resplandecer. Este estado de cosas continuó durante casi un siglo. Después llegó el estallido. Los enemigos de los cocomos llevaron a cabo una unión. El pueblo de Chichén-Itza unió sus manos con el de Tutul-Xius, que había buscado refugio en las tierras altas del centro de Yucatán, y era ciudad-Estado, agrupadas alrededor de la ciudad-madre de Mayapán. Se realizó un feroz ataque coordinado, bajo el cual el poder de los cocomos se derrumbó completamente. Ninguna piedra se mantuvo en pie bajo los exasperados aliados, quienes así vengaron la esclavitud de cerca de trescientos años. A este suceso se le asignó la fecha de 1436, pero, como a casi todos los datos en la historia maya, hay que concederle considerables dudas.

El último de los cocomos

Solo sobrevivió un vestigio de los cocomos. Habían estado ausentes en el territorio Nahua, intentando alzar tropas nuevas para la defensa de Mayapán. Los vencedores les perdonaron y finalmente se establecieron en Zotuta, en el centro de Yucatán, una región de bosque casi impenetrable.

Podría parecer que la ciudad de Chichén-Itza, cuyo príncipe siempre fue la cabeza y el frente de la rebelión contra los cocomos, en cierto modo se aprovechó de la caída del poder soberano. Por el contrario, la tradición sostiene que la ciudad fue abandonada por sus habitantes y se dejó derrumbar hasta el estado ruinoso en que los españoles la encontraron al entrar en este país. Lo probable es que su pueblo se acobardara debido a los repetidos ataques por los cocomos, que vio en ello el principal obstáculo a su dominio universal; y esto es apoyado por la tradición, que cuenta que un príncipe de Chichén-Itza, desgastado con conflictos y luchas destructivas, abandonó para buscar la cuna de la raza maya en la tierra de poniente de la puesta del Sol. De hecho, se dice que este príncipe fundó la ciudad de Peten-Itza, en el lago de Peten, en Guatemala.

Los pueblos mayas de Guatemala

Cuando los pueblos mayas de Guatemala, los kiches y los kakchiquels, hicieron su primera incursión en el territorio, probablemente encontraron una raza de origen maya de un tipo más avanzado y poseedor de tradiciones más antiguas que ellos mismos. Pero de su conexión con este pueblo se beneficiaron enormemente en la dirección de logros artísticos y artes industriales.

En relación a este pueblo tenemos una amplia colección de tradiciones en el *Popol Vuh,* una crónica nativa cuyos contenidos están íntimamente relacionados con el capítulo que narra las leyendas mayas y acontecimientos legendarios. No podemos utilizarlo como documento histórico auténtico, pero hay pocas dudas de que una base de hecho existe detrás de la tradición que contiene.

La diferencia entre el idioma de estos pueblos y el de sus hermanos de Yucatán, como se ha dicho, es solo de dialecto y se observa una débil distinción entre sus mitologías, causada sin duda por la incidencia de las condiciones locales y resultado, en parte, de diferenciar entre una llanura comparativamente árida y una de carácter semimontañosa cubierta de espesos bosques. No encontramos mayores diferencias al examinar el arte y la arquitectura de la raza maya, y comparar las dos ramas más diferentes.

La Tulan maya

La ciudad de Tulan probablemente en Tabasco, es a la que los mayas de Guatemala se refieren como punto de comienzo de todas sus migraciones. No debemos confundir este lugar con la Tollan de las tradiciones mejicanas. Es posible que el nombre en ambos casos derive de una raíz que significa un lugar desde el que una tribu parte, un lugar de comienzo, pero sin ninguna conexión geográfica.

117

Desde aquí, Nima-Kiche, el gran Kiche, comenzó su migración hacia las montañas acompañado por sus tres hermanos. Tulan, dice el *Popol Vuh,* ha sido un lugar de desgracia para el hombre, puesto que ha pasado mucho frío y hambre, y, como en la torre de Babel, su lengua era tan confusa que los primeros cuatro kiches y sus esposas eran incapaces de comprenderse entre sí. Por supuesto, esto es un mito nativo creado para resaltar la variedad de dialectos existentes entre las diversas ramas del pueblo maya y apenas puede tener una base real, puesto que el cambio de dialecto sería un proceso muy gradual.

Los hermanos, según han contado, dividieron la tierra, por lo que uno recibió los distritos de Mames y Pocomams, otro Verapaz y el tercero Chiapas, mientras que Nima-Kiche obtuvo el territorio de los kiches, kakchiquels y tzutuhils. Sería extremadamente difícil decir si esta tradición se apoya en bases históricas auténticas. Si es así, se refiere a un período anterior a la irrupción nahua, puesto que los distritos aludidos como ocupados por estos pueblos no estuvieron tan divididos entre ellos cuando llegaron los españoles.

Dinastías dudosas

Como con las primeras dinastías de Egipto, numerosas dudas rodean a la historia de los primeros monarcas kiches. De hecho, tiene lugar un período de tal incertidumbre que incluso el número de reyes que reinaron se perdió en la desesperada confusión de varias estimaciones. De estos casos surgen los hechos de que los monarcas kiches mantuvieran el poder supremo entre los pueblos de Guatemala, que fueron los contemporáneos de los gobernadores de la ciudad de Méjico, y que frecuentemente fueron elegidos entre los príncipes de los Estados dominados. Acxopil, el sucesor de Nima-Kiche, invistió a su segundo hijo con el gobierno de los kakchiquels, y colocó a su hijo más joven sobre los tzutuhils, mientras que al mayor de sus hijos le dejó el trono de los kiches. Icutemal, su hijo mayor, tras suceder a su padre, donó el reino de Kakchiquel a su hijo mayor, desplazando a su propio hermano y ofendiéndole así mortalmente. La lucha que originó duró generaciones envenenando las relaciones entre estas dos ramas de los mayas en Guatemala, y socavó su fuerte unión. Se emplearon mercenarios nahuas en la lucha en ambos lados, y éstos introdujeron mucho de lo repugnante de la vida nahua en la existencia maya.

La llegada de los españoles

Este estado de cosas duró hasta la llegada de los españoles. Los kakchiquels datan el comienzo de una nueva cronología en el episodio de la derrota de Cay Hun-Apu por ellos en 1492. Ellos podían haberse evitado los problemas, puesto que el tiempo se acercaba cuando los calendarios de sus razas iban a estar próximos y sus documentos escritos en otro manuscrito por otros pueblos. Uno a uno, y principalmente por la razón de su demente política de aliarse con los invasores contra su propia familia, los viejos reinos de Guatemala cayeron como un trofeo a los atrevidos conquistadores que engendrarían incontables generaciones de esclavos.

El enigma de la escritura maya antigua

Lo que posiblemente sería la fuente más valiosa de la historia maya está perdido para nosotros actualmente. Nos referimos a los manuscritos e inscripciones nativas mayas, cuyos escritos no pueden ser descifrados por los eruditos actuales. Algunos de los frailes españoles que vivieron en la época en la que tuvo lugar la colonización del país por los hombres blancos, fueron capaces de tener e incluso de escribir estos manuscritos, pero desgraciadamente lo consideraron como una invención del Padre de la Maldad o, por ser un sistema nativo, como algo sin valor. En unas pocas generaciones se perdió todo el conocimiento de cómo descifrarlo, quedando para el mundo moderno casi como un libro herméticamente cerrado, a pesar de que la ciencia ha empleado toda su maravillosa maquinaria de lógica y deducción en ello y los hombres de incontestable habilidad han dedicado sus vidas al problema de desenmarañar lo que debe ser considerado como uno de los mayores y más misteriosos enigmas, cuya solución siempre ha sido intentada por la humanidad.

La historia del descubrimiento de la clave del sistema jeroglífico egipcio de escritura es bien conocida. Durante siglos los símbolos que aparecían sobre los templos y los monumentos del país del Nilo eran pinturas y signos sin significado para el ilustrado pueblo europeo, hasta que el descubrimiento de la piedra Rosetta, hace cientos de años, permitió aclararlo. Esta piedra llevaba la misma inscripción en griego, demótico y jeroglíficos, y así el descubrimiento del alfabeto de los manuscritos escondidos llegó a ser una empresa relativamente fácil.

Pero Centroamérica no tiene piedra Rosetta ni es posible que se pueda hallar una ayuda semejante. De hecho, la «clave» descubierta o presentada por los científicos ha probado ser infructuosa.

119

Los manuscritos mayas

Los principales manuscritos mayas que han escapado de los estragos del tiempo son los códices de las bibliotecas de Dresden, París y Madrid. Se conocen como el Códice Perezianus, conservado en la Biblioteca Nacional de París; el Códice Dresden, considerado durante mucho tiempo como un manuscrito azteca, y el Códice Troamo, llamado así por uno de sus dueños, señores Tro y Ortolano, encontrado en Madrid en 1865. Estos manuscritos están relacionados principalmente con la mitología maya, pero como no pueden ser descifrados con ningún mínimo de exactitud, no ayudan mucho al conocimiento del tema.

El sistema de escritura

La «tabla de la cruz» da una idea de la apariencia general del sistema de escritura de los antiguos pueblos de América Central. El estilo varía de algún modo en la mayoría de los manuscritos e inscripciones, pero generalmente se admite que todos los sistemas empleados surgen originalmente de una fuente común. Se dice que las figuras cuadradas que parecen como una maraña de cosas y objetos son «calculiformes» o con forma de guijarro, una descripción no muy apropiada, y se sabe por los antiguos manuscritos españoles que se leían de arriba abajo, y dos columnas al mismo tiempo. La lengua maya, como todas las lenguas nativas americanas, para expresar una idea, reunía toda una frase en una única palabra, y se cree que muchos símbolos o partes de un cuadrado o dibujo intentaban construir dicha expresión compuesta.

La primera clave, así llamada por los jeroglíficos de América Central, fue la del obispo Landa, quien hacia 1575 intentó poner por escrito el alfabeto maya, de las fuentes nativas. Fue muy impopular con los nativos, cuyos tesoros literarios había destruido casi completamente, y quienes en venganza le engañaron con el significado verdadero de varios símbolos.

El primer paso real hacia la lectura de la escritura maya tuvo lugar en 1876 por León de Rosny, un francés estudiante de antigüedades americanas, que consiguió interpretar los signos que denotan los cuatro puntos cardinales. Como ha ocurrido en muchos descubrimientos de importancia, el significado de estos signos fue descubierto simultáneamente por el profesor Cyrus Thomas en América. En dos de estos cuatro signos se encontró el símbolo que significa «Sol», como reconoció Rosny casi por lógica. Sin embargo, la palabra maya para «Sol» (*Kin*) también significa «día», y posteriormente se probó que este signo fue usado así mismo con el último significado.

El descubrimiento del signo estimuló el avance en la investigación, y del material ahora a su disposición los doctores Förstemann y Schellhas de Berlín lograron descubrir el signo para la Luna y el del mes de mayo de veinte días.

Explicaciones inteligentes

En 1887 el doctor Seler descubrió el signo para la noche (*akbal*) y en 1894 Förstemann resolvió los símbolos para «empezar» y «acabar». Éstos son dos cabezas, la primera de las cuales tiene el signo *akbal,* ya mencionado, para un ojo. Ahora *akbal* significa, además de «noche», «el principio del mes», y debajo de la cara que tiene se pueden ver pisadas o puntos que recuerdan su contorno significando un movimiento hacia adelante. El signo en la segunda cabeza significa «séptimo», que en maya también significa «el fin». Del frecuente contraste de estos términos hay pocas dudas de que su significado esté establecido.

«Unión» viene denotado por la picadura de una serpiente cascabel, cuyo enroscado significa la idea maya de atarlos juntos. En contraste con este signo se encuentra la figura adyacente a ello, que representa un cuchillo y significa «división» o «corte». Una importante «letra» es la mano, que frecuentemente se encuentra tanto en manuscritos como en inscripciones. En alguna ocasión se dibuja en el acto de agarrar, con el dedo pulgar doblado hacia adelante, y algunas veces apuntando en una dirección determinada. Lo primero parece un atado o unión, como el símbolo de la serpiente cascabel, y Förstemann cree que el segundo representa un lapso de tiempo. Una conjetura más apropiada para el que escribe estas líneas.

La figura que representa el equinoccio de primavera se encontró por representación obvia de una nube de la que surgen tres arroyos de agua hacia la tierra. El cuadrado de la parte superior representa el cielo. El cuchillo de obsidiana de la parte inferior muestra una división o período de tiempo cortado, como si fuera de otros períodos del año. El significado de «primavera» de este signo viene verificado por su posición entre los signos de las otras estaciones.

El signo para «semana» fue descubierto por su casi constante acompañamiento del signo para el número trece, el número de días de la semana sagrada maya. El símbolo de la pluma del pájaro indica el plural, y cuando se añade a ciertos signos significa que el objeto indicado está multiplicado. Una pluma de pájaro, cuando se piensa en ello, es uno de los símbolos más adecuado provisto por la naturaleza para designar el plural, puesto que el número de brotes a ambos lados del tallo se toman como significado de «mucho» o «dos».

121

El agua se representa por la figura de una serpiente, reptil que tipifica la naturaleza ondulante del elemento. El signo titulado «la víctima de sacrificio» es de un profundo interés humano. La primera parte del símbolo es el pájaro-muerte, y la segunda muestra un cautivo agazapado y vencido, preparado para ser inmolado a una de las terribles deidades mayas, cuya sanguinaria religión demandaba sacrificios humanos. El dibujo que significa «el día del año nuevo», en el mes Ceh, se resolvió con el siguiente significado: El signo de la esquina superior izquierda muestra la palabra «sol» o «día», que en la esquina superior derecha es el signo para «año». En la esquina inferior derecha está el signo para «división», y en la inferior izquierda el signo para el mes maya Ceh, ya conocido por otros calendarios nativos.

Se ha determinado el símbolo llamado «viento» por su acompañamiento de una figura conocida como deidad de los cuatro puntos cardinales, de la que todas las tribus americanas creen que viene el viento.

Métodos de estudio

El método utilizado por los encargados de explicar estos jeroglíficos es propio de una ciencia moderna. Los diversos signos y símbolos son literalmente «trillados» por un proceso de examen incansable. Durante horas los estudiantes se sientan a observar fijamente el símbolo, fijándose en todos los detalles, aunque sean infinitesimales, hasta que el dibujo y todas sus partes son fotografiadas en conjunto y separadamente sobre las «tablas» de su memoria. Luego se comparan todas las partes del símbolo con partes similares en otros signos de valor conocido. De todo esto, pueden conseguir una clave para el significado del conjunto. Así, procediendo de lo conocido a lo desconocido, avanzan con lógica hacia una aclaración completa de todos los jeroglíficos pintados en los manuscritos y las inscripciones.

El método por el que el doctor Seler descubrió los jeroglíficos y símbolos relacionados con los diversos dioses mayas fue simple e ingenioso a la vez. Él dice: «El modo con que se llevó a cabo es extremadamente simple. Esencialmente equivale a lo que en la vida diaria llamamos "memoria de personas" y sigue casi de forma natural a un cuidadoso estudio de los manuscritos. Por repetidas miradas de prueba a las representaciones, uno aprende en varias etapas a reconocer rápidamente figuras familiares y similares de dioses por la impresión característica que hacen como un todo o por ciertos detalles, y lo mismo ocurre con los jeroglíficos que los acompañan».

El sistema numérico de los mayas

Si al obispo Landa le tomaron el pelo respecto al alfabeto de los mayas, tuvo éxito en el descubrimiento y transmisión de su sistema numérico, que partía de una base mucho más alta que el de otras civilizaciones, siendo, por ejemplo, más práctico y completamente desarrollado que los de la antigua Roma. Este sistema empleaba cuatro signos al mismo tiempo: el punto para la unidad, un rasgo horizontal para el número 5 y dos signos para el 20 y el 0. Desde estos simples elementos los mayas produjeron un método de cálculo tan ingenioso como cualquiera de los que se han llevado a cabo en la historia de las matemáticas.

En el sistema aritmético maya, como en el nuestro, lo que da el valor es la posición del signo. Las figuras se colocaban en línea vertical y una de ellas se utilizaba como multiplicador decimal. La figura más baja de la columna tenía el valor aritmético que representaba. Las figuras aparecidas en el segundo, cuarto y siguientes lugares tenían veinte veces el valor de las figuras precedentes, mientras que las colocadas en tercer lugar tenían un valor dieciocho veces mayor que los del segundo lugar. Este sistema admite el cálculo hasta millones y es uno de los signos más seguros de la cultura maya.

Muchas controversias han surgido sobre la naturaleza exacta de los jeroglíficos mayas. ¿Los propios indios los entendían como representaciones de ideas o como meros dibujos? ¿Transmitían un sonido determinado al lector como nuestro alfabeto? Hasta cierto punto, esta controversia es inútil, puesto que los clérigos españoles, que fueron capaces de aprender los escritos de los mayas nativos, han confirmado su carácter fonético, por lo que en realidad cada símbolo debe haber llevado un sonido o sonidos al lector, no necesariamente una idea o imagen. Una investigación reciente lo ha probado ampliamente, por lo que la explicación completa del largo y doloroso rompecabezas sobre el que se ha prodigado tanto conocimiento y tanta paciencia puede estar cerca.

La mitología de los mayas

El panteón maya, a pesar de guardar un fuerte parecido con el de los nahuas, difiere de él en tantos aspectos que es fácil observar que durante un período de tiempo debe haber estado absolutamente libre de toda influencia nahua. Por tanto, debemos aceptar provisionalmente la teoría de que en un período relativamente distante las mitologías de los nahuas y los mayas estuvieron influidas por un centro común, si es que no eran originalmente idénticas, pero que posteriormente la inclusión en los afines pero divididos sistemas de dioses locales y la superposición de las deidades y ritos de los pueblos inmigrantes han causado tal diferenciación como para traducir algo vagamente el original parecido entre ellos.

En la mitología mejicana tenemos como nota clave la costumbre del sacrificio humano. Frecuentemente se ha afirmado como muestra de la posición superior en la civilización de los mayas, cuya religión estaba libre de las repugnantes prácticas características de las creencias nahuas. Sin embargo, esto es totalmente erróneo. Aunque los mayas no eran tan dados a las prácticas de sacrificios humanos como los nahuas, frecuentemente lo hacían, y las pinturas que muestran sus ofrendas no sangrientas no nos deben llevar a creer que nunca se permitieron este rito. Se sabe, por ejemplo, que sacrificaron doncellas al dios-agua en el período de la floración primaveral, arrojándolas en un profundo estanque, donde eran ahogadas.

Quetzalcoatl entre los mayas

Una de las relaciones mitológicas más oscuras entre los mayas y los nahuas se muestra en el culto maya al dios Quetzalcoatl. Parece haber sido una creencia general en Méjico que Quetzalcoatl era un dios extraño para el país, o al menos relativamente indígena de su rival Tezcatlipoca, si es que no lo era de los mismos nahuas. Es curioso ver que las autoridades de la más alta categoría declaraban su veneración libre de hechos sangrientos. Pero no aparece si los ritos sanguinarios conectados con el nombre de Quetzalcoatl en Méjico eran cometidos por sus sacerdotes de propio acuerdo o por la instigación y presión del pontífice de Huitzilopochtli, bajo cuya jurisdicción se encontraban.

La designación por la que los mayas conocían a Quetzalcoatl era Kukulcan, que significa «serpiente emplumada», y se traduce exactamente por su nombre mejicano. En Guatemala se llama Gucumatz, palabra idéntica en Kiche con sus otras apelaciones nativas. Pero el Kukulcan de los mayas parece ser diferente del Quetzalcoatl en muchos de sus atributos. La diferencia en el clima probablemente explicaría muchos de ellos. En Méjico, Quetzalcoatl, como se ha visto, no solo era el Hombre del Sol, sino el original dios-Sol del país. El Kukulcan de los mayas tiene más los atributos de un dios-trueno. En el clima tropical de Yucatán y Guatemala al mediodía el Sol parece dibujar las nubes de su alrededor con formas serpenteantes. De éstas emana el trueno y la luz y la fertilizante lluvia, por lo que Kukulcan parecería haber atraído a los mayas más como un dios del cielo que manejaba a los mayas que como un dios de la propia atmósfera, como Quetzalcoatl, a pesar de que muchas de las estelas de Yucatán representan a Kukulcan como es pintado en Méjico, con el aire saliendo de su boca.

Un alfabeto de dioses

Las principales fuentes de nuestro conocimiento sobre las deidades mayas están en los códices de Dresden, Madrid y París, mencionados previamente. Todos ellos contienen muchas representaciones pictóricas de varios miembros del panteón maya. Desconocemos los numerosos nombres de algunos de estos dioses y el proceso de añadirles los nombres tradicionales que nos han dejado como los de los dioses mayas es tan difícil que el doctor Paul Schellhas, investigador alemán de las antigüedades mayas, ha propuesto que las figuras de las deidades que aparecen en los códices o los manuscritos mayas se deberían indicar provisionalmente por las letras del alfabeto. Las figuras de dioses así designadas son quince en número, por lo que toman las letras del alfabeto desde la «A» a la «P», siendo omitida la letra «J».

Dificultades de comparación

Desgraciadamente, los informes de los autores españoles relacionados con la mitología maya no se adecúan en las representaciones de los dioses delineados en los códices. Es cierto que los tres códices tienen una mitología común. De nuevo, surge una gran dificultad al comparar las deidades de los códices con los representados en los bajorrelieves esculpidos y de estuco de la región maya. Como se ve, considerables dificultades acosan al estudiante en la esfera mitológica. Pero todavía se han recogido tan pocos datos en relación a la mitología maya que sería imprudente dogmatizar sobre cualquier tema relacionado con ella. Pero se ha avanzado mucho en las últimas décadas, y la evidencia se está acumulando lentamente pero con seguridad, y de ella se podrían extraer sorprendentes conclusiones.

El conflicto entre la luz y la oscuridad

Damos fe del dualismo existente en la mitología maya casi tan completo como el de la antigua Persia: el conflicto entre la luz y la oscuridad. En oposición uno al otro, contemplemos, por un lado, las deidades del Sol, los dioses de lo cálido y la luz, de la civilización y la alegría de la vida, y por otro, las deidades de la oscuridad, de la muerte, de la noche, de la tenebrosidad y del miedo. De estas concepciones primarias de luz y oscuridad se desarrollan todas las formas mitológicas de los mayas. Cuando se toman las primeras ojeadas recogidas de la creencia maya, se reconoce que, en el período en que se encontraba bajo la esfera de los europeos, los dioses de la oscuridad aumentaron y un profundo pesimismo se extendió sobre el pensamiento y la teología maya. Su lado alegre estaba subordinado a la adoración a los seres tenebrosos, las deidades de la muerte y el infierno, y si el culto a la luz se realizó con fidelidad tan conmovedora fue porque las acciones benignas que eran veneradas en conexión con ello, habían prometido no abandonar a toda la humanidad, sino volver en un período de futuro indefinido y reanudar su dominio de resplandor y paz.

El calendario

Al igual que la de los nahuas, la mitología maya se basaba casi por completo en el calendario que en su significado astronómico y duración era idéntico al de los mejicanos. El año ritual de veinte «semanas» de trece días cada una se dividía en cuatro cuartos, encontrándose cada uno de ellos bajo los auspicios de un cuarto diferente de los cielos. Cada «semana» estaba bajo la supervisión de un dios particular, como se verá cuando tratemos separadamente con varios dioses.

Conocimiento tradicional de los dioses

Los cuerpos celestiales tuvieron una importante representación en el panteón maya. En Yucatán, el dios-Sol se conoció como Kinich-ahau (Señor de la cara del Sol). Se identificaba con el Pájaro-fuego, o Arara, por lo que se le llamaba Kinuch-Kakmo (Pájaro-fuego; lit., Pájaro-Sol). Además era el genio que presidía el norte.

Itzamna, una de las deidades mayas más importantes, era un dios-Luna, el padre de los dioses y los hombres. En él se tipificaban la decadencia y la reaparición de la vida en la naturaleza. Su nombre deriva de las palabras que supuestamente él había dado a los hombres respecto a él mismo: «Itz en Caan, itz en muyal» («Soy el rocío del cielo, soy el rocío de las nubes»). Era el dios tutelar del oeste.

Chac, el dios-lluvia, es el proveedor de una larga nariz, no distinta de la trompa de un tapir, que por supuesto es el canalón del que viene la lluvia que él sopla sobre la tierra. Es uno de los dioses mejor representados tanto en manuscritos como en monumentos, y preside todo el arte. El dios negro Ekchuah era el dios de los mercaderes y los plantadores de cacao. Está representado muchas veces en los manuscritos.

Ix Chel fue la diosa de la medicina, e Ix Chebel Yax fue identificada por el sacerdote Hernández con la Virgen María. También había muchos dioses, o mejor genios, llamados Bacabs, que eran los defensores de los cielos en los cuatro cuartos del cielo. Sus nombres eran Kan, Muluc, Ix y Cauac, y representaban al este, norte, oeste y sur. Sus colores simbólicos eran amarillo, blanco, negro y rojo, respectivamente. Correspondían en cierto modo a las cuatro variantes del mejicano dios-lluvia Tlaloc, puesto que las razas americanas creían que la lluvia, la fertilización de la tierra, emanaba de los cuatro puntos de la brújula. Todavía encontraremos otros dioses cuando discutamos el *Popol Vuh,* el libro de la epopeya de Kiche, pero es difícil decir con qué intensidad estaban conectados con las deidades de los mayas de Yucatán, en relación a los cuales tenemos poco conocimiento tradicional, y es mejor tratarlos de forma separada, resaltando las semejanzas cuando parezcan existir.

El politeísmo maya

En general, parece que los mayas no han tenido que cargar con un panteón muy extenso, como ocurrió a los nahuas, y su politeísmo parece haber tenido un carácter limitado. A pesar de que poseían un número de divinidades, eran en gran medida solo formas diferentes de una misma, y el mismo poder divino, probablemente formas localizadas de él. Las diversas tribus mayas adoraron dioses similares bajo nombres diferentes. Reconocieron la unidad divina en el dios Hunabku, que era invisible y supremo, pero no tiene un puesto importante en su mitología, más de lo que tiene el Todo-Padre universal en otras creencias. El Sol es el gran dios en la religión maya, y las leyendas que cuentan el origen del pueblo maya son puramente solares. Al igual que el Sol, que viene del este, los dioses-héroes que llegan con la cultura y la ilustración tienen un origen oriental. Como Votan, como Kabil, la «Mano Roja» que inicia al pueblo en el arte de escribir y la arquitectura, ciertos dioses son hombres civilizados del Sol tan claramente como lo es Quetzalcoatl.

El dios-murciélago

Una figura siniestra, el príncipe de las legiones mayas de la oscuridad, es el dios-murciélago Zotzilaha Chimalman, que habita en la «casa de los murciélagos», una caverna horripilante en el camino hacia las moradas de la oscuridad y la muerte. Indudablemente, es una reliquia de cueva-adoración pura y simple. «Los mayas», dice un viejo cronista, «tienen un excesivo miedo a la muerte, a la que parece que han asignado una figura peculiarmente repulsiva». Encontraremos alusiones a esta deidad en el *Popol Vuh*, bajo el nombre de Camazotz, en estrecha proximidad a los Señores de la Muerte y el Infierno, intentando obstruir el viaje de los dioses-héroes a través de los sombríos reinos. Generalmente se encuentran en relieves de Copán y un clan maya, los Ah-zotzils, fue llamado por su nombre. Eran de origen Kakchiquel y él fue probablemente su tótem.

Investigación moderna

Debemos volver a la pregunta de qué ha hecho la investigación moderna para aclarar el carácter de varias deidades mayas. Ya hemos visto que han sido nombrados provisionalmente por las letras del alfabeto hasta que tal prueba esté disponible como para identificarlos con los dioses tradicionales de los mayas, y ahora examinaremos brevemente qué se sabe en relación a ellos bajo sus designaciones temporales.

Dios «A»

En el códice de Dresden y otros códices el dios «A» se representa como una figura con las vértebras expuestas y semblante calavérico con las marcas de la corrupción en su cuerpo, y mostrando todos los signos de mortalidad. Sobre su cabeza tiene un símbolo-caracol, el signo azteca del nacimiento, quizá para tipificar la conexión entre nacimiento y muerte. También lleva un par de huesos cruzados. El jeroglífico que acompaña a esta figura representa la cabeza de un cadáver con los ojos cerrados, una calavera y un cuchillo de sacrificio. Su símbolo es para el día Cimi del calendario, que significa muerte. Preside sobre el oeste, el hogar de la muerte, la región hacia la que invariablemente se dirige con la puesta del Sol. No hay ninguna duda de que es el dios-muerte, pero desconocemos su nombre. Probablemente sea idéntico al dios azteca de la muerte y el infierno, Mictlan, y quizá uno de los Señores de la Muerte y el Infierno que invita a sus héroes al juego de pelota celebrado en el Kiche *Popol Vuh*, y retiene a sus prisioneros en su tenebroso reino.

El dios «B» es la deidad que más frecuentemente aparece en los manuscritos. Tiene una nariz larga y truncada, como la de un tapir, y encontramos en él todos y cada uno de los signos de un dios de los elementos. Camina sobre el agua, maneja antorchas ardientes y se sienta en el árbol cruciforme de los cuatro vientos que con tanta frecuencia aparece en los mitos americanos. Evidentemente es un dios-cultivo o héroe, puesto que se le ve plantando maíz, llevando herramientas y continuando un viaje, hecho que establece su conexión solar. De hecho, él es Kukulcan o Quetzalcoatl, y al examinarlo sentimos que al menos no hay duda en lo que concierne a su identidad.

En relación con el dios «C», falta información pero evidentemente es un dios de la Estrella Polar, puesto que en uno de los códices está rodeado por signos planetarios y lleva un nimbo de rayos.

El dios «D» es casi con seguridad un dios-Luna. Se representa como un anciano con las mejillas hundidas y la frente arrugada, sobre la que cuelga el signo de la noche. Su jeroglífico está rodeado por puntos que representan un cielo estrellado, y es seguido por el número 20, para mostrar la duración de la Luna. Como la mayoría de las deidades lunares, está conectado con el nacimiento, pues ocasionalmente lleva un caracol, símbolo del parto, sobre su cabeza. Es posible que sea Itzamna, uno de los más grandes dioses mayas, que era visto como el donante de vida universal, y era probablemente de origen muy antiguo.

El dios-maíz

El dios «E» es otra deidad a quien no hemos tenido dificultad en identificar. Tiene las hojas de maíz como ropa de la cabeza. De hecho, su cabeza se ha desarrollado fuera de los dibujos tradicionales de la hoja de maíz, por lo que podemos decir sin dificultad que es un dios-maíz puro y simple, y paralelo al dios-maíz azteca Centeotl. Brinton llama a este dios Ghanan, y Schellhas cree que puede ser idéntico a la deidad Yum Kaax, cuyo nombre significa «Señor de los Campos Sagrados».

Se puede observar un enorme parecido entre los dioses «F» y «A», y se cree que este último recuerda la azteca Xipe, el dios del sacrificio humano. Está adornado con las mismas líneas negras sobre la cara y el cuerpo, representando las heridas de la muerte abiertas.

El dios-Sol

En el dios «G» podemos estar seguros de que hemos encontrado un dios-Sol por excelencia. Su jeroglífico es la señal del Sol, *kim*. Pero debemos tener cuidado de no confundirlo con deidades como Quetzalcoatl o Kukulcan. Él es, como el mejicano Totec, el mismo Sol, y no el Hombre del Sol, el agente civilizador que abandona su brillante morada para habitar con el hombre e introducirlo en las artes de la existencia culta. Él es en sí mismo la lumbrera, cuya única comida aceptable es la sangre humana, y que debe estar plenamente alimentado con esta terrible comida, o perecer, arrastrando al mundo de los hombres con él a un insondable abismo de oscuridad. Por tanto, no debemos sorprendernos al ver al dios «G» llevando ocasionalmente los símbolos de la muerte.

El dios «H» parece que tiene cierta relación con la serpiente, pero no está claro lo que puede ser, y no se puede hacer una identificación correcta.

«I» es una diosa-agua, una anciana con el cuerpo moreno y arrugado y los pies como garras, con una horrible serpiente enroscada en un nudo, para representar a la naturaleza serpenteante del agua. En sus manos tiene un puchero de barro del que mana agua. No podemos decir que se parezca a la diosa-agua mejicana Chalchihuit-licue, esposa de Tlaloc, que era desde muchos puntos de vista una deidad de carácter benéfico. La diosa «I» parece una personificación del agua en su más espantoso aspecto de inundaciones y chorros de agua, como inevitablemente debe haber parecido a los habitantes de las regiones más tórridas de América Central, y el hecho de que ocasionalmente lleve los huesos cruzados del dios-muerte, hace que haya sido vista como un agente de la muerte.

«El dios de la nariz adornada»

El dios «K» es científicamente conocido como «el dios de la nariz adornada», y probablemente está estrechamente relacionado con el dios «B». En lo que concierne a él no hay dos autoridades completamente de acuerdo. Algunas lo ven como un dios-tormenta, cuya trompa, como la de Kukulcan, intenta representar el estallido de la tempestad. Pero observamos ciertos signos estelares en conexión con «K», que podrían probar que de hecho es uno del grupo Quetzalcoatl. Sus características se van a encontrar constantemente en los pórticos y las esquinas de las ruinas de los santuarios de América Central, y ha llevado a muchos «anticuarios» a creer en la existencia de un dios con la cabeza de elefante, por cuanto su hocico a un tronco es simplemente una chimenea a través de la que emitía un ventarrón sobre sus dominios; como muestra un cuidadoso estudio de las pinturas, el viento se representa como saliendo del hocico en cuestión. Al mismo tiempo, el hocico se puede haber modelado copiando del tapir. «Si el dios-lluvia Chac se distingue en el manuscrito maya por una nariz peculiarmente larga, curvada sobre la boca, y si en las otras formas del dios-lluvia al que, según parece, pertenece el nombre de Balon Zacab la nariz se ensancha y expele, creo que el tapir que fue utilizado de igual forma con Choc, el dios-lluvia maya, proporcionó el modelo», dice el doctor Seler. Entonces, ¿es «K» el mismo que Chac? Chac posee todos los signos de afinidad con el dios-lluvia mejicano Tlaloc, cuya cara surgió de los anillos de dos serpientes, y también algún parecido con las características del hocico de «B» y «K».

Pero de nuevo las pinturas mejicanas de Quetzalcoatl no son todas como las de Tlaloc, por lo que puede no haber afinidad entre Tlaloc y «K». Por tanto, si el mejicano Tlaloc y el maya Chac son idénticos, y Tlaloc difiere de Quetzalcoatl, quien en cambio es idéntico a «B» y «K», está claro que Chac no tiene nada que ver con «K».

El viejo dios negro

Al dios «L» el doctor Schellhas lo designó como «El Viejo Dios Negro», por el hecho de que se le retrata como un anciano de rostro hundido y desdentadas encías; la parte superior de sus facciones, y a veces la inferior, la llevaba cubierta de pintura negra. Está representado únicamente en el manuscrito de Dresden. El profesor Cyrus Thomas, de Nueva York, piensa que es el dios Ekchuah, pintado tradicionalmente de negro, pero Schellhas asigna esta descripción al dios «M». La teoría más probable es la de Förstemann, que ve en «L» al dios Votan, que es idéntico al dios azteca de la tierra, Tepeyollotl. Ambas deidades tienen rasgos similares y el color oscuro quizá simbolice los lugares subterráneos donde se supone que habitan.

Los viajeros del dios

El dios «M» es un verdadero dios negro con los labios rojizos. Lleva en la cabeza un paquete atado con cuerdas que recuerda a las cargas que llevaba la clase porteadora de los mayas, y se encuentra en violenta oposición con el dios «F», el enemigo de todo aquel que escarba entre los desechos ajenos. Un dios que responde a esta descripción se ha transmitido tradicionalmente bajo el nombre de Ekchuah y su negrura probablemente simboliza el color oscuro o la piel bronceada de la clase porteadora entre los nativos de Centroamérica que están constantemente expuestos al sol. Parece que iría paralelo al azteca Yacatecutli, dios de los mercaderes y de la gente viajera.

El dios del día desafortunado

El dios «N» era identificado por Schellhas con el demonio Vayayab, que presidió los cinco infortunados días que se encuentran al final del año mejicano y maya. Entre los mayas se conocía como «Aquel por el que el año es envenenado». Tras modelar su imagen en arcilla, la sacaron de sus pueblos para que su nociva influencia no pudiera morar en ellos.

La diosa «O» se representa como una anciana ocupada en el hilado, y probablemente es una diosa de virtudes domésticas, la tutelar de las mujeres casadas.

El dios-rana

El dios «P» se muestra con el cuerpo y las aletas de una rana sobre una base azul que, evidentemente, intenta representar el agua. Como todos los otros dioses-ranas, él es, por supuesto, una deidad de agua, probablemente en su significado agrícola. Lo encontramos sembrando semillas y haciendo surcos, y si recordamos el importante papel que representan los dioses rana en la agricultura de Anahuac no tendremos dificultades en clasificarlo con ellos.

Seler asegura su identidad con Kukulcan, pero, salvo la circunstancia de ser un dios-lluvia, no hay ninguna razón para establecer la identidad. Tiene el signo-año sobre su cabeza, probablemente con una referencia estacional.

La arquitectura maya

Fue en el maravilloso sistema arquitectónico, que desarrolló sin ayuda externa, donde el pueblo maya se expresó de forma más individual. Como se ha dicho, los edificios que aún permanecen y que han provocado la admiración de generaciones de arqueólogos están confinados principalmente a ejemplos de la arquitectura gubernamental y eclesiástica. Las moradas del pueblo llano estaban formadas principalmente por las estructuras más débiles, que se desmoronarían poco tiempo después de ser abandonadas.

Enterrados bajo densos bosques o derretidas por la exposición al sol en las llanuras de Yucatán, Honduras y Guatemala, la mayoría de las ciudades que alardeaban de estos edificios se sitúan lejos de las modernas rutas comerciales y son de difícil acceso. Es en Yucatán, el viejo hogar de los cocomos y los Tutul Xius, donde se encuentran los ejemplos más perfectos de la arquitectura maya, especialmente en lo que respecta a su último desarrollo, y aquí también puede ser visto en su fase decadente.

Métodos de construcción

Las construcciones mayas casi siempre se erigían sobre un montículo o *ku,* natural o artificial, generalmente lo último. En esto descubrimos afinidades con el mejicano *teocalli*. Con frecuencia estos *kus* están solos, sin ningún edificio de gran importancia, salvo un pequeño altar, para probar su relación con el tipo de templo de Anahuac. El típico templo maya se construyó sobre una serie de terrazas colocadas en orden exactamente paralelo, los propios edificios formaban los lados de un cuadrado. Los montículos generalmente están ocultos por yeso o revestidos con piedra, la variedad usualmente empleada es una piedra arenisca dura, de la que los mayas tenían un buen suministro en la cantera de Chiapas y Honduras. De peso moderado, la dificultad de transporte se venció con facilidad, pudiendo extraer grandes bloques con rapidez. Así se verá que los mayas no tuvieron especiales dificultades para superar la conexión con las construcciones de grandes edificios y templos que levantaron, excepto, quizá, la ausencia de herramientas de metal para perfilar, esculpir y extraer la piedra que utilizaban. Y, a pesar de que muestran una considerable ingenuidad en los métodos arquitectónicos que empleaban, eran incluso sorprendentemente desconocedores de algunos de los primeros elementos necesarios y principios del arte.

Desconocimiento del arco

Por ejemplo, desconocían por completo los principios para la construcción del arco. La dificultad la superaron construyendo cada hilada de albañilería sobresaliendo la de debajo, después del método utilizado por un chico con una caja de ladrillos que comprobó que solo se pueden hacer «puertas de entrada», por este medio o por el sencillo recurso —también empleado por los mayas— de colocar un bloque horizontal sobre dos pilares verticales. En consecuencia, se ve rápidamente que raramente pensaban en la colocación de un segundo piso sobre una base tan insegura, y que tal soporte para el tejado como el que destacaba sobre la puerta de entrada requeriría necesariamente tener una descripción más sustancial. De hecho, esta parte del edificio generalmente parecía tener más de la mitad del tamaño del resto del edificio. Esta oportunidad dio a los constructores mayas una espléndida oportunidad para la decoración mural, y hay que decir que rápidamente aprovecharon e hicieron la mayoría de ellos, siendo las fachadas ornamentales quizá las características típicas de la reliquia de la arquitectura maya.

Estructuras piramidales

Pero los mayas tenían otro tipo de construcción que les permitió elevar más de un piso. Era el tipo piramidal, del que aún permanecen muchos ejemplos. El primer piso se construía de la forma habitual, y el segundo se alzaba aumentando la altura del montículo en la parte posterior del edificio hasta que estaba al nivel del tejado, otro recurso bien conocido por el chico de la caja de ladrillos. En el centro del espacio así construido se podía erigir otro piso, al que se accedía por una escalera colocada fuera del edificio.

Impedidos por su incapacidad para construir a cualquier altura apreciable, los arquitectos nos compensaron la deficiencia construyendo edificios de considerable longitud y anchura, cuya achaparrada apariencia está compensada por la bella decoración mural de los lados y la fachada.

Claridad de diseño

Sería propio de un observador superficial concluir que estos ejemplos de una arquitectura desarrollada espontáneamente se desarrollaron sin un estudio, un diseño o un cálculo previos. La forma en que esculpieron las piedras encajadas unas en otras prueba que no solo utilizaron su construcción, sino que enriquecieron su trabajo con una moderna arquitectura. Sería absurdo suponer que estas inmensas fachadas erizadas con rayas de intrincados diseños pudieron haber sido colocadas en posición y posteriormente cargadas con los bajorrelieves que mostraban. Es evidente que fueron realizadas previamente aparte y separadamente de todo el proyecto. Así vemos que las mayores capacidades de la arquitectura eran esenciales en la medida de la realización de estas impresionantes estructuras.

Distritos arquitectónicos

A pesar de que la habilidad arquitectónica de los pueblos mayas era esencialmente similar en todas las regiones pobladas por sus diversas tribus y razas, existían en las muchas localidades ocupadas por ellos ciertas diferencias en la construcción y ornamentación, que casi nos justificaría el dividirlos en esferas separadas arquitectónicamente. En Chiapas, por ejemplo, predomina el bajorrelieve, bien en piedra o en estuco. En Honduras encontramos una rigidez de estilo que implica un tipo de arquitectura más antiguo, parecido al de los caracteres y pilares memoriales de la figura humana. En Guatemala, de nuevo encontramos indicios del uso de la madera. Como la civilización maya no puede comprenderse bien solo por algún conocimiento de su arquitectura y como ésa fue incuestionablemente su fuerte nacional y lo que más les ha distinguido de los pueblos semisalvajes de sus alrededores, es satisfactorio considerar durante cierto tiempo en cuanto a sus ejemplos individuales mejor conocidos.

La fascinación del dominado

Quien considerara temas como éste sin experimentar cierto estremecimiento por el misterio que nos rodea, estaría carente de imaginación y espíritu. A pesar de la familiaridad con el estudio de los antiguos mayas, debido a los muchos años de intenso conocimiento de ello, al autor no puede abordar el tema sin un sentimiento de gran respeto. Consideramos las memorias de una raza aislada durante incontables miles de años del resto de la humanidad, una raza que desarrolló por sí misma una civilización capaz de ser comparada en todos los aspectos con los del antiguo Egipto o Asiria. En los bosques impenetrables y las llanuras endurecidas al sol se alzaron inmensas obras que nos hablan de una cultura grandiosa. Sabemos que la gente que las erigió entraron en consideraciones religiosas y quizá filosóficas cuyas interpretaciones los colocaron sobre un nivel con las razas más cultas de la antigüedad, pero solo hemos avanzado por el margen de la historia maya. ¿Qué pavorosos secretos, de qué escenas de una orgía esplendorosa fueron testigos las paredes de esas cavernas? ¿Qué solemne cónclave sacerdotal, qué magnificencia de rico, qué prodigios de iniciación han conocido estos templos públicos? Nunca conoceremos las respuestas a estas preguntas. Están escondidas, para nosotros, en una oscuridad tan palpable como las profundidades rodeadas de árboles en las que encontramos estas obras destruidas de una jerarquía en un tiempo todopoderosa.

El misterioso Palenque

Uno de los más famosos de estos antiguos centros de dominación sacerdotal es Palenque, situado en el moderno Estado de Chiapas. Esta ciudad es citada por primera vez por don José Calderón en 1774, cuando descubrió no menos de dieciocho palacios, veinte grandes edificios y ciento sesenta casas, que prueban que en su día el bosque primitivo no irrumpió entre los edificios pervivientes, como ocurrió durante las últimas generaciones.

Hay una buena evidencia, además de esto, de que Palenque ya existía cuando Cortés conquistó Yucatán. Y aquí estaría bien disipar de una vez cualquier idea que el lector se haya formado en relación con la vasta antigüedad de estas ciudades y las estructuras que contienen. Las más antiguas de ellas no pueden ser de una fecha anterior al siglo XIII, y pocos americanistas de reputación admitirán tal antigüedad para ellos. Debe haber restos de naturaleza fragmentaria dispersos por América Central que son relativamente más antiguos. Pero ningún edificio ni templo aún en pie puede reclamar mayor antigüedad.

Palenque se construye en forma de anfiteatro y se sitúa en las faldas más bajas de las cordilleras. Si nos colocamos en la pirámide central, se observa un anillo de palacios derruidos y templos construidos sobre terrazas artificiales. De éstos, el principal y más imponente es el palacio, una mole erigida sobre una plataforma única, formando un cuadrilátero irregular, con una doble galería en los lados este, norte y oeste, rodeando una estructura interior con una galería similar y dos patios. Es evidente que se siguió un pequeño sistema o plano en la construcción de este edificio, circunstancia inusual en la arquitectura maya. Los apartamentos que servían de morada se situaban en el lado sur de la estructura, y aquí hay una absoluta confusión: edificios de todos los tipos y alturas se amontonan a otros, y se alzan sobre diferentes niveles.

Nuestro interés, quizá, al principio se excita por tres apartamentos subterráneos bajo un tramo de oscuras escaleras. Aquí se encontraron tres grandes mesas de piedra, cuyos lados están desgastados con símbolos escultóricos. No hay duda de que eran altares, a pesar de que algunos visitantes no dudan en llamarlos ¡mesas de comedor! Estos constituyen solo uno de los muchos rompecabezas en esta construcción de unos setenta metros de fachada, con una profundidad de alrededor de cincuenta y cinco metros que al mismo tiempo solo tiene ¡unos ocho metros de altura!

En el lado norte de la pirámide del palacio la fachada se ha derrumbado hasta una completa ruina, pero aún pueden verse algunas evidencias de una entrada. Probablemente había otras puertas en todo el frente, con una anchura de unos tres metros cada una, cuyas columnas estaban cubiertas con figuras en bajorrelieve. El interior de las galerías está también cubierto a intervalos con dibujos similares, o medallones, muchos de los cuales son representaciones probablemente de sacerdotes y sacerdotisas, quienes en algún tiempo moraron en las tinieblas clásicas y practicaron ritos extraños en adoración a los dioses largo tiempo olvidados. Uno de éstos es una mujer con rasgos delicados y semblante de alta alcurnia, y el armazón o el borde que lo rodea está decorado con el llamado estilo Luis XV.

La galería este tiene una longitud de unos treinta y cinco metros; la del norte, cincuenta y seis metros, y la del oeste treinta y cinco metros, por lo que, como se ha dicho previamente, es evidente una ausencia de simetría. Al gran patio se accede a través de un arco maya que lleva a una escalera a cuyos lados hay esculpidas grotescas figuras humanas del estilo maya. Sería muy difícil decir a quién intentaron representar o qué ritos están realizando. Puede ser aventurado decir que son sacerdotes, puesto que parecen vestir el *maxtli* eclesial (ceñidor) y uno parece estar decorado con unos abalorios vistos en las imágenes del dios-muerte. Es más, tienen mitra.

El patio tiene una figura enormemente irregular. En el lado sur hay un pequeño edificio que nos ha ayudado en nuestro conocimiento sobre la decoración mural maya; especialmente valioso es el bello rizo con el que está adornado, sobre el cual observamos la bastante familiar serpiente plumada (Kukulcan o Quetzalcoatl). Por todos los lados se comprueba que la cabeza chata maya —un tipo racial— quizá se produzca por la deformación del cráneo durante la juventud. Una de las partes más importantes del palacio, desde el punto de vista arquitectónico, es el frente este del ala interior, quizá lo mejor conservado, y exhibe la ornamentación más lujosa. A través de una escalera en la que aún se observan signos jeroglíficos, se accede a galerías techadas, sujetas por seis columnas y cubiertas con bajorrelieves. Los relieves de cemento aún se perciben débilmente sobre las columnas y deben haber sido de gran belleza. Representan caracteres mitológicos en diversas actitudes. Por encima, siete enormes cabezas desaprueban al explorador con severa amenaza. El efecto de toda la fachada es rico en extremo, incluso en ruinas, y de ella podemos extraer una vaga idea del esplendor de esta maravillosa civilización.

Una curiosidad arquitectónica

Una de las pocas torres que se ven entre las ruinas de la arquitectura maya se encuentra en Palenque. De forma cuadrada y de tres pisos de altura, con un tejado inclinado, y no muy diferente del campanario de alguna pequeña iglesia de los pueblos ingleses.

El edificio descrito, aunque tradicionalmente se conoce como «palacio», fue sin duda un gran monasterio o morada eclesiástica. De hecho, toda la ciudad de Palenque fue únicamente un centro sacerdotal, un lugar de peregrinación. Los bajorrelieves con las representaciones de sacerdotes y acólitos prueban esta idea, al igual que la ausencia de los temas guerreros o monárquicos.

El Templo de Inscripciones

El Templo de Inscripciones, colocado sobre un promontorio de unos doce metros de altura, es el edificio más grande de Palenque. Tiene una fachada de veintidós metros de longitud por siete de ancho, formado por una gran galería que transcurre a lo largo de todo el frente del edificio. La construcción ha recibido el nombre de las inscripciones con las que están cubiertas ciertas losas del apartamento central. Otros tres templos ocupan una pieza cercana más abajo. Éstos son el Templo del Sol, muy relacionado en estilo con muchos templos japoneses; el Templo de la Cruz, en el que se descubrió un maravilloso altar, y el Templo de la Cruz número II. En el Templo de la Cruz el altar inscrito dio su nombre al edificio. En el bloque central hay una cruz de modelo americano, cuyas raíces emergen de una horrible cabeza de la diosa Chicomecohuatl, la Madre-Tierra, o su equivalente maya. Sus brazos se extienden a derecha e izquierda, donde se encuentran dos figuras que evidentemente representan a un sacerdote y un acólito practicando algún misterioso rito. En el vértice del árbol hay un pavo sagrado, o «Ave esmeralda», al que se hacen ofrendas hechas con pasta de maíz. Todo el conjunto está rodeado por inscripciones.

Aké e Itzamal

A cincuenta kilómetros al este de Mérida está Aké, las colosales y primitivas ruinas de las que se habla en la primera ocupación maya. Aquí hay pirámides, «canchas de tenis» y pilares gigantescos que en algún momento soportaron inmensas galerías, todo ello en un avanzado estado de ruinas. La principal de todas es la gran pirámide y galería, una imponente escalera que asciende hacia los altos pilares. No se sabe con qué fin la construyeron.

La casa de la oscuridad

Una ruina, tradicionalmente llamada «La casa de la oscuridad». Aquí no entra la luz, excepto la que se puede filtrar por la puerta de entrada. El abovedado techo está sumido en gran penumbra. Los enormes bloques con los que se construyó el edificio están tan extraordinariamente asentados que ni una aguja cabe entre ellos. El conjunto está cubierto de yeso.

El Palacio de los Búhos

El Knuc (Palacio de los Búhos), donde se puede apreciar un precioso friso de piedra en forma de diamante que se entremezclan con esferas, es muy digno de mencionar. Todo aquí es indudablemente, de la primera era yucateca, la época en la que los maya recorrieron el país por vez primera.

En Itzamal, el principal objeto de interés es la gran pirámide de Kinick-Kakmo (La casa del Sol con rayos feroces), cuya base ocupa una superficie de doscientos metros cuadrados. Miles de personas acudían a este sepulcro en tiempos de pánico o hambre y desde la cima, donde había un reluciente ídolo, ascendió el humo del sacrificio hacia el cielo despejado de nubes, mientras que la multitud de sacerdotes vestidos de blanco y los agoreros cantaban y profetizaban. Al sur de este inmenso montón estaban las ruinas de Ppapp-Hol-Chac (La casa de las cabezas y los relámpagos), la morada del sacerdote jefe.

El templo de Itzamna

En Itzamal también estaba el principal templo del gran dios Itzamna, el legendario fundador del Imperio Maya. Ubicado en una elevada pirámide, hay cuatro carreteras que parten de él, con dirección a Tabasco, Guatemala y Chiapas; y aquí tenían una parada los lisiados, los ciegos e incluso los muertos para ser socorridos o resucitados, tal era la fe que tenían en el poder de Kab-ul (la mano milagrosa) como denominaban al dios. La cuarta carrera corría hacia la isla sagrada de Cozumel, donde los primeros españoles encontraron la cruz maya que probaba que Santo Tomás había descubierto el continente americano en tiempos remotos y había convertido a los nativos al cristianismo, pero que habían llegado a degradarse.

Dioses barbados

Al oeste se levantaba otra pirámide, en cuya cima se construyó el palacio de Hunpictok (el comandante en jefe de ocho mil piedras), aludiendo, probablemente, al dios del relámpago, Hurakan, cuya gigantesca cara que había estado en la pared de la base ha desaparecido. Este rostro tenía un gran bigote, algo desconocido en la raza maya; impresiona la frecuencia con la que los dioses mejicanos, y los mayas y sus héroes están adornados con barba y otros ornamentos tanto en monumentos como en manuscritos. ¿Era la clase gobernante una raza con barba? Es poco probable. ¿De dónde viene, entonces, ese recurrido uso del bigote y la barba? Se pudieron desarrollar entre la clase sacerdotal por el constante afeitado, que con frecuencia produce una fina barba en los mongoles —como atestigua el actual japonés, quien, imitando la costumbre del oeste, frecuentemente suele dejarse una respetable barba.

Una colosal cabeza

No muy lejos se encontró una gigantesca cabeza, probablemente la del dios Itzamna. Tiene cuatro metros de altura y sus rayos estaban formados por trazos rudos de cascotes, posteriormente cubiertos de yeso. La figura está rodeada de espirales, símbolo del viento o de la palabra. En el lado opuesto de la pirámide se encontró un magnífico bajorrelieve que representaba a un tigre acostado, con cabeza humana de rasgos mayas, probablemente uno de los primeros antepasados mayas, Balam-Quitze (tigre de dulce sonrisa), que hemos leído en el *Popol Vuh*.

Chichén-Itzá

En Chichén-Itzá, en Yucatán, la mayor maravilla es la gigantesca pirámide-templo conocida como «El Castillo». Se llega a ella por un abrupto recorrido, y desde allí irradian las ruinas de Chichén de forma circular. Al este está el mercado, al norte un grandioso templo, una «cancha de tenis», quizá el mejor ejemplo de esta clase en todo el Yucatán, mientras que al oeste se levanta el convento y el Chichan-Chob o prisión. Con relación a Chichén-Itzá, Cogolludo cuenta la siguiente historia: «Un rey de Chichén llamado Canek se enamoró platónicamente de una joven princesa, quien, o bien porque no le correspondía o bien por obligación de obedecer a un mandamiento paterno, se casó con un cacique yucateca de mayor poder. El desdeñado amante, incapaz de soportar su derrota y movido por amor y despecho, reunió a sus sirvientes y atacó a su triunfal rival. Entonces la alegría de la fiesta se tornó en estrepitosa guerra, y en medio de la confusión el príncipe de Chichén desapareció llevándose a la hermosa novia. Pero consciente de que su poder era menor que el de su rival, y temeroso de su venganza, huyó del país con la mayoría de sus vasallos». Es un hecho histórico el que los habitantes de Chichén abandonaron su ciudad, pero la razón no se sabe.

El convento

El convento de Chichén es un edificio de gran belleza de formas y decoración; el friso que está sobre la puerta y la ornamentación de la planta superior llamaban la atención de la mayoría de los escritores sobre el asunto. Aquí vivían las mujeres sagradas, la principal de las cuales, igual que el prototipo masculino, estaba dedicada a Kukulcan y era tratada con mucha reverencia. La base del edificio está ocupada por ocho grandes figuras, y sobre la puerta se encuentra la representación de un sacerdote con un *panache*, mientras que la fachada norte estaba coronada por una fila de cabezas gigantescas. Aquí también hay figuras del dios del viento, con prominentes labios, que durante generaciones de anticuarios fueron considerados como cabezas de elefantes ondeando la trompa. El edificio completo es una de las joyas de la arquitectura centroamericana y son un placer para los ojos de los arqueólogos y artistas. En «El Castillo» se encontraron bajorrelieves que representaban hombres barbados, evidentemente el sacerdote de Quetzalcoatl, él mismo con barba, y para unos ojos expertos se diría que llevaba un falso apéndice barbado, como los reyes hacían en el antiguo Egipto. ¿Eran estas barbas artificiales y simbólicas?

La «escritura en la oscuridad»

El Akab-sib (escritura en la oscuridad) es un bajorrelieve encontrado en el dintel de una puerta interior en el extremo del edificio. Representa una figura sentada delante de un jarrón, con el dedo índice extendido, de donde le viene su nombre, pues se supone que la persona representada está escribiendo. La figura está rodeada de inscripciones. En Chichén se encontró una estatua de Tlaloc, el dios de la lluvia o la humedad, e inmensos torsos que representan a Kukulcan. Había también un horrible pozo al que se tiraban los hombres en época de sequía para propiciar al dios de la lluvia.

Kabah

En Kabah hay una maravillosa fachada que recuerda notablemente a la casa totémica de los indios de Norteamérica en una fantástica riqueza de detalles. Las ruinas se extienden sobre una amplia superficie y debieron de estar pintadas con colores brillantes. Aquí había dos cabezas de caballo labradas en piedra que fueron desenterradas, lo que demuestra que los nativos copiaron fielmente los corceles de los conquistadores españoles. No se conoce nada sobre la historia de Kabah, pero su vecino Uxmal, a quince kilómetros de distancia, es mucho más famoso.

Uxmal

El impresionante túmulo de la Casa del Gobernador en Uxmal es, quizá, el más conocido y mejor descrito de todos los edificios indígenas de Centroamérica. Ocupa tres colosales terrazas contiguas y su friso corre a lo largo de cien metros, dividido en paneles, cada uno de los cuales representa la gigantesca cabeza de un sacerdote o una deidad. Lo llamativo de este edificio es que, a pesar de haber estado abandonado durante más de trescientos años, está casi tan perfectamente conservado como cuando lo construyeron. Aquí y allá se han caído dinteles, o se han llevado las piedras aquellos que, con espíritu vandálico, levantaron su hacienda, pero en su conjunto tenemos la pieza más intacta de los edificios que existen en Yucatán. En el lado del palacio donde está la entrada principal, directamente sobre la puerta, está el mejor trabajo ornamental, labrado en altorrelieve, elevándose tres águilas en piedra tallada, coronadas por una cabeza humana con plumas. En el plinto hay tres cabezas que recuerdan a las romanas, rodeadas de inscripciones. Una clara prueba de lo avanzado del período en el que se construyó Uxmal se encuentra en el hecho de que los dinteles que están sobre las puertas son de madera, muchos de los cuales están en un buen estado de conservación. Muchas de las vigas del tejado eran también de madera y se ajustaban a las piedras por medio de extremos especialmente labrados.

La casa del Enano

Hay también un convento que recuerda al de Chichén, muy vistoso en su elaboración y en su diseño arquitectónico. Pero el auténtico misterio de Ux-mal es La casa del Adivino, también conocida localmente como «La casa del Enano». Está compuesta de dos partes, una de las cuales está sobre una pirámide artificial, mientras que la otra, una pequeña pero hermosa capilla, está situada en la parte de abajo, de cara a la ciudad. Se llega al edificio su-perior por una intrincada escalera, y tiene todas las características de haber-se usado como santuario, pues aquí encontró Cogolludo una incineración de cacao y copal, en 1656, lo cual es una buena evidencia de que los yucatecas no abandonaron su antigua fe de inmediato, desde el momento en que lle-garon los padres españoles.

La leyenda del enano

En su *Travels in Yucatan*, Stephens tiene una leyenda relativa a esta casa que ha de ser ofrecida en sus propias palabras: «Una anciana», dice, «que vivía sola en su cabaña, rara vez abandonaba su chimenea. Estaba muy ape-nada porque no tenía hijos y en su desesperación un día cogió un huevo, lo envolvió cuidadosamente en un paño de algodón y lo puso en una esquina de su cabaña. Ella lo miraba todos los días con gran ansiedad, pero no veía ningún cambio en el huevo. Sin embargo, una mañana se encontró con que la cáscara se había roto y una adorable criatura extendió los brazos hacia ella. La anciana estaba anonadada. Lo tomó y se lo puso cerca del corazón, lo cuidó y lo trató con tanto cariño que, al cabo de un año, el bebé camina-ba y hablaba como una persona mayor. Pero dejó de crecer. La buena anciana en su regocijo y alegría exclamó que el bebé sería un gran jefe. Un dios le dijo que fuese al palacio del rey y que lo sometiera a una prueba de fuerza. El enano le rogó que no lo enviase a tal acción. Pero la mujer insistió y él se vio obligado a obedecer. Cuando estuvo en presencia del soberano echó a tierra su guante. El rey sonrió y le pidió que levantara una piedra de tres arrobas (34 kg). El niño volvió llorando a su madre y le envió de nuevo diciéndole: "Si el rey puede levantar la piedra, tú también podrás". El rey la levantó y el enano también. Su fuerza se probó de otras muchas formas, y todo lo que hizo el rey lo hacía fácilmente el enano. Viendo lo que había hecho esa insignificante criatura, el príncipe le dijo al enano que lo mataría, a no ser que construyera un palacio más alto que cualquiera de los que había en la ciudad. El atemorizado enano volvió a la anciana, que le ordenó que no se desesperara, y a la mañana siguiente se despertaron en el palacio, que aún está en pie. El rey vio el palacio con asombro. Él mandó traer inmediatamente al enano y le dijo que recogiera dos haces de *cogoiol* (una especie de madera dura) con uno de los cuales golpearía al enano en la cabeza y luego él sería golpeado por su pequeño adversario. El enano volvió a su madre llorando y lamentándose. Pero la anciana le animó poniéndole una tortilla en la cabeza, y lo envió de nuevo al rey. El proceso tuvo lugar en presencia de todos los grandes personajes del Estado. El rey rompió el haz entero en la cabeza del enano sin herirlo en absoluto, y viendo esto trató de salvar su propia cabeza de tal prueba; pero había dado su palabra a la asamblea, de forma que no podía negarse. El enano le golpeó, y al segundo estacazo el cráneo del rey se rompió en dos. Los espectadores inmediatamente proclamaron al victorioso enano como su soberano. Después de esto, la anciana desapareció. Pero en el pueblo de Mani, a ochenta kilómetros de distancia, hay un profundo pasaje subterráneo que llega hasta Mérida. En este pasaje hay una anciana sentada a la orilla de un río, a la sombra de un gran árbol, con una serpiente a su lado. Vende agua en pequeñas cantidades, no acepta dinero, pero debe tener seres humanos, inocentes bebés, que devora la serpiente. Esta anciana es la madre del enano».

La interpretación de este mito no es en absoluto difícil. La anciana es, sin duda, la diosa de la lluvia; el enano, el hombre del Sol que emergió del huevo cósmico. En Yucatán los enanos se consagraban al dios-Sol, y en ocasiones eran ofrecidos en sacrificio a él, por razones que parecen oscuras.

El túmulo del sacrificio

Otro edificio de Uxmal, cuyas asociaciones le rendían más interés, es la Pirámide del Sacrificio, una construcción edificada sobre los planos de los *teocalli* mejicanos. Es de origen probablemente azteca o incluso es posible que lo levantaran los mercenarios que durante el siglo XV acudieron en multitud desde Méjico hacia Yucatán y Guatemala para tomar servicio con los jefes rivales que se enfrentaban en una guerra civil en esos Estados. A su lado hay otro túmulo coronado con un hermoso templo, en la actualidad en avanzado estado de ruinas. El «Palomar» es una pila adornada con pináculos atravesados con largas aberturas que probablemente servían de palomar. La totalidad de la arquitectura de Uxmal muestra un estilo más primitivo que cualquier otro del Yucatán. Hay evidencias documentales que prueban que en una época tan tardía como 1673, los indios aún adoraban en las ruinas de Uxmal, donde ardía copal o llevaban a cabo «otros detestables sacrificios». Así, incluso después de ciento cincuenta años bajo regencia española, no había sido suficiente para que los nativos perdieran la costumbre de adorar a los viejos dioses, a quienes sus padres durante generaciones habían respetado. Ésta podría ser una evidencia concluyente de que las ruinas de Uxmal son la prueba de que existió una raza que lo hizo.

La ciudad fantasma

En su *Travels in Central America,* Stephens narra una fascinante historia que le contó un sacerdote de Santa Cruz de Quiche, acerca del viaje de cuatro días desde un lugar donde vio una gran ciudad india, densamente poblada y que conservaba la antigua civilización de los nativos. Él la contempló desde la cima de un risco, brillando en su gloriosa blancura desde una distancia de muchos kilómetros. Fue, quizá, la ciudad de Lorillard, descubierta por Suárez y posteriormente por Charnay. En general, el estilo de Lorillard recuerda a Palenque. Aquí se encontró un ídolo maravillosamente labrado en piedra del que Charnay creyó que representaba un tipo racial diferente del que había visto en otras ciudades de Centroamérica. El jefe encontró interesante esta antigua ciudad con los intrincados bajorrelieves, uno sobre la puerta central de un templo, que probablemente sería una representación simbólica de Quetzalcoatl, que sujeta la cruz de la lluvia con ambas manos y se encuentra *vis-à-vis* con un monaguillo que también sujeta el símbolo, aunque es posible que el individuo representado pueda ser el alto sacerdote de Quetzalcoatl o Kukulcan. Otro bajorrelieve representa a un sacerdote ofreciendo un sacrificio a Kukulcan, pasando una cuerda de magüey por su lengua con el fin de que brotara la sangre —un ejemplo de la sustitución en los sacrificios de la parte por el todo.

El dios caballo

En Peten-Itza, Cortés dejó su caballo, que había enfermado, al cuidado de los indios. El animal murió por la mala atención que le dispensaron y por la comida que le ofrecieron; y los aterrorizados nativos, imaginando que era un ser divino, hicieron una imagen de él y la llamaron Izimin Chac (trueno y rayo), porque habían visto que su jinete había disparado con arma de fuego y ellos creyeron que el rayo y el ruido habían salido de la criatura. Al ver el ídolo, cierto monje español se encolerizó tanto que lo rompió con una piedra, y de no haber sido por la intercesión del cacique, tal temeridad le habría costado la vida. Peten era una ciudad llena de ídolos, como Tayasal, donde en el siglo XVIII se construyeron más de nueve nuevos templos, lo que demuestra que la religión nativa en absoluto se había extinguido. Uno de esos nuevos templos, según Villagutierre, tenía una balconada española de piedra tallada. En el Templo del Sol de Tikal, una ciudad próxima, hay un magnífico altar que representa a un dios desconocido y aquí también hay maravillosos ídolos labrados de los que Stephens ofrece importantes ilustraciones en su fascinante libro.

Copan

Copan, uno de los más interesantes de estos maravillosos centros urbanísticos, cuyo nombre ha llegado a ser casi una palabra familiar, está en el mismo distrito que las ciudades que acabamos de describir y abunda enormemente en imágenes monolíticas. Se rindió tras una desesperada lucha con Hernández de Chaves, un lugarteniente de Alvarado, en 1530. Las imágenes monolíticas tan abundantes representadas aquí están desarrolladas a partir de un bajorrelieve y no son estatuas en el propio sentido de la palabra, pues no están totalmente separadas de la piedra por la parte de atrás. Un altar encontrado en Copan una muestra auténtica técnica en escultura; los tocados, ornamentos y expresiones de ocho figuras labradas a los lados son de una naturalidad extrema. Aquí volvemos a notar un tipo racial diferente que prueba que una raza sola no puede haber sido responsable de estas maravillosas ciudades en ruina y todo lo que contienen y significan. Debemos imaginar un movimiento o fluctuación de razas y pueblos en Centroamérica igual que, como sabemos, tuvieron lugar en Europa y Asia antes de que podamos comprender adecuadamente los problemas etnológicos de la esfera civilizada del Nuevo Mundo, y toda teoría que no tenga en cuenta estas condiciones está llamada al fracaso.

Mitla

Llegamos al último de estos espléndidos restos de una desaparecida civilización Mitla, que no es precisamente el menor de los trabajos del hombre civilizado en Centroamérica. En el momento de la conquista, la ciudad ocupaba una extensa área, pero en la actualidad solo permanecen en pie seis palacios y tres pirámides en ruinas. El gran palacio es un amplio edificio en forma de «T» y mide cuarenta metros en la parte más grande, con otra parte de un tamaño parecido. Seis columnas monolíticas que sujetan el tejado permanecen aisladas en pie, pero el tejado hace mucho que se vino abajo. Un oscuro pasillo conduce al patio interior, cuyos muros están recubiertos con mosaicos en paneles que recuerdan a los modelos conocidos como los «trastes griegos». Los dinteles de las puertas son de gruesos bloques de piedra de más de cinco metros de largo. De este edificio dijo Viollet-le-Duc: «Los monumentos de Grecia y Roma en sus mejores momentos pueden compararse con el esplendor de este gran edificio».

Un lugar de sepultura

Las ruinas de Mitla no se parecen en nada a las de Méjico y Yucatán, ni en arquitectura ni en ornamentación, pues mientras que los edificios yucatecas tienen las paredes cubiertas, los palacios de Mitla consisten en muros perpendiculares que soportan los tejados planos. De estas estructuras, el segundo y cuarto palacios únicamente están en un estado de conservación que permiten descubrirlos de forma general. El segundo palacio muestra, por su dintel esculpido y las dos columnas interiores, que se observó la misma disposición en su construcción que en el gran palacio antes descrito. El cuarto palacio tiene en la fachada sur paneles apaisados y magníficas cariátides, o pilares en forma de figura humana. Estos palacios estaban formados por cuatro apartados superiores, finamente esculpidos, y semejante número de habitaciones en la planta inferior, que la ocupaba el alto sacerdote, y adonde acudía el rey a llorar el fallecimiento de un pariente. Aquí también se enterraba a los sacerdotes y en una habitación contigua se guardaban los ídolos. En una inmensa cámara subterránea se guardaban los cuerpos de guerreros eminentes y de víctimas sacrificadas. Se ha intentado identificar a Mitla con Mictlan, el infierno mejicano, y se dan todas las razones para suponer que esa identificación es correcta. Hay que tener en cuenta que Mictlan era más un lugar de muerte que de castigo, como lo fue el infierno griego, y por tanto puede significar un lugar de sepultura, tal como fue indudablemente Mitla. Los siguientes pasajes de los antiguos historiadores de

146

Mitla, Torquemada y Burgoa, arrojan mucha luz en este aspecto de la ciudad y están llenos de gran interés y de curiosa información, y por tanto hay que ofrecerlos *in extenso*. Pero antes de pasar sobre ellos, echaremos una breve ojeada a la sugerencia de Seler acerca de que la raza americana imaginaba que sus antepasados provenían originariamente del mundo subterráneo a través de ciertas cavernas hacia la luz del día y que ésta era la razón por la que Mitla no era un cementerio, sino un santuario.

Una vieja descripción de Mitla

Acerca de Mitla, el padre Torquemada escribe: «Cuando algunos monjes de mi orden, la franciscana, pasaron predicando por la provincia de Zapoteca, cuya capital es Tehuantepec, llegaron a un pueblo al que llamaron Mictlan, esto es, el mundo subterráneo (infierno). También mencionaron una larga lista de gente del pueblo que hablaba de edificios de los que estaban orgullosos y más majestuosos que cualquiera de los que hasta entonces habían visto en Nueva España. Entre ellos, estaba el templo del espíritu diabólico, con salas para sus demoníacos sirvientes, y entre otras finas cosas había un vestíbulo con paneles adornados construidos en piedra con formas arabescas y otros diseños muy notorios. Había puertas, cada una de las cuales estaba construida con, al menos, tres piedras, dos en la parte superior de los lados y otra que las cruzaba, de tal forma que aunque esta puerta era muy alta y ancha, las piedras sujetaban bien la construcción completa. Eran tan gruesas que estaban seguros de que habría pocas como ésas. Había otro compartimento en estos edificios, o templos rectangulares que estaban erigidos totalmente sobre pilares de piedra redonda, muy altos y gruesos, tan gruesos que dos hombres adultos apenas podrían rodearlos con los brazos, y ni siquiera llegaban a tocarse los dedos. Estos pilares medían cinco metros desde la base hasta lo alto y se parecían mucho a los de la iglesia de Santa María la Mayor, de Roma, muy cuidada y de una técnica perfecta».

El padre Burgoa da una descripción más exacta. Él nos dice: «El palacio de los vivos y de los muertos estaba construido para uso de esta persona (el alto sacerdote de los zapotecas)... Construyeron esta magnífica casa o panteón de forma rectangular, con partes que sobresalían de la tierra y partes que se hundían en ella; en estas últimas, las cavidades estaban debajo de la superficie de la tierra donde ingeniosamente hicieron las habitaciones del mismo tamaño, juntándolas todas, pero dejando un espacioso patio en el medio, y para tener la certeza de que cuatro habitaciones serían iguales, acabaron como solo los bárbaros paganos (como eran ellos) podían conseguirlo, por el poder y la técnica de un arquitecto. No se sabe de qué cantera sacarían los pilares, que son tan gruesos que dos hombres apenas podrían rodearlos con los brazos. Son, seguramente, simples fustes sin capitel ni basa, pero que eran asombrosamente regulares y suaves y tienen cinco metros de altura cada uno. Servían para sujetar el tejado, que estaba compuesto de bloques de piedra, en vez de vigas. Los bloques medían alrededor de dos metros de largo, uno de ancho y medio de grosor, y se extendían de pilar a pilar. Los pilares están en hilera, uno detrás de otro, con el fin de recibir el peso. Los bloques de piedra son tan regulares y tan exactamente cortados que, sin ninguna clase de cemento en las uniones, recuerdan a las vigas. Las cuatro habitaciones, que son muy espaciosas, están ordenadas exactamente en la misma forma y cubiertas con la misma clase de techado. Pero la construcción de los muros ha sobrepasado a los más grandes arquitectos de la Tierra, tanto entre los egipcios como entre los griegos, pues comienzan en la base con un estrecho perfil y, a medida que asciende la estructura, se extiende en anchos caballetes en la parte superior, de tal forma que la parte de arriba excede a la base en anchura y parece como si fueran a caerse. La parte interior de las paredes está compuesta con un estuco tan resistente que nadie sabe con qué líquido pudieron mezclarlo. La parte externa es de una destreza tan extraordinaria que, sobre una pared de mampostería de un metro de altura, se colocaron los bloques de piedra con un reborde protector, que forma el soporte de innumerables cantidades de piedras, siendo las más pequeñas de dieciséis centímetros de largo, ocho de ancho y cuatro de grosor, y que son tan finas y regulares como si todas ellas estuvieran hechas con molde. Hay tantas de estas piedras que, colocadas una al lado de otra, forman un gran número de hermosos diseños geométricos diferentes, que a cada metro atraviesan la longitud completa de la pared, variando el modelo hasta llegar a la más alta, que es la más fina de ellas. Y lo que siempre ha parecido inexplicable a los grandes arquitectos es el ajuste de estas pequeñas piedras sin el más mínimo cemento, así como el hecho de que sin herramientas, sin nada excepto piedras y arena, ellos lograron un trabajo tan sólido que, aunque la estructura en su conjunto es muy antigua y nadie sabe quién la hizo, se han conservado hasta hoy».

Sacrificios humanos en Mitla

«Examiné estos monumentos hace unos treinta años en las cámaras sobre el suelo, que están construidas con el mismo tamaño y de la misma forma que las que están bajo el suelo, y aunque las piezas sencillas estaban en ruinas porque se habían desprendido, aún había mucho que contemplar. Las puertas eran muy grandes y cada una tenía a los lados piedras simples del mismo grosor que el muro y el dintel estaba hecho de otra piedra que sostenía a las dos inferiores juntas. Había cuatro habitaciones sobre el suelo y cuatro debajo. Las últimas estaban organizadas de acuerdo con el fin de que la más delantera sirviera de capilla y santuario a los ídolos que estaban colocados en una gran piedra que servía de altar. Y para las fiestas más importantes, que celebraban con sacrificios, o para enterrar al rey o al gran señor, el sumo sacerdote instruía a los sacerdotes inferiores o los subordinados oficiales del templo que servían para preparar la capilla y sus vestimentas y la gran cantidad de incienso que utilizaban. Luego descendía con un gran séquito, mientras que nadie entre la gente común lo veía u osaba mirarlo a la cara, convencidos de que, si lo hacían, caerían muertos a tierra como castigo por su osadía. Y cuando entraba en la capilla se ponía un traje largo y blanco de algodón a modo de alba y, encima de esto, un vestido con forma tal que parecía un dalmático, decorado con pinturas de bestias salvajes y pájaros; le ponían un bonete en la cabeza, y en los pies, una especie de calzado tejido con plumas de muchos colores. Y cuando tenía puestos estos trajes, caminaba con un solemne porte y medía los pasos hasta el altar, se inclinaba ante los ídolos, renovaba el incienso y luego en un murmullo casi ininteligible empezaba a hablar con estas imágenes, depositarias de los espíritus infernales, y continuaba esta especie de plegaria con horribles muecas y gestos, sonidos totalmente inarticulables, que llenaban de miedo y de terror a todos los presentes, hasta que salía de ese diabólico trance y les decía a los que estaban a su alrededor las mentiras e invenciones que el espíritu le había proporcionado o las que simplemente él fantaseaba. Cuando se sacrificaban seres humanos, se multiplicaban las ceremonias y los asistentes del sumo sacerdote tendían a la víctima sobre una gran piedra, abriéndole el seno con un gran cuchillo de piedra, mientras que el cuerpo se retorcía en temerosas convulsiones, y dejaban el corazón desnudo que ya habían arrancado y con él, el alma, que se llevaba el demonio, mientras le llevaban el corazón al sumo sacerdote para que lo pudiera ofrecer a los ídolos, agarrándolo con la boca, entre otras ceremonias; el cuerpo se arrojaba a la sepultura de sus "benditos", como ellos les llamaban. Y si después del sacrificio se sentía inclinado a detener a los que le habían pedido algún favor les enviaba, por medio del sacerdote subordinado, la orden de que no salieran de sus casas hasta que sus dioses fueran apaciguados, y les mandaba hacer penitencia mientras tanto; ayunar, no hablar con mujeres, de forma que, hasta que este padre del pecado hubiera intercedido por la absolución de los penitentes y hubiese declarado que los dioses ya estaban calmados, no podrían tener la osadía de cruzar sus umbrales.

La segunda cámara (subterránea) era la cámara funeraria de este sumo sacerdote, el tercero de los reyes de Theozapotlan, a quien habrían traído aquí ricamente vestido con sus mejores galas, plumas, joyas, collares de oro y piedras preciosas, colocando un escudo en la mano izquierda y una jabalina en la derecha, tal y como lo llevaban en la guerra. En los rituales funerarios había gran luto, los instrumentos que tocaban emitían sonidos tristes, y con altos gemidos y sollozos continuos cantaban la vida y hazañas de su señor hasta que lo colocaban en la estructura que habían preparado con ese fin».

Sacrificios vivos

«La última cámara (subterránea) tenía una segunda puerta en la parte posterior que daba paso a una habitación oscura y horrorosa. Estaba cerrada con un bloque de piedra que ocupaba toda la entrada. A través de esta puerta arrojaban los cuerpos de las víctimas y de los grandes señores y jefes que habían caído en el campo de batalla y los traían aquí desde el lugar en el que habían caído, incluso aunque fuera de muy lejos; y tan grande era la bárbara locura de estos indios que, con la creencia de que les esperaba una vida feliz, muchos que estaban agobiados con enfermedades o penas le pedían al infame sacerdote que los aceptara como sacrificios vivos y que les permitiera entrar a través de esa puerta y vagar por el interior oscuro de la montaña para buscar los lugares donde estaban sus antepasados. Y si uno obtenía este favor, los sirvientes del sumo sacerdote lo llevaban allá con ceremonias especiales, y después de que le permitían entrar por la pequeña puerta, hacían rodar una piedra delante de ella, lo dejaban allí y el infeliz vagaba por los abismos de la oscuridad, moría de hambre y de sed, y así comenzaba ya en vida el dolor de su castigo; y por causa de este horrible abismo llamaron a este pueblo Liyobaa».

La caverna de la muerte

«Cuando más tarde cayó sobre estos pueblos la luz del Evangelio, sus sirvientes tuvieron muchos problemas para instruirlos, y la duda sobre si esto fue un error, común a todas estas naciones, aún perdura; aprendieron de historias transmitidas que todas ellas estaban convencidas de que esta húmeda caverna se extendía por más de treinta leguas bajo el suelo y que su tejado estaba sujeto por pilares. Y había gente, apasionados prelados ansiosos de conocimientos, que para convencer a esta ignorante gente de su error fueron a esta cueva acompañados de un gran número de personas que portaban antorchas y teas, y descendieron varios pasos. Pronto llegaron a una gran cantidad de contrafuertes que formaban una especie de calle. Ellos, prudentemente, se habían llevado consigo una cuerda para usarla como guía del camino, para que no se perdieran en ese confuso laberinto. Pero la putrefacción, el mal olor y la humedad de la tierra eran muy grandes, y había un viento frío que apagó sus antorchas. Después de esto anduvieron un pequeño trecho, temerosos de ser arrollados por el hedor o de pisar reptiles venenosos que habían visto, decidiendo volver sobre sus pasos y cerrar totalmente esta puerta al infierno. Las cuatro construcciones sobre el suelo eran las únicas que permanecieron abiertas, con un patio y cámaras como las subterráneas, y estas ruinas han llegado hasta nuestros días».

Palacio del sumo sacerdote

«Una de las habitaciones sobre el suelo era el palacio del sumo sacerdote, donde él se sentaba y dormía, por la tranquilidad que le ofrecía el habitáculo. El trono era como un cojín alto con un elevado respaldo sobre el que apoyarse, todo de piel de tigre, de un material hecho con delicadas plumas o con finas hierbas que se usaban para este fin. Los otros asientos eran más pequeños, incluso cuando el rey venía a visitarlo. La autoridad de este diabólico sacerdote era tan grande que nadie se atrevía a cruzar el patio, y para atravesarlo las otras tres cámaras tenían puertas en la parte trasera por las que entraban incluso los reyes. Con este fin tenían callejuelas y pasajes en el exterior, por donde la gente podría entrar y salir cuando venían a ver al sumo sacerdote...

La segunda cámara sobre el suelo era la de los sacerdotes y los asistentes del sumo sacerdote. La tercera era para cuando venía el rey. La cuarta era para otros jefes y capitanes, y aunque el espacio era pequeño para tal cantidad de gentes y para familias tan diferentes, se habían acomodado unos con otros para respetar su sitio y evitar desavenencias y facciones. Además, no había más administración de justicia en ese lugar que la del sumo sacerdote, a cuyo ilimitado poder se sometían todos».

Mobiliario de los templos

«Todas las habitaciones eran claras y bien amuebladas con esteras. No tenían la costumbre de dormir en camas, aunque el gran señor podía. Utilizaban esterillas muy bien trenzadas, que extendían por el suelo, y suaves pieles de animales y delicados paños para cubrirlas. Su comida consistía generalmente en animales de caza, ciervos, conejos, armadillos, etc., y también aves que cazaban con lanzas y flechas. El pan, hecho de su maíz, era blanco y bien amasado. Sus bebidas estaban siempre frías, hechas de chocolate que mezclaban con agua y maíz machacado. Otras bebidas las hacían de pulpa y de fruta exprimida que luego mezclaban con la bebida alcohólica hecha de pita; desde que se le prohibió a la gente corriente tomar bebidas alcohólicas, siempre hubo abundancia de dicha bebida a mano».

Capítulo V

Mitos de los mayas

Mitología de los mayas

N UESTROS conocimientos sobre la mitología maya no son ni mucho menos tan completos y comprensibles como en el caso de la mitología mejicana. Las tradiciones son escasas y oscuras y los asuntos jeroglíficos nos están vedados. Pero existe una gran mina de mitología maya-kiche que nos proporciona mucha información relacionada con la cosmogonía kiche y con su pseudo-historia, con alusiones varias a los dioses del panteón kiche. Es el *Popol Vuh* un libro en el que una pequeña parte histórica se mezcla con gran proporción de mitología. Lo compuso, en la forma en la que lo tenemos ahora, un guatemalteco cristianizado en el siglo XVII y copiado en kiche en el que originalmente se escribió por un monje, Francisco Jiménez, quien añadió también la traducción al español.

El perdido *Popol Vuh*

Durante generaciones, muchos anticuarios interesados en esta maravillosa recopilación tenían la esperanza de que existía en algún sitio en Guatemala y que eran muchas las excusas que se ponían para no desenterrarlo. Un tal don Félix Cabrera lo usó en los primeros años del siglo XIX, pero se desconocía el paradero de la copia que él había visto. Un doctor austríaco, C. Scherzer, decidió, ya que era posible, encontrarlo e hizo una visita a Guatemala en 1854 con tal fin. Después de una ardua búsqueda logró encontrar el perdido manuscrito en la Universidad de San Carlos, en la ciudad de Guatemala. Jiménez, el copista, lo había colocado en la biblioteca del convento de Chichicastenango, de donde pasó a la de San Carlos en 1830.

153

El auténtico carácter de la obra

Hay muchas dudas acerca del auténtico carácter del *Popol Vuh,* principalmente entre las personas que tenían conocimiento de los problemas de la historia de la América precolombina. Su carácter genuino no es en absoluto difícil de probar. Está claro que es un simple despertar la memoria de los hechos conocidos de la historia maya, coloreados con conocimientos bíblicos, una versión nativa de la Biblia cristiana. Pero tal teoría no tiene validez cuando se ha demostrado que las materias que contiene se ajustan a los hechos aceptados de la mitología mejicana, sobre la que el *Popol Vuh* arroja una considerable luz. Además, todo el trabajo lleva el sello nativo y tiene un sabor de gran antigüedad. Nuestros conocimientos sobre principios generales de mitología nos disponen para aprobar el material del *Popol Vuh,* para encontrar historias y cuentos, la concepción de ideas relacionadas con la primitiva religión, propiedad no de un único pueblo, sino de todos los pueblos y razas en un estado social primitivo.

Semejanzas a otras seudohistorias

Encontramos en este interesante libro semejanzas a otros muchos trabajos de épocas pasadas. El *Popol Vuh* es, en efecto, del mismo género y clase que el *Heimskringla* de Snorre, la historia de Saxo Grammaticus, la historia china en los *Cinco Libros,* el japonés *Nihongi* y otras muchas compilaciones similares. Pero los sobrepasa a todos en interés, pues es el único trabajo nativo de América que ha llegado hasta nosotros de la época precolombina.

El nombre «Popol Vuh» significa «La colección de los permisos escritos», lo cual prueba que el libro debe contener asuntos tradicionales escritos en una época muy primitiva. Es una recopilación de carácter mitológico entremezclado con pseudohistoria, tal como las narraciones actuales, que van haciéndose poco a poco historia, y cuenta los hechos de personajes auténticos. El lenguaje en el que fue escrito, kiche, era un dialecto del maya-kiche que se hablaba en el momento de la conquista de Guatemala, Honduras y San Salvador, y actualmente sigue siendo la lengua de los habitantes nativos de estos distritos.

La historia de la creación

El comienzo de este interesante libro arranca de la historia kiche de la creación y lo que ocurrió inmediatamente después de este suceso. Hemos

154

dicho que el dios Hurakan, el fuerte viento, una deidad en la que podemos ver a Kiche equivalente de Tezcatlipoca, pasa sobre el universo, aún envuelto en sombras. Él decía «Tierra» y la tierra firme aparecía. Entonces el jefe de los dioses reunía el consejo entre ellos mismos para tratar lo que harían posteriormente. Éstos eran Hurakan, Gucumatz o Quetzalcoatl, y Xpiyacoc y Xmucane, los dioses madre y padre. Ellos coincidían en que los animales eran creados. Una vez creados, volvían su atención a la figura humana. Hacían unos maniquíes de madera, pero esto era irrelevante y enfadó a los dioses, que decidieron causarles la ruina. Entonces Hurakan (el corazón del cielo) hizo que las aguas crecieran y surgió un chorro de sangre de los maniquíes. También les cayó encima una lluvia resinosa. El pájaro Xecotcovach les arrancó los ojos; el pájaro Camulatz les cortó la cabeza; el pájaro Cotzbalan devoró sus carnes; el pájaro Tecumbalan les rompió los huesos y los tendones y los convirtió en polvo. Luego, todas las clases de seres, grandes y pequeños, abusaron de los maniquíes. Los utensilios de la casa y los animales domésticos se burlaron de ellos e hicieron un juego entre ellos por esta situación. Los perros y las gallinas dijeron: «Nos habéis tratado muy mal y nos habéis mordido. Ahora os morderemos nosotros». Las piedras del molino dijeron: «Nos habéis atormentado mucho, diariamente, día y noche, venga chirriar, crujir, crujir, holi, holi, huqi huqi[1] a vuestro servicio. Ahora sentiréis nuestra fuerza y moleremos vuestra carne y haremos comida con vuestros cuerpos». Y los perros gruñían rabiosamente porque no los habían alimentado, y los desgarraron con los dientes. Las tazas y fuentes dijeron: «Solo nos disteis dolor y miseria, llenando de humo nuestros bordes, cocinando en nosotras sobre el fuego, haciéndonos arder e hiriéndonos como si no tuviésemos sentimientos. Ahora es vuestro turno y arderéis vosotros». Los desafortunados maniquíes corrían de acá para allá desesperados. Se subieron a los tejados de las casas, pero las casas se desmoronaban bajo sus pies; trataban de trepar a los árboles, pero los tiraban abajo; los expulsaban de las cuevas, que se cerraron para ellos. De esta forma, esta malograda raza fue destruida y derrumbada, y los únicos vestigios que quedan de ellos son ciertos progenitores, los monitos que viven en los bosques.

Vukub-Cakix, el gran guacamayo

Antes de que la tierra fuera totalmente recuperada de la iracunda sangre que descendía de allí, vivía un ser soberbio y lleno de orgullo, llamado Va-

---

[1] Estas palabras son claramente onomatopéyicas y pretenden imitar el sonido que hace la piedra del molino.

kub-Cakix (siete veces el color del fuego, nombre kiche para el gran guacamayo). Tenía los dientes de esmeralda y otras partes le brillaban con el
resplandor de oro y plata. Solo con esto, ya es evidente que era el dios
prehistórico del Sol y la Luna. Él fanfarroneaba malvadamente y su con-
ducta irritaba tanto a los otros dioses que decidieron destruirlo. Sus dos hijos, Zipacna y Cabrakan (el amontonador de tierra y terremoto), eran los
dioses de los terremotos, del estilo del Jötuns escandinavo o los titanes de la
leyenda griega. Éstos también eran orgullosos y arrogantes y, para acabar
con ellos, los dioses enviaron a los gemelos divinos Hun-Apu y Xbalanque
a la Tierra con instrucciones de castigar al trío.

Vukub-Cakix estaba orgulloso de tener el árbol tapal, que daba un fruto
redondo, amarillo y aromático del que desayunaba cada mañana. Una mañana, se subió al árbol, desde donde podía divisar las frutas que iba a coger,
cuando se vio sorprendido y furioso al comprobar que dos extraños habían
llegado antes que él y habían tomado casi todos los frutos. Cuando vio a
Vucub, Hun-Apu se llevó una cerbatana a la boca y le disparó un dardo al
gigante. Le golpeó la boca y se cayó de lo alto del árbol al suelo. Hun-Apu
saltó sobre Vukub y lo asió fuertemente, pero el gigante, presa de una terrible furia, agarró al dios por el brazo y se lo arrancó del cuerpo. Volvió entonces a su casa, donde esperaba su esposa, Chimalmat, que le preguntó la
razón por la que chillaba de dolor. En respuesta, él se señaló la boca lleno de
ira contra Hun-Apu, que cogió el brazo que le había arrancado y lo arrojó a
la lumbre. Luego se arrojó él también para lamentar sus injurias consolán-
dose, con la idea de que se había vengado de los que molestaban su paz.

Mientras Vukub-Cakix aullaba y gemía con el terrible dolor que sentía
en la mandíbula y en los dientes (por el dardo que le había traspasado, probablemente envenenado), el brazo de Hun-Apu en el fuego se volvía redondo y Chimalmat, la esposa de Vukub, lo golpeaba. El dios del Sol lanzó
amenazadoras imprecaciones sobre los intrusos que le habían producido tal
dolor, y les avisó de lo que les podía suceder si caían en sus manos.

Pero Hun-Apu y Xbalanque no estaban dispuestos a que Vukub-Cakix
escapase tan fácilmente, y querían recuperar el brazo de Hun-Apu aun
arriesgándose al máximo. Así pues, fueron a consultar a dos grandes magos
sabios, Xpiyacoc y Xmucane, en los que vemos a dos de las deidades crea-
tivas de Kiche, quienes les aconsejaron que fuesen disfrazados a la casa de
Vukub, si querían recuperar el brazo perdido. Los viejos magos se disfraza-
ron de médicos y vistieron a Hun-Apu y a Xbalanque con otros trajes, ha-
ciéndoles parecerse a sus hijos.

Llegaron rápidamente a la mansión de Vukub y, cuando aún estaban algo
lejos, oyeron las lamentaciones y los gritos. Presentándose a la puerta, lo
acostaron. Le dijeron que habían oído que alguien gritaba de dolor y, como

los famosos médicos, consideraron su obligación preguntar quién estaba sufriendo.

Vukub pareció bastante satisfecho, pero se interesó vivamente por los dos jóvenes que acompañaban a los viejos sabios.

«Son nuestros hijos», dijeron.

«Bien», dijo, Vukub. «¿Creéis que seréis capaces de curarme?».

«No tenemos ninguna duda sobre ello», contestó Xpiyacoc. «Has sufrido heridas muy malas en la boca y en los ojos».

«Los demonios que me lanzaron la flecha con una cerbatana son la causa de mis sufrimientos», dijo Vukub. «Si sois capaces de curarme, os recompensaré muy generosamente».

«Vuestra alteza tiene los dientes muy mal, debemos sacároslos», dijo el osado mago. «También los globos de tus ojos me parecen enfermos».

Vukub se alarmó mucho, pero los magos le tranquilizaron rápidamente.

«Es necesario», dijo Xpiyacoc, «que te saquemos los dientes, pero tendremos cuidado de reemplazarlos por granos de maíz, que encontrarás mucho más agradables».

El confiado gigante aceptó que lo operasen y rápidamente Xpiyacoc, con ayuda de Xmucane, le sacó los dientes de esmeralda y los cambió por granos de maíz blanco. Sobre el titán se produjo un rápido cambio. Su brillantez se desvaneció rápidamente y cuando le sacó los ojos se hundió en la insensibilidad y murió.

Todo este tiempo, la esposa de Vukub, lo había dedicado a volver a meter al fuego el brazo de Hun-Apu, pero éste arrebató el miembro del brasero y con la ayuda de los magos se lo colocó en el hombro. La confusión de Vukub era total. El grupo abandonó su morada pensando que habían cumplido su misión.

Los gigantes de la tierra

Pero en realidad solo lo habían cumplido parcialmente, porque los dos hijos de Vukub, Zipacna y Cabrakan, aún tenían un negocio entre manos. Zipacna se dedicaba a apilar montañas, mientras que Cabrakan, su hermano, las sacudía con terremotos. La venganza de Hun-Apu y Xbalanque la dirigieron primero contra Zipacna, conspirando con un grupo de jóvenes para ver cómo darle muerte.

Los jóvenes, en un total de cuatrocientos, hacían como que estaban construyendo una casa. Cortaron un árbol alto, con el que decían que iban a hacer el tejado de su vivienda, y esperaron en una parte del bosque por donde sabían que Zipacna debía pasar. Después de un rato, oyeron al estruendoso gigante a través de los árboles. Cuando lo tuvieron a la vista, y cuando él los vio alrededor del tronco, que no podían levantar, pareció divertirse mucho.

«¿Qué tenéis ahí, enanos?», dijo riéndose.

«Solo un árbol, alteza, que hemos talado para el tejado de una casa nueva que estamos construyendo».

«¿No podéis llevarlo?», preguntó desdeñosamente el gigante.

«No, alteza», respondieron ellos, «pesa mucho para que podamos moverlo aunque aunemos los esfuerzos».

Con una gran risotada, el titán se puso el tronco al hombro. Les dijo que le indicasen el camino y lo condujeron a través del bosque, evidentemente sin sospechar lo que le ocurriría después de llevar la pesada carga. Ahora, los jóvenes animados por Hun-Apu y Xbalanque abrieron una zanja donde pensaban levantar su nueva casa. En esto, le pidieron a Zipacna que bajase, y, sin sospechar nada, el gigante obedeció al momento. Mientras estaba bajando, sus traicioneros acompañantes le arrojaron descomunales troncos de árboles, pero al ver lo que se le venía encima, fue rápidamente a refugiarse en un pequeño túnel que los jóvenes habían construido para usarlo como bodega debajo de la casa.

Como imaginaron que había muerto, empezaron a expresar su alegría cantando y bailando, y para darle color a su ardid, Zipacna envió a varias hormigas a la superficie con mechones de pelo, para que los jóvenes dedujeran que los habían tomado de su cadáver. Seguros de que había muerto, al verlo, los jóvenes procedieron a construir su casa sobre los troncos de los árboles que se suponían encima de Zipacna, y elaboraron una gran cantidad de *pulque* para celebrar el fin de su enemigo. Durante horas su nueva vivienda estuvo llena de jolgorio.

Zipacna estuvo todo este tiempo silenciosamente escondido abajo, escuchando el jaleo y esperando su oportunidad para vengarse de aquellos que le habían tendido la trampa.

De repente, el gigante se levantó en todo su poder y lanzó la casa y a todos sus habitantes por los aires. La vivienda fue totalmente destruida y el grupo de jóvenes fue lanzado con tal fuerza por el cielo que allí se quedaron, y en las estrellas a las que llamamos Pléyades podemos verlos esperando ansiosamente regresar a la Tierra.

La ruina de Zipacna

Pero Hun-Apu y Xbalanque, apenados por la suerte que habían corrido sus compañeros, se dijeron que Zipacna no podría escapar tan fácilmente. Él removía montañas de noche y buscaba su comida de día en las orillas de los ríos, donde pescaba peces y cangrejos. Los hermanos hicieron un gran cangrejo artificial que colocaron en una cueva al pie del precipicio. Luego, los astutos hermanos socavaron una enorme montaña y esperaron acontecimientos. Muy pronto vieron a Zipacna caminando por la orilla del río y le preguntaron «adónde iba». «Estoy buscando comida», replicó el gigante.

«¿Y en qué consistirá?», preguntaron los hermanos.

«Únicamente pescado y cangrejos», respondió Zipacna.

«¡Ah, pues hay un cangrejo allá abajo!», dijeron los astutos hermanos, indicando el fondo del precipicio. «Lo hemos visto al venir. De veras que es un cangrejo enorme y te proporcionará un desayuno bien bueno».

«¡Espléndido!», gritó Zipacna, con los ojos relucientes. «Voy a cogerlo ahora mismo». Y dando un salto, se dirigió adonde estaba el cangrejo artificial.

En cuanto llegó, Hun-Apu y Xbalanque le arrojaron una montaña encima, pero hacía tantos esfuerzos por escapar que los hermanos creyeron que el gigante podría librarse del inmenso peso de la tierra que le había caído y que lo había enterrado, y para estar seguros de su suerte, lo convirtieron en piedra. De esta forma, a los pies de la montaña Meahuan, cerca de Vera Paz, se desvaneció el orgullo del hacedor de montañas.

La derrota de Cabrakan

Ya solo quedaba el tercero de esta familia de fanfarrones y era el más orgulloso de los tres. «¡Yo soy el derrumbador de montañas!», dijo. Pero Hun-Apu y Xbalanque se propusieron que no quedase vivo ningún miembro de la raza de Vukub. Mientras planeaban el derrocamiento de Cabrakan, él estaba ocupado moviendo montañas. Cogía las montañas por la base y, ejercitando su poderosa fuerza, las lanzaba por los aires; las montañas pequeñas no las tenía en cuenta. Mientras estaba entretenido, se encontró con los hermanos que le saludaron muy cordialmente.

«Buenos días, Cabrakan», dijeron. «¿Qué haces?».

«¡Bah!, nada», replicó el gigante. «¿No veis que derribo montañas, que es mi profesión? ¿Y quiénes sois vosotros que me hacéis estas tontas preguntas? ¿Cómo os llamáis?».

«No tenemos nombre», contestaron, «solo somos cazadores, aquí tenemos nuestras cerbatanas con las que disparamos a los pájaros que viven en estas montañas. Así que, ya ves que no necesitamos nombre, pues no nos encontramos con nadie».

Cabrakan los miró desdeñosamente y ya estaba a punto de irse cuando le dijeron: «Espera; nos gustaría contemplar esa proeza tuya de mover montañas». Esto aumentó el orgullo de Cabrakan.

«Bien, si es eso lo que deseáis», dijo él, «os enseñaré cómo realmente puedo mover montañas enormes. Ahora, elegid la que queráis y ved cómo la destruyo; antes de que os deis cuenta, la habré reducido a polvo».

Hun-Apu miró a su alrededor y divisó un gran pico frente a él. «¿Crees que podrías derribar esa montaña?», preguntó.

«Sin la menor dificultad», replicó Cabrakan, sonriendo abiertamente. «Vamos allá».

«Pero antes debes comer», dijo Hun-Apu. «No has comido nada desde esta mañana y este gran esfuerzo no debe ir acompañado de ayuno».

El gigante se relamió los labios. «Tienes razón», dijo con aspecto hambriento. Cabrakan era una de esas personas que siempre tienen hambre. «Pero, ¿qué tienes para ofrecerme?».

«No tenemos nada», dijo Hun-Apu. «¡Umph!», gruñó Cabrakan. «Sois unos muchachos bien majos. Me decís que debo comer, pero me decís que no tenéis nada», y en su enfado cogió una de las montañas pequeñas y la lanzó al mar, salpicando el cielo con las olas.

«Vamos», dijo Hun-Apu, «no te enfades, tenemos las cerbatanas y te cazaremos un pájaro para que comas».

Al oír esto, Cabrakan se tranquilizó. Justo en ese momento pasó volando un gran pájaro y Hun-Apu y Xbalanque se llevaron las cerbatanas a la boca. Los dardos salieron disparados y ambos acertaron en el pájaro, que cayó justo a los pies de Cabrakan.

«¡Es una maravilla!», gritó el gigante. «Desde luego que sois buenos chicos», y cogiendo el pájaro muerto iba a comérselo crudo cuando Hun-Apu lo paró.

«Espera un momento», dijo él. «Estará mucho mejor cuando lo cocines», y, frotando dos palos, ordenó a Xbalanque que buscase leña seca para encender una hoguera. Sujetaron al pájaro sobre el fuego y en muy poco tiempo un sabroso olor subió hasta la nariz del gigante, que miraba la comida con ojos hambrientos y relamiéndose. Antes de poner el pájaro en el fuego para cocinarlo, Hun-Apu le había untado las plumas con una capa de lodo. Los indios de algunas partes de América Central aún lo hacen así pues, cuando se seca el barro con el calor del fuego, las plumas se caen solas y la carne del pájaro queda lista para comer. Pero Hun-Apu lo hizo con un propósito. El barro que había untado en las plumas tenía tierra envenenada, llamada *tizate,* ingrediente que impregnaron en la carne del pájaro. Cuando la sabrosa mezcolanza se cocinó, se lo ofreció a Cabrakan, que se lo devoró rápidamente.

«Ahora», dijo Hun-Apu, «vamos a aquella gran montaña y veremos si puedes levantarla, tal y como has alardeado».

Pero Cabrakan ya había empezado a sentir dolores extraños.

«¿Qué es esto?», dijo pasándose la mano por la frente. «Parece que no veo la montaña que me dices». «Bobadas», dijo Hun-Apu. «Allí está, mira, al este».

«Tengo los ojos turbios esta mañana», replicó el gigante.

«No, no es eso», dijo Hun-Apu. «Has fanfarroneado con que podrías levantar esta montaña y ahora te da miedo intentarlo».

«Te digo», dijo Cabrakan, «que no veo bien. ¿Puedes llevarme tú a la montaña?».

«Claro», dijo Hun-Apu, dándole la mano; y con unas cuantas zancadas llegaron a los pies de la montaña.

«Ahora», dijo Hun-Apu, «veamos lo que puedes hacer, listo».

Cabrakan observó estúpidamente la gran masa que tenía frente a él. Le temblaban tanto las rodillas que pareció el sonido de un tambor de guerra, y el sudor empezó a caerle por la frente de tal manera que se formó un arroyuelo por la montaña.

«Venga», gritó Hun-Apu, acosándolo, «¿vas a mover la montaña o no?».

«No puede», se burló Xbalanque. «Ya sabía yo que no podría».

Cabrakan se sacudió en un esfuerzo final por recobrar el sentido, pero todo para nada. El veneno llegó rápidamente a su sangre y, con un gran alarido, cayó muerto ante los hermanos. De esta forma murió el último de los gigantes terrenales de Guatemala, a quienes Hun-Apu y Xbalanque debían destruir.

El segundo libro

El segundo libro del *Popol Vuh* destaca la historia de los dioses-héroes Hun-Apu y Xbalanque. Ya hemos dicho que Xpiyacoc y Xmucane, el padre y la madre de los dioses, tuvieron dos hijos, Hunhun-Apu y Vukub-Hunapu, el primero de los cuales tuvo dos hijos con su esposa Xbakiyalo. La debilidad de toda la familia era el nativo juego de pelota, posiblemente el juego mejicano-maya de *Tlachtli,* una especie de hockey. Los nativos de Centroamérica eran muy aficionados a este juego, que consistía en encajar una bola en un pequeño agujero circular de piedra o «portería», y el jugador que lo conseguía tenía derecho a pedir a los espectadores sus trajes y joyas. El juego, como hemos dicho, era muy popular entre los antiguos habitantes de Centroamérica y hay una buena razón para creer que había competiciones entre los distintos Estados, acompañados, por supuesto, de fanatismo y rivalidad, tan disputados como los que podemos encontrar en los actuales partidos de fútbol.

Un reto del infierno

En una ocasión Hunhun-Apu y Vukub-Hunapu jugaron un partido de pelota que tenía lugar en la vecindad del reino de Xibalba (el infierno ki-che). Los gobernantes de esta lóbrega morada, creyendo que tenían la oportunidad de capturar a los hermanos, les enviaron unos contrincantes para jugar a la pelota, Hun-Came y Vukub-Came, los soberanos del infierno ki-che, guiados por cuatro mensajeros en forma de búhos. Los hermanos aceptaron el reto y, despidiéndose de su madre Xmucane y de sus respectivos hijos y sobrinos, siguieron a los emplumados mensajeros colina abajo, que conduce al mundo de las sombras.

Las bromas de los hermanos

El indio americano es serio y taciturno. Si hay algo que odie más que nada en el mundo es el ridículo. Por su espíritu austero y arrogante, es algo despectivo para su dignidad, una tacha en su hombría. Los heroicos herma-nos no llevaban mucho tiempo en Xibalba cuando se dieron cuenta de que la intención de los señores del infierno era engañarles y someterles a toda clase de vejaciones. Después de cruzar un río de sangre, llegaron al palacio de los señores de Xibalba, en donde vieron dos figuras sentadas frente a ellos. Creyendo que serían Hun-Came y Vukub-Came, les saludaron de forma respetuosa, solo para humillarles, pues se habían dirigido a figuras de ma-dera. Este incidente causó la mofa de los Xibalbenses, que se burlaron de los hermanos. Luego, les invitaron a sentarse en el asiento de honor, pero se en-contraron, para su disgusto, que era una piedra candente, una circunstancia que causó un regocijo infinito a los habitantes del mundo de las sombras. Más tarde los llevaron a la Casa de la Oscuridad, donde los sacrificaron y enterraron. Colgaron la cabeza de Hunhun-Apu de un árbol en cuyas ramas crecían calabazas, de tal forma que el terrorífico trofeo no se distinguía de ellas. Se cursó la prohibición de que nadie en Xibalba debía comer fruto de aquel árbol. Pero los señores de Xibalba no se habían percatado de la cu-riosidad femenina y su atracción por lo prohibido.

La princesa Xquiq

Un día —si es que el día llegaba alguna vez a aquel tenebroso lugar— una princesa de Xibalba llamada Xquiq (sangre), hija de Cuchumaquiq, una autoridad de Xibalba, pasó bajo el árbol y, observando la atrayente fruta, alargó la mano para arrancar una de las calabazas. En ese momento, la cabeza de Hunhun-Apu escupió y le dijo a Xquiq que iba a ser madre. Antes de volver a casa el dios-héroe le dijo que ella no sufriría ningún daño y que no debía asustarse. Unos pocos meses después, el padre de la princesa se enteró de su aventura, y fue condenada a muerte; los mensajeros reales de Xibalba, los búhos, recibieron orden de deshacerse de ella y volver con su corazón en una jarra. Pero en el camino ella convenció a los búhos por medio de magníficas promesas y ellos sustituyeron su corazón por el jugo coagulado de una planta.

El nacimiento de Hun-Apu y Xbalanque

Xmucane, que se había quedado en casa, buscó el bienestar de los jóvenes Hunbatz y Hunchonen, y allí fue Xquiq para protegerlos, a instancias de la cabeza de Hunhun-Apu. Al principio Xmucane no creyó sus historias, pero Xquiq rogó a los dioses que hicieran un milagro de su parte, y se le permitió recolectar una cesta de maíz de donde no crecía nunca, para probar la autenticidad de su afirmación. Al ser una princesa del mundo de las sombras, no es de extrañar que tuviera relación con esta clase de fenómenos, puesto que de los dioses de esta región es de donde nosotros esperamos que surjan estos fenómenos. Poco después, cuando ya había alcanzado la gracia de la anciana Xmucane, nacieron sus hijos gemelos, Hun-Apu y Xbalanque, a quienes ya hemos conocido como las figuras centrales del primer libro.

Los niños divinos

Pero los divinos niños eran muy ruidosos y traviesos. Ellos molestaban a su venerable abuela con sus escandalosos alborotos y su comportamiento astuto. Al final, Xmucane, incapaz de dominarlos, los echó de casa. Se adaptaron con asombrosa facilidad a la vida al aire libre y pronto se convirtieron en expertos cazadores y diestros en el uso de la cerbatana, con la que disparaban a los pájaros y a pequeños animales. Sus medio hermanos Hunbatz y Hunchouen los trataron muy mal y, envidiosos de su fama como cazadores, les fastidiaban siempre que podían. Pero los niños divinos se vengaron convirtiéndolos en horribles monos. El repentino cambio de apariencia de sus niños causaron en Xmucane la más profunda aflicción y rogó, para aquellos que habían alegrado su hogar cantando y tocando la flauta, no fuesen condenados a tal horrible hado. Los hermanos le dijeron que si contemplaba impasible sus gracias con risas, le concederían un deseo. Pero las travesuras que hicieron y las muecas causaron en ella tanta alegría que en tres ocasiones distintas fue incapaz de controlar su risa, y los hombres-mono se despidieron.

Las herramientas mágicas

La infancia de Hun-Apu y Xbalanque está llena de episodios, como se puede esperar de esos comienzos. Encontramos, por ejemplo, que para intentar limpiar *milpa* (plantación de maíz) usaron herramientas mágicas con las que estaban seguros de que conseguirían un buen rendimiento mientras se iban de caza. Cuando volvían por la noche se untaban la cara y las manos con tierra para engañar a Xmucane y que creyera que habían estado trabajando todo el día en el campo. Pero todas las bestias salvajes se reunieron en cónclave por la noche y volvieron a colocar todas las raíces y arbustos que habían quitado de en medio las herramientas mágicas. Los gemelos se percataron de que era obra de varios animales y colocaron una gran red en el suelo para que las criaturas que se acercaran por allí la noche siguiente cayeran en su trampa. Vinieron, pero todos pudieron escapar excepto la rata. El conejo y el ciervo perdieron su cola, y ésta es la razón por la que estos animales no tienen apéndice caudal (cola). La rata, en agradecimiento por haberle perdonado la vida, les contó a los hermanos la historia de su padre y su tío y sus heroicos esfuerzos contra el poder de Xibalba, así como de la existencia de un grupo de equipos de pelota con los que podrían jugar a *tlachtli* en el campo de Ninxor-Carchah, donde Hunhun-Apu y Vukub-Hunapu ya habían jugado.

El segundo reto

Pero los observadores Hun-Came y Vukub-Came pronto oyeron que los hijos y los sobrinos de sus primeras víctimas habían adoptado el juego que los había llevado a las garras de los astutos de Xibalba, y decidieron enviar un reto similar a Hun-Apu y Xbalanque; pensaban que los gemelos ignoraban el destino de Hunhun-Apu y Vukub-Hunapu. Por consiguiente, enviaron mensajeros a la casa de Xmucane retándolos a jugar con ellos el juego de pelota, y Xmucane, alarmado por el contenido del mensaje, envió un piojo para avisar a sus nietos. El piojo, incapaz de actuar tan rápidamente como él quisiera, se dejó engullir por un sapo, el sapo por la serpiente y la serpiente por el pájaro Voc, mensajero de Hurakan. Al final del viaje, todos los animales fueron debidamente liberando a cada uno, pero el sapo no pudo deshacerse del piojo, que se había escondido en sus encías, sin haber sido tragado. Al final, se entregó el mensaje y los gemelos volvieron a la casa de Xmucane para despedirse de su abuela y de su madre. Antes de irse, plantó cada uno una caña en el medio de la cabaña, diciendo que se marchitaría si les ocurría un fatal accidente.

Los estafadores estafados

Luego ellos se dirigieron a Xibalba, por el camino hollado por Hunhun-Apu y Vukub-Hunapu, y pasaron el río de sangre como hicieron los otros. Pero tuvieron la precaución de enviar antes que ellos a un animal llamado Xan, una especie de espía. Enviaron a este animal para que pinchasen a todos los de Xibalba con un pelo de la pierna de Hun-Apu, para descubrir cuál de ellos era de madera y saber sus nombres. De esta forma ignoraron las imágenes de madera a su llegada a Xibalba y evitaron con mucho cuidado la piedra candente. No les asustó la rigurosa prueba de la Casa de las Tinieblas, y pasaron por ella sin problemas. Los habitantes del Mundo de las Sombras estaban asombrados, furiosos y decepcionados. Para añadir a su enojo, los gemelos les batieron en el juego de pelota. Los Señores del Infierno les pidieron que trajesen cuatro ramos de flores del jardín real de Xibalba, al tiempo que ordenaban a los jardineros que guardasen las flores de tal forma que nadie pudiera llevárselas. Pero los hermanos llamaron a su pequeño ejército de hormigas y les pidieron ayuda para tener las flores. El enfado de las gentes de Xibalba fue en aumento y encarcelaron a Hun-Apu y Xbalanque en la Casa de las Lanzas, un terrorífico habitáculo donde había demonios armados con arpones que se los clavaban ferozmente. Pero sobornaron a los lanceros y escaparon. Los de Xibalba rajaron el pico a los búhos que guardaban los jardines reales, y gritaron con furia.

Las casas de los juegos

A continuación los llevaron a la Casa del Frío, de aquí escaparon de una horrible muerte por congelación, calentándose con leña de piñas. A la Casa de los Tigres y en la Casa de Fuego fueron, respectivamente, enviados uno cada noche, pero escaparon de ambas. Sin embargo, no fueron tan afortunados en la Casa de los Murciélagos. Nada más llegar a este lugar de terror, Camazotz, dirigente de los murciélagos, bajó hacia ellos, con un zumbido de alas coriáceas y con un movimiento de sus garras que parecían espadas, cortando la cabeza de Hun-Apu. *(Véase Mictlan pág. 74)*. Pero una tortuga que acertó a pasar el duro cuello del cuerpo abatido del héroe y entró en contacto con él fue inmediatamente convertida en una cabeza, y Hun-Apu salió de su terrible experiencia.

Estas distintas casas en las que los hermanos fueron obligados a entrar nos recuerdan en cierto modo los diferentes círculos del infierno de Dante. Xibalba no era para los kiches un lugar de castigo, pero sí un oscuro lugar de horror y montones de peligros. Ninguna maravilla de los mayas tiene lo que Landa denomina «un excesivo miedo a la muerte», ¡pues creen que después los transporta a semejante morada de terror!

Con el fin de demostrar su naturaleza de inmortal a sus adversarios, Hun-Apu y Xbalanque primero dispusieron su resurrección con dos hechiceros, Xulu y Pacaw, que se estiraron hasta un féretro y murieron. Sus huesos se convirtieron en polvo y los arrojaron al río. Luego ellos volvieron a través de una especie de proceso revolucionario, apareciendo al quinto día después de su muerte como pescadores, y el sexto como ancianos andrajosos y vagabundos, matándose y resucitándose el uno al otro. En contestación a la petición de los príncipes de Xibalba, incendiaron el palacio real, devolviéndole su rústico esplendor; mataron y resucitaron el perro del rey y cortaron a un hombre en pedazos, devolviéndole luego la vida. Los Señores del Infierno sentían curiosidad por la sensación de la muerte y les pidieron que los mataran y los resucitaran. La primera parte del requerimiento los hermanos-héroes se la garantizaron rápidamente, pero no estimaron oportuno prestar atención a la segunda.

Quitándose todo disfraz, los hermanos reunieron a los ahora totalmente acobardados príncipes de Xibalba y anunciaron su intención de castigarlos por su rencor hacia su padre, a su tío y a ellos mismos. Les prohibieron participar en el noble y clásico juego de pelota —una gran indignidad a los ojos de los mayas de la clase alta— y les condenaron a cumplir labores serviles, teniendo que cuidar a las bestias del bosque. Después de esto, su poder menguó rápidamente. Estos príncipes del mundo de las sombras tienen aspecto de búhos con la cara pintada de blanco y negro, simbolizando su duplicidad y su disposición desleal.

Como recompensa a las horribles indignidades que habían sufrido, las almas de Hunhun-Apu y Vukub-Hunapu, los primeros aventureros de la región de las sombras de Xibalba, se fueron a los cielos y se convirtieron en el Sol y la Luna, y con esta apoteosis finaliza el segundo libro.

No tenemos problemas, comparando las mitologías, para ver en el tema de este libro una versión de «el devastador del infierno» común en muchas mitologías. En muchas fes primitivas un héroe o héroes hacían frente a los innumerables peligros del infierno para probar a las mentes salvajes que pueden ser salvados de los terrores de la muerte. En la mitología algonquiana el arrendajo entra en juego con la muerte popular, con quien se ha casado su hermana Ioi, y Balder cruza el infierno escandinavo. El dios deberá descender en primer lugar al abismo y tendrá que emerger triunfante para que el pueblo tenga garantía de inmortalidad.

La realidad del mito

Tal asunto que se encuentra en el segundo libro del *Popul Vuh* es lo que nos permite discernir el grado de realismo que puede alcanzar un mito en alguna ocasión. Está claro, como ya hemos apuntado, que el temor a la muerte en la mente salvaje puede dar lugar a tal concepción de su triunfo, como aparece en el *Popul Vuh*. Pero hay una razón para pensar que hay más elementos en la composición del mito. Ya se sabe que una raza invasora, que se lleva los restos del pueblo conquistado, es propensa a considerar esos retazos en el curso de unas pocas generaciones casi tan sobrenaturales como los habitantes de una esfera más o menos infernal. Sus razones para pensarlo no son de difícil comprensión. Para empezar, la diferencia en los ritos ceremoniales nos lleva a pensar que la raza enemiga practica la magia. Rara vez se ve a los enemigos y, si se intuye, rápidamente se oculta. La mayoría de las razas aborígenes vivían en habitáculos horadados en la tierra o en cuevas, como los pictos de Escocia, y es posible que los moradores de Xibalba viviesen así.

Los invasores maya-kiche, como encontraron este pueblo en esos escondrijos a modo de cavernas en las faldas de las colinas de Guatemala, los relacionaron con el mundo de las sombras (Inframundo). Los pobladores de los precipicios de Méjico y Colorado muestran claras señales de la existencia de una raza que vivía en cuevas. En el último de estos Estados está el cañón de Cliff Palace, un enorme reducto natural en el que ciertamente se construyó una pequeña ciudad que perdura en excelentes condiciones. En alguno de esos escondrijos semisubterráneos pudo haber estado la ciudad de Xibalba.

Los habitantes de Xibalba

Podemos ver también que los habitantes no eran simplemente una raza plutónica. Xibalba no es un infierno, un lugar de castigo y pecado, sino un lugar de muerte, y sus habitantes no eran ni demonios, ni dioses malos. El traductor del *Popul Vuh* dice de ellos: «Antiguamente no tenían mucho poder. Eran únicamente los que molestaban a los hombres y se enfrentaban a ellos, y ciertamente no eran considerados como dioses». La palabra Xibalba se deriva de una raíz que significa «temer», de la cual procede el nombre de fantasma. Xibalba era, pues, «El lugar de Fantasmas».

El tercer libro

Al abrir el tercer libro encontramos una vez más a los dioses deliberando sobre la creación del hombre. Como resultado de esas deliberaciones surgieron cuatro hombres. Estos seres fueron moldeados de una pasta de maíz amarillo y blanco, y los llamaron Balam-Quitze (tigre de la sonrisa dulce), Balam-Agab (tigre de la noche), Mahacutah (el nombre distinguido) e Iqi-Balam (tigre de la Luna).

Pero el dios Hurakan que los había formado no estaba muy satisfecho con su obra, porque estos seres se parecían mucho a los mismos dioses. Los dioses una vez más se reunieron en consejo y acordaron que el hombre debía ser menos perfecto y tener menos inteligencia que esta nueva raza. No deberían llegar a ser como un dios. Así Hurakan les echó con su aliento una nube sobre los ojos para que pudieran ver solo una parte de la Tierra, considerando que antes eran capaces de ver toda la esfera terrestre en su conjunto. Tras esto, los cuatro hombres se sumergieron en una profunda oscuridad y se crearon cuatro mujeres que les fueron dadas por esposas. Éstas eran Caha-Paluma (agua fluyente), Choirna (bella agua), Tzununiha (casa del agua) y Cakixa (agua de papagayos o agua brillante), que se casaron con los hombres en orden correspondiente.

Estas ocho personas fueron los ancestros solo de Kiche, tras los cuales crearon a los precursores de los otros pueblos. Por aquel entonces no había Sol y se cernía sobre la faz de la Tierra una profunda oscuridad. Los hombres no conocían el arte de la adoración, pero, a ciegas, elevaban sus ojos al cielo y le pedían al Creador que les enviase una vida tranquila y la luz del día. Pero no recibieron ninguna luz y su corazón se intranquilizó. Así, viajaron a un lugar llamado Tulan-Zuiva (Las siete cuevas) —prácticamente el mismo que Chicomoztoc en la mitología azteca— y les fueron concedidos los dioses. Sus nombres eran: Tohil, o recibido por Balam-Quitze; Avilix, recibido por Balam-Agab, y Hacavitz, entregado a Mahacutah. Iqi-Balam recibió un dios, pero, como no tuvo familia, su veneración y conocimiento se extinguieron.

La concesión del fuego

Los kiche se sentían mal porque querían el fuego para el mundo sin luz en el que vivían, pero el dios Tohil (el ruidoso, el dios del fuego) se lo concedió rápidamente. Sin embargo, una lluvia torrencial extinguió todos los fuegos de la Tierra. No obstante, Tohil siempre volvía a proporcionárselo, pues solo con frotar los pies producía fuego. En esta figura no es difícil ver una real representación del dios trueno.

La Babel de los kiches

Tulan-Zuiva era un lugar de desgracia para los kiches, pues aquí su raza sufrió enajenación en sus distintas ramas, dado que confundieron sus lenguas, algo que nos trae a la memoria la historia de Babel. Como estos cuatro primeros hombres no se entendían entre sí decidieron abandonar el lugar que les había traído mala fortuna y buscar el liderazgo del dios Tohil en una esfera más afortunada. En su viaje se toparon con numerosos apuros. Tuvieron que atravesar altas montañas, y en una ocasión hubieron de cruzar el lecho del océano, cuyas aguas se dividieron milagrosamente para dejarles paso. Al final, llegaron a una montaña que llamaron Hacavitz, tras una de cuyas deidades se había pronosticado que verían el Sol. Por fin el astro apareció. Hombres y bestias se alegraron, aunque sus rayos no eran en absoluto fuertes, y parecía más un reflejo en un espejo que el fuerte Sol que los siguientes días absorbería velozmente con sus feroces rayos la sangre de las víctimas en el altar. En cuanto vieron el rostro del Sol, los tres dioses tribales de kiche se convirtieron en piedra, lo mismo que los dioses o tótems relacionados con los animales salvajes. Posteriormente se levantó la primera ciudad o el primer asentamiento habitable.

Los últimos días del primer hombre

El tiempo transcurría y el primer hombre de la raza kiche envejecía. Tenía visiones en las que se le pedían sacrificios humanos y para obedecer las exigencias divinas invadieron las tierras vecinas, cuyas gentes opusieron una enérgica resistencia. Pero en una gran batalla los kiches fueron milagrosamente asistidos por una horda de avispas y avispones, que volaban alrededor de la cara de sus enemigos, clavándoles el aguijón y cegándoles, de tal forma que no pudieran manejar armas ni oponer una resistencia efectiva. Tras esta batalla las razas perdedoras se convirtieron en tributarios de ellos.

Muerte del primer hombre

Cuando el primer hombre sintió que le sobrevenía la muerte era de noche, y llamaron a sus parientes y familiares para escuchar sus últimas palabras. Con el corazón encogido, entonaron la canción «Kamucu», la canción «Vemos», que habían cantado tan alegremente cuando vieron la luz del Sol por vez primera. Luego ellos dejaron a sus esposas e hijos uno por uno y en un instante ya no estaban, y en su lugar quedó un gran fardo que nunca se abrió. Lo llamaron «La Majestad envuelta». Así murió el primer hombre de Kiche.

En este libro está claro que tenemos que tratar el problema que se les planteó a los maya-kiche sobre el origen y la creación del hombre. Los diferentes mitos relacionados con él ofrecen una estrecha semejanza con otros pueblos americanos. En la mitología de los indios americanos es raro encontrar a un Adán, una figura solitaria, en un mundo sin compañía de ninguna clase. El hombre es casi invariablemente el hijo de la Madre-Tierra y emerge de algún país subterráneo totalmente desarrollado y equipado para una vida terrena superior. Encontramos esta clase de mitos en las mitologías de los aztecas, peruanos, choctawas, indios pies negros y todas las demás tribus americanas.

Migraciones americanas

También encontramos en la historia de la migración kiche un sorprendente parecido con los movimientos de los mitos de otras razas americanas. Pero con el mito kiche podemos trazar un movimiento realmente racial desde el frío norte hasta el cálido sur. Al principio no había Sol. Había oscuridad. Cuando apareció el Sol era débil y sus rayos eran pálidos y flojos como los países de clima norteño. De nuevo hay alusiones a cruce de ríos junto a «brillantes arenas» que los cubrían, que pueden razonablemente relacionarse con la idea de la presencia de hielo. Con relación a esto podemos citar una historia del mito azteca migratorio que parece casi paralela a la de Kiche.

«Éste es el comienzo de una historia de la llegada de los mejicanos procedentes de un lugar llamado Aztlan. Ellos hicieron el camino a través del agua, agrupados en cuatro tribus y remando en barcas. Construyeron sus casetas hacinadas en un lugar llamado la gruta de Quineveyan. Es de allí de donde salieron las ocho tribus. La primera tribu es la de Huexotzincos, la segunda la de Chalcas, la tercera la de Xochimilcos, la cuarta la de Cuitlavacas, la quinta la de Mallinalcas, la sexta la de Chichimecas, la séptima la de Tepanecas y la octava la de Matlatzincas. Es allí donde fundaron Colhuacan. Allí se establecieron los colonizadores desde entonces, procedentes de Aztlan. Es allí adonde fueron poco después, llevándose consigo a su dios Vitzillopochtli. Allí las ocho tribus nos abrieron el camino a través del agua».

Las paredes «Wallum Olum», frescos o historias pintadas en calendarios, de los indios leni-lenape contienen un mito semejante. «Después de la inundación», cuenta la historia, «los lenape con sus varoniles tortugas habitaron todos en la casa de la cueva y en la morada de Talli... Ellos vieron que la tierra de la serpiente era brillante y rica. Se pusieron todos de acuerdo y se fueron a través de las aguas del mar helado a poseer la tierra. Fue fantástico cuando iban todos ellos por las suaves y profundas aguas del mar helado al vacío del mar de la serpiente, en el gran océano».

¿Tienen estos mitos algo de cierto? ¿Narran una migración real cuando los ancestros de ciertas tribus americanas cruzaron el helado océano del estrecho de Kamchatka y descendieron desde el Norte sin luz y la noche boreal de estas regiones subárticas a un clima más benigno? ¿Puede acaso esa tradición haber sido conservada durante todo el tiempo que pasó entre la llegada de los protomongoles en América y la composición de las citadas leyendas? Seguramente no. ¿Pero puede que no hubiera migraciones posteriores procedentes del norte? ¿No es posible que multitud de pueblos vagamente relacionados con los pioneros americanos se extendieran por el helado estrecho y en unas pocas generaciones hubieran efectuado su recorrido hacia regiones cálidas, tal como sabemos que hicieron los nahuas? Los vikingos escandinavos, que alcanzaron el Norte de América en el siglo X establecieron allí una raza totalmente distinta de la del hombre rojo y más cercana a los esquimales, a los que llamaron *skrellingr* o «cachitos», tan pequeños y deformes eran. Tal descripción puede aplicarse a los indios de Norteamérica tal y como los conocemos. Podemos deducir de las leyendas de los pieles rojas de Norteamérica que provenían de un número de generaciones en el Lejano Oeste del continente norteamericano antes de que emigraran hacia el este. Cualquier conjetura puede ser arriesgada a tal efecto, pues al llegar a cualquier lugar de América aproximadamente en los albores de la era cristiana se extendieron lentamente hacia el sudeste, llegando a la parte más oriental de Norteamérica hacia finales del siglo XI, o incluso un poco más tarde. Esto significaría que una leyenda como la que acabamos de estudiar requeriría haber sobrevivido mil años para que el *Popul Vuh* fuera compuesto hacia el siglo XI.

Pero esas especulaciones son peligrosas, pues hay una ausencia casi completa de evidencias y hay que aceptarlas con la mayor precaución y tratarlas únicamente como una suposición.

Cosmogonía del *Popol Vuh*

Ya hemos completado nuestro breve repaso de la parte mitológica del *Popol Vuh* y será bueno que en este punto hagamos algunas indagaciones acerca del origen y la naturaleza de los distintos dioses-héroes y personajes similares que llenan sus páginas. Antes de hacerlo, sin embargo, echemos una ojeada al mito de la creación que encontramos detallado en el primer libro.

Podemos apreciar, gracias a una evidencia propia, que éste ha de ser el resultado de la fusión de más de una historia sobre la creación. Encontramos en el mito que se menciona un número de seres, cada uno de los cuales representando en alguna forma las funciones de creador o «moldeador». Estos seres también tienen atributos similares. Está aquí, evidentemente, la reconciliación de las creencias de los antiguos rurales. Sabemos que esto ocurrió en la cosmogonía peruana, que está muy bien compuesta, y otras muchas mitologías, europeas y asiáticas, ofrecen un fenómeno parecido. Incluso en la historia de la creación que vemos en el Génesis descubrimos la unión de dos relatos separados que aluden al poder creador tanto de «Yahvé» como de «Elohim», el final plural del segundo nombre que prueba la presencia de concepciones tanto politeístas como monoteístas.

Antigüedad del *Popol Vuh*

Estas consideraciones nos llevan a asumir que el *Popol Vuh* es una colección mitológica de considerable antigüedad, tal como la unión de creencias religiosas es un proceso comparativamente lento. Es por supuesto, por la ausencia de otros datos, imposible fijar la fecha de su origen, incluso aproximadamente. Poseemos únicamente la única versión de este interesante trabajo, y por ello nos vemos obligados a considerarlo solo, y sin la ayuda de la filología nos llevaría por una comparación de dos versiones de datos diferentes.

Los dioses padre y madre

Encontramos un par de seres duales concernientes a la creación kiche. Son Xpiyacoc y Xmucane, las deidades padre y madre, que son, obviamente, los equivalentes kiches a los mejicanos Ometecutli-Omeciuatl, a los que ya nos hemos referido *(págs. 79-80)*. El primero es el fructífero varón, mientras que el nombre del último significa «vigor femenino». Estas deidades eran probablemente consideradas hermafroditas, como parece ser en numerosos dioses indios de Norteamérica, y puede ser análogo al «Padre Cielo» y a la «Madre Tierra» de tantas mitologías.

Gucumatz

También nos encontramos a Gucumatz relacionado con el esquema kiche de la creación. Él era una forma maya-kiche del mejicano Quetzalcoaltl o quizá el caso fuese al contrario. El nombre significa como su equivalente nahua: «Serpiente con plumas verdes».

Hurakan

Hurakan, el dios del viento, «el que lanza alaridos», cuyo nombre quizá signifique «el de una pierna», es, probablemente, el mismo que el nahua Tezcatlipoca. Se ha sugerido que la palabra «huracán» proviene del nombre de este dios, pero la derivación parece más fortuita que real. Hurakan era asistido por tres subdioses: Cakulha-Hurakan (relámpago), Chipi-Cakulha (resplandor del relámpago) y Raxa-Cakulha (estela del relámpago).

Hun-Apu y Xbalanque

Hun-Apu y Xbalanque, los dioses héroes, aparecen como si tuvieran atributos de semidioses en general. El nombre Hun-Apu significa «maestro» o «mago» y Xbalanque «pequeño tigre». Encontramos muchas figuras en la leyenda americana, que es rica en dioses-héroes.

Vukub-Cakix y sus hijos

Vukub-Cakix y su progenie son, por supuesto, gigantes como los titanes de la mitología griega o el Jötuns de la historia escandinava. El arrancarle los dientes de esmeralda de Vukub-Cakix y reemplazarlos por granos de maíz parecería una interpretación mítica o alegórica de la sustitución del césped virgen de la tierra por semillas de maíz. De esta forma, es posible que Vukub-Cakix sea un dios de Tierra y no un dios prehistórico del Sol y la Luna, como manifestó el doctor Seler [2].

---

[2] Véanse mis anotaciones a este respecto en *Popol Vuh*, págs. 41, 52 (Londres, 1908).

Origen de la métrica del *Popol Vuh*

Hay una razón para creer que el *Popol Vuh* es en sus orígenes una composición métrica. Esto apoyaría la tesis de su antigüedad, pues durante muchas generaciones lo recitaron antes de pasarlo a la escritura. Pasajes aquí y allá muestran una decidida tendencia métrica, y no hay duda acerca de la danza simbólica de la salida del Sol. Es como sigue:

> «"Ama x-u ch'ux ri Vuch?".
> "Ve", x-cha ri mama.
> Ta chi xaquinic
> Quate ta chi gecumarchic.
> Cahmul xaquin ri mama.
> "Ca xaquim-Vuch", ca cha vinak vacamic».

Que se puede traducir libremente:

> «¿Está a punto de amanecer?».
> «Sí», contestó el viejo estirando sus piernas.
> Luego volvió la oscuridad.
> Cuatro veces el viejo estiró las piernas.
> «Ahora la zarigüeya estiró sus piernas
> dice el pueblo».

Está claro que muchas de esas líneas tienen la conocida cualidad de la danza poética salvaje, que expone un ritmo de un pie largo, seguido por dos cortos. Sabemos que al kiche le gustaban las danzas ceremoniales y la repetición de las largas canciones a las que llamaban *nugum tzih* o «guirnaldas de palabras», y el *Popol Vuh,* además de otras materias, contenía mucho de esto.

La pseudohistoria de los kiche

El cuarto libro del *Popol Vuh* contiene la pseudohistoria de los reyes kiches. Hay obviamente una gran confusión y sería difícil decir qué parte de originalidad pertenecía al *Popol Vuh* y qué parte se añadió o inventó el último recopilador. Uno no puede distinguir entre epopeya e historia, o entre monarcas y dioses, lo real y lo fabuloso. Son infinitos los conflictos que hay en torno al libro y muchos movimientos los que se cuentan.

La reina Móo

Mientras tratamos de la pseudohistoria maya, será bueno echar una ojeada a las teorías de Augusto Le Plongeon, que vivió y llevó a cabo excavaciones en Yucatán durante muchos años. El doctor Le Plongeon estaba
obsesionado con la idea de que los antiguos mayas extendieron su civilización a todos los habitantes del planeta, y que fueron los autores de las civilizaciones egipcia, palestina e hindú, aparte de otras. Además, él se creía el
esclarecedor del sistema maya de los jeroglíficos que, según su opinión,
eran prácticamente idénticos a los egipcios. No vamos a intentar rebatir sus
teorías, pues no conocen las leyes que gobiernan la filología, antropología y
mitología. Pero él conocía perfectamente la lengua maya y su familiaridad
con las costumbres mayas eran muy peculiares. Una de sus ideas era que
una tal reina Móo había construido un patio entre las ruinas de Chichén-Itza.
Esta reina Móo era una princesa maya que, tras el trágico final de su mari-
do-hermano y la catástrofe que acabó con el hundimiento del continente de
la Atlántida, huyó a Egipto, donde fundó la antigua civilización egipcia. Sería fácil rebatir esta teoría. Pero la historia, tal como la narra el doctor Le
Plongeon, posee una cantidad suficiente de romanticismo para garantizar
que se sacó del escasamente conocido volumen en el que él lo publicó[3].

No podemos saber por el libro del doctor Le Plongeon por qué razón llegó a la conclusión de que el nombre de su heroína era Móo, bastante poco
eufónico. Probablemente llegó a ella del mismo modo por el que había descubierto que ciertos ornamentos arquitectónicos eran, en realidad, letras
egipcias. Pero será mejor que sea él quien nos cuente su historia con sus palabras. Dice así:

La cámara funeraria

«A medida que entramos en la cámara funeraria presidida por el amor de
la hermana-esposa, la reina Móo, nos llama la atención la belleza de las esculturas de *zapote* que forman el dintel de la puerta. Representan el antago-
nismo de los hermanos Aac y Coh, que llegaron incluso al asesinato del
segundo a manos del primero. Los nombres de estos personajes están esculpidos en el dintel, representados por sus tótems: una cabeza de leopardo,
para Coh, y una cabeza de jabalí y una tortuga para Aac, esta palabra significa ambas cosas, jabalí y tortuga, en maya. Aac está pintado con el disco
solar, su deidad protectora a la que él adoraba, de acuerdo con las inscrip-

---

[3] *La reina Móo y la esfinge egipcia* (Londres, 1896).

ciones murales de Uxmal. Se enfrenta a su hermano lleno de odio. En la
mano derecha lleva una placa adornada con plumas y flores. La forma ame-
nazante en que la lleva parece como si fuera un arma disimulada. La cara de
Coh también expresa enfado. Está con él la serpiente emplumada, emblema
de la realeza, más frecuentemente representada como una serpiente alada
protectora de Coh. En la mano izquierda lleva su arma, mientras que en la
derecha tiene asida la placa de autoridad, con la que cubre su pecho como
para protegerse y demandando el respeto que merece su rango...

Al pasar entre las figuras de los jefes armados, esculpidas en las jambas
de la puerta, que parecen centinelas guardando la entrada de la cámara funeraria, vemos una que lleva un tocado parecido a la corona del bajo Egipto, que formaba parte de los atributos de los monarcas egipcios».

Los frescos

«Los frescos de la cámara funeraria del monumento conmemorativo del
príncipe Coh, pintados en acuarela vegetal, están divididos en una serie de tablas separadas por líneas azules. Las bases de las columnas, los ángulos de
la habitación, las orillas del techo están, asimismo, pintadas de azul, e indican
que se hicieron así para que fuese una cámara funeraria... La primera escena representa a la reina Móo siendo niña. Está sentada en el lomo de un pé-
cari, o jabalí americano, bajo una sombrilla real de plumas, emblema de la
realeza maya, igual que en la India, Caldea y otros lugares. Está consultando a un sabio; escucha con profunda atención lo que depara el destino, re-
velado por el chasquido del caparazón de un armadillo expuesto a fuego
lento en un brasero, el vapor que desprende y las distintas tonalidades que
toma. Este sistema de adivinación es una de las costumbres de los mayas».

Los adivinos

«Frente a la joven reina Móo está sentado el adivino, evidentemente un
sacerdote de alto rango, a juzgar por los colores, azul y amarillo, de las plumas de su capa ceremonial. Él lee los designios del destino en el caparazón
del armadillo y el rollo que sale de su garganta dice cuáles son. A su lado
está la serpiente alada, emblema y genio protector del imperio maya. Vuelve su cabeza hacia la bandera real y parece que la acaricia. Se refleja su satisfacción en la apacible y serena expresión de su cara. Tras él, la posición
de su mano no es la misma que la del sacerdote católico bendiciendo a su

congregación, cuyo significado es bien conocido por los ocultistas, están las damas de honor de la joven reina».

La novia real

«En otra tabla vemos a la reina Móo, adolescente. No está sentada bajo la sombrilla real o la bandera, pero se la representa una vez más en presencia del sabio que lleva la cara cubierta con una máscara semejante a la cabeza de un búho. Ella, bella y coqueta, tiene muchas admiradoras que compiten entre ellas para conseguir su gracia. En compañía de una de sus damas, viene a consultar al sacerdote, acompañado por una señora mayor, su abuela posiblemente, y sus asistentas. Según la costumbre, es la señora la que habla. Ella le cuenta al sacerdote que el joven que está sentado en un pequeño taburete entre dos asistentas desea casarse con Móo. El asistente del sacerdote, sentado también en un taburete, detrás de todos, actúa como pregonero y repite en voz alta el discurso de la anciana señora».

La negativa de Móo

«La joven Móo rechaza la oferta. El rechazo se indica por medio de la dirección del rollo que le sale de la boca. Se ha vuelto hacia atrás, en vez de ir hacia adelante, como habría ocurrido en el caso de que hubiese aceptado el matrimonio. Los sabios explican que Móo, siendo hija de una familia real, por ley y costumbre debe casarse con uno de sus hermanos. El joven escucha la decisión con el debido respeto al sacerdote, tal y como se ve por la postura de su brazo cruzado sobre el pecho, la mano izquierda posada en el hombro derecho. No acepta la negativa dócilmente. El puño apretado y el pie levantado como para dar una patada, presagian su enfado y descontento, mientras que la asistenta que está detrás de él protesta, asesorándole paciencia y resignación, a juzgar por la posición y expresión de la palma de su mano izquierda hacia arriba».

El pretendiente rechazado

«En otra tabla vemos al mismo individuo cuya oferta de matrimonio había rechazado la reina Móo, consultando a un *nubchi*, o profeta, un sacerdote cuyo alto rango viene marcado por su tocado y el triple peto que lleva sobre su manto de plumas. El consultante, evidentemente una persona importante, viene acompañado por su *hachetail*, o amigo confidente que se sienta detrás de él en un cojín. La expresión de la cara del consultante muestra que no acepta pacientemente los designios del destino, aunque el intérprete lo ha convencido de la forma más conciliadora posible. La decisión adversa de los dioses se manifiesta en la parte central del escrito, pero envuelta en palabras persuasoras y consoladoras, precedidas de un preámbulo tan suave, rico y hermoso como la lengua maya permite hacerlo. Su amigo se dirige al asistente del profeta. Exponiendo los pensamientos de su señor, declara que el fino discurso del *nubchi* y su simulada lectura de la voluntad de los dioses son un montón de tonterías y exclama "¡Bah!", exclamación que aparece pintada en el rollo amarillo, a ambos extremos, saliendo de su nariz como un estornudo. La respuesta del asistente del sacerdote evidencia, por la gravedad de sus facciones, la enérgica posición de la mano y la brusquedad de su discurso; es evidentemente "¡Esto es así!"».

El feroz galanteo de Aac

«Su hermano Aac está locamente enamorado de Móo. Es retratado acercándose al intérprete de la voluntad de los dioses, despojado de sus vestiduras como muestra de humildad en presencia de su majestad y de sumisión a sus decretos. Él viene lleno de arrogancia, ataviado con magníficos vestidos y con un regio boato. Viene, no suplicando que se le acepte consejo, sino altanero, dictaminando descaradamente. Está enfadado por el rechazo del sacerdote de acceder a su demanda de mano de su hermana Móo, a cuyo tótem, un armadillo en esta ocasión, él señala imperiosamente. Fue en el caparazón de un armadillo donde el destino escribió su suerte cuando le preguntaron por el resultado de la ceremonia *Pou*. Las llamas amarillas de ira que lanzaba sobre todas las personas, el afilado rollo amarillo que surgía de su boca simbolizan el sentimiento de Aac. El pontífice, sin embargo, está impasible. En el nombre de los dioses con semblante sereno, le niega la petición al orgulloso hombre, tal como indica en su discurso. La serpiente alada, genio del país, que está erigida y enfadada con Aac, también se opone a sus pretensiones, y muestra en su gesto, enviando su dardo por medio de la bandera real de Aac, una decidida oposición hacia ellos, expresada por los extremos de su discurso volviéndose hacia atrás, algunas de ellas acabando abruptamente, otras en puntas afiladas».

El príncipe Coh

«El príncipe Coh se sienta detrás del sacerdote como uno de sus asistentes. Él es testigo de la escena, oye la tranquila respuesta negativa, ve el enfado de su hermano y rival, sonríe ante su impotencia, es feliz por su desconcierto. Detrás de él, sin embargo, está sentado un espía que repetirá sus palabras, contándole sus acciones a su enemigo. Él escucha, él observa. El propio sacerdote, Cay, su hermano mayor, ve la tormenta que se avecina por las disensiones entre Coh y Aac. Se estremece pensando en los infortunios que seguramente sobrevendrán sobre la dinastía de los Can, de la ruina y la miseria del país que seguramente llegarán. Despojado de sus vestiduras de sacerdote, viene desnudo y humilde, como es propio de los hombres que se acercan a los dioses, y les pide consejo para evitar las inminentes calamidades. El jefe de los auspicios, en el momento de leer sus decretos, está en el ojo del huracán. La triste expresión de su cara de humilde resignación hacia el pontífice, y respetuoso asombro del asistente, hablan de los inevitables infortunios que vendrán en un futuro próximo... Hemos pasado por interesantes escenas de batallas... en las que los defensores han sido derrotados por los mayas. Coh volverá a su reino cargado del botín que pondrá a los pies de ella con su gloria, que también es de ella».

El crimen de Coh

«Lo siguiente que vemos es un terrible altercado con su hermano Aac. Las figuras en esta escena son casi de tamaño natural, pero están tan desfiguradas y tan rotas que es imposible obtener un buen trazo. Coh es retratado sin armas, con los puños apretados, mirando amenazador a su enemigo, que tiene tres lanzas, propias de las tres heridas que causó en la espalda de su hermano cuando lo asesinaba traicioneramente. Coh está ahora tendido, preparado para su cremación. Le han abierto el cuerpo por las costillas para extraerle las vísceras y el corazón, que, tras la incineración, se guardarán en una urna de piedra con cinabrio, donde el escritor las encontró en 1875. Su hermana-esposa, reina Móo, contempla tristemente los restos de su amado..., se arrodilla a sus pies. La serpiente alada, genio protector del país, está pintada sin cabeza. El gobernante del país ha sido asesinado. Está muerto. El pueblo no tiene jefe».

La viudedad de Móo

La viudedad de Móo se dibuja en las pinturas siguientes. Otros pretendientes, entre ellos Aac, le hicieron proposiciones pero ella rechazó todas. «Como el orgullo de Aac estaba humillado, su amor se convirtió en odio. Su único deseo, a partir de ese momento, fue usurpar el poder supremo, librar una batalla contra los que habían sido sus amigos en la infancia. Puso como pretexto un altercado religioso. Proclamó que la adoración del Sol era superior a la de la serpiente alada, el genio del país; también la adoración de los ancestros, tipificada por la serpiente emplumada con cuernos y una llama o halo en la cabeza... Movido por tales maliciosas pasiones, se colocó a la cabeza de sus vasallos y atacó a aquellos que seguían fieles a la reina Móo y a la memoria del príncipe Coh. Al principio, los seguidores de Móo se enfrentaron triunfalmente a sus enemigos. Las partes contendientes olvidaron en su lucha que eran hijos de la misma tierra; cegados por sus prejuicios, hicieron que sus pasiones tuvieran más fuerza que razón. Al final, la reina Móo cayó prisionera en manos de su enemigo».

El manuscrito Troano

El doctor Le Plongeon asume aquí que la historia está sacada del manuscrito Troano. Como nadie es capaz de descifrar este manuscrito en su totalidad, él está totalmente seguro en su afirmación. Aquí está aquello a lo que se supone que dice la pintura con respecto a la reina Móo, de acuerdo con nuestro autor: «El pueblo de Mayach, sometido e intimidado, no ofreció mucha resistencia, el señor la agarró por el pelo y le produjo quemaduras. Esto sucedió el noveno día del décimo mes del año Kan. Completamente derrotada, pasó a la costa opuesta, en la parte más meridional del país, pues ya había sufrido mucho».

Aquí dejaremos a la reina y a aquellos que hayan sido suficientemente crédulos para crear y creer en ella y en sus acompañantes. No afirmamos que las ilustraciones de las paredes del templo de Chichén no hagan referencia a algún incidente, o serie de incidentes, tal y como lo describe el doctor Le Plongeon, pero los nombres otorgados a esos personajes son incapaces de interpretar la escritura maya y una total ausencia de manuscritos históricos es simplemente inútil, y debemos considerar las narraciones del doctor Le Plongeon como una versión bastante imaginaria. Al mismo tiempo, la luz que arrojó sobre las costumbres de los mayas dan a su relato un considerable interés y debemos disculparnos por presentarlo aquí con esta extensión.

Capítulo VI

La civilización del antiguo Perú

El antiguo Perú

SI la civilización del antiguo Perú no logró el nivel de cultura general que alcanzaron los mejicanos y los mayas, no estaban lejos de los conocimientos de estos pueblos. Pero el grado de despotismo bajo el que estaban los campesinos en tiempos de los incas y la brutal y sanguinaria tiranía de los incas Apu-Capac, hicieron que los gobernantes de Méjico, aun los peores, fueran amables, comparados con las clases gobernantes peruanas. La raza quechua-aymara que poblaba Perú era inferior a la mejicana en cultura general mental, aunque no en capacidad mental, como prueba su incapacidad para inventar un método de comunicación escrita o una medición del tiempo. En arte también los peruanos fueron flojos, excepto en cerámica y en un rudimentario modelismo, y su religión era mucho más materialista y, en su conjunto, el culto era inferior.

El país

El país en el que se desarrolló la interesante civilización inca presenta características físicas que afectaron profundamente a la historia de la raza. De hecho, es probable que en ningún otro país del mundo la configuración del terreno haya modificado tanto la vida de los habitantes dentro de sus límites. La cadena de los Andes se divide en dos ramales cerca de las fronteras entre Bolivia y Chile y con la cordillera de la costa encierra una altura superior a mil metros de desaguadero, una vasta meseta con una superficie igual a la de Francia. Al norte está Cuzco, la antigua capital de los incas; al sur, Potosí, la ciudad más elevada del mundo, y entre ellas se extiende el

181

lago Titicaca, el mayor lago de agua dulce de Sudamérica. La zona en su conjunto es monótona y desolada en extremo. Los cereales no pueden madurar y la vida animal es escasa. Así todo, fue en esta desolada región donde surgió el poderoso imperio Peruano, altamente organizado, un imperio que se extendía por una superficie de cinco mil kilómetros de largo por setecientos de ancho.

Los andinos

Los prehistóricos nativos de la región andina desarrollaron una civilización que duró hasta la dinastía inca, y las ruinas ciclópeas de sus edificios se encuentran a intervalos dispersas por todo el campo, en las pendientes de las sierras, a cuya sombra vivían. Su logro más extraordinario fue, posiblemente, la ciudad de Tiahuanaco en la costa sur del lago Titicaca, construida a cuatro mil metros de altitud sobre el nivel del mar, con una superficie de más de dos mil metros cuadrados y construidos de enormes bloques megalíticos de roca. La gran puerta de entrada, labrada en un bloque de roca de una sola pieza, tiene dos metros y medio de alto por cuatro de ancho y medio metro de grosor. La parte superior de esta portalada está labrada con figuras simbólicas. En el centro hay una figura en relieve, con rayos solares alrededor de la cabeza y en cada mano un cetro con la cabeza de un cóndor en cada extremo. Esta figura está flanqueada a cada lado por tres hileras de suplicantes arrodillados, alados, y con un cetro similar al central. Hay además un tremendo bloque de piedra, de unos diez metros de largo, resto de una pared enorme, que sujeta monolitos y donde en tiempos remotos había colosales estatuas. Cuando llegaron los conquistadores españoles no había resto de tradiciones concernientes a los fundadores de estas estructuras, y su origen es aún un misterio; pero que representan los restos de la capital de algún poderoso reino prehistórico está totalmente admitido.

Una ubicación extraña

El mayor misterio de todo lo relativo a las ruinas de Tiahuanaco es la elección de su ubicación. ¿Por qué razón los prehistóricos dirigentes de Perú la construyeron aquí? Los alrededores son totalmente inhóspitos para levantar tales edificios, y la meseta sobre la que se sitúan está también desolada y es de difícil acceso. La cordillera de nieve está junto a ellos y la respiración a esas alturas se complica. No hay ninguna razón para suponer que las condiciones climáticas en aquellos días fueran diferentes de las actuales.

Teniendo en cuenta estos hechos, la situación de Tiahuanaco plantea un enigma sin solución.

Sacsahuaman y Ollantay

Se encuentran otros restos de estos pueblos prehistóricos en varias partes de Perú. Sacsahuaman, elevada sobre una colina en la parte alta de la ciudad de Cuzco, es una inmensa fortificación de unos seiscientos metros de largo, construida en tres líneas de muro hecho en enormes piedras, alguna de las cuales de ocho metros de longitud. Pissac es también un lugar de maravillosas ruinas de mampostería, así como un antiguo observatorio. En Ollantay-tampu, a setenta kilómetros al norte de Cuzco, hay otra fortaleza gigante, levantada para defender el valle de Yucay. Esta plaza está construida en su mayor parte de pórfido rojo y sus paredes miden más de siete metros de alto. El gran risco en el que Ollantay está elevado está cubierto de extremo a extremo de magníficos muros cuya forma en zigzag de una parte a otra recuerda los ángulos salientes de alguna fortaleza moderna. A tramos hay torres redondas de piedra provistas de rendijas desde las que seguramente dispararían flechas al enemigo. Esta obra abarca una serie de terrazas, mundialmente famosas debido a su gigantesco perfil y la cuestión del uso por el que se colocaron. La opinión generalizada es que estas terrazas se empleaban para la producción de maíz, con el fin de que durante un prolongado cerco de tropas la población tuviese provisiones suficientes. La piedra con la que se construyó esta fortaleza se extrajo a una distancia de diez kilómetros en un lugar situado a mil metros por encima del valle y fue arrastrada por el abrupto declive de Ollantay por la fuerza puramente humana. La belleza con la que se colocaron las piedras es maravillosa.

El drama-leyenda de Ollantay

Entre las obras dramáticas con las que cuentan los antiguos incas está la de *Apu-Ollanta*, que narra la verdadera historia de un cacique, llamado así por su gran fortaleza. Seguramente estaba dividida en escenas y acompañada de acotaciones en un período posterior, pero el diálogo y las canciones son ciertamente aborígenes. El período es el del reinado de Yupanqui Pachacutic, uno de los mas célebres monarcas peruanos. La figura central del drama es un cacique llamado Ollanta, que se enamoró apasionadamente de la hija del jefe inca, llamada Curi-Coyllur (Estrella alegre). Esta pasión se juzgó de ilegítima, por el simple hecho de que el que aspiraba a la mano

de la hija del Inca no era de sangre real. Al comenzar la obra, oímos un diálogo entre Ollanta y su sirviente Piqui-Chaqui (Patas de pulga) que suple lo
que un moderno director de escena llamaría «la ayuda del cómico». Está hablando del amor de Ollanta por la princesa cuando son puestos ante el sumo
sacerdote del Sol, que trata de disuadir al temerario cacique del peligroso
riesgo al que está expuesto por mor de un milagro. En la siguiente escena
Curi-Coyllur aparece en compañía de su madre, apenada por la ausencia de
su amor. Una canción de las que cantaban al recoger la cosecha va seguida
aquí de una cancioncilla de indudable origen antiguo. La tercera escena presenta una entrevista de Ollanta con el Inca, en la que suplica su petición,
pero el desdeñoso monarca lo rechaza. Ollanta desafía al rey con un sonoro
discurso con el que concluye el primer acto. En la primera escena del segundo acto nos presentan que la decepción del cacique ha elevado el grado de la
rebelión, y la segunda escena presenta los preparativos militares a consecuencia del anuncio de una sublevación general. En la tercera escena Rumi-ñaui,
general de las fuerzas reales, admite la derrota por los rebeldes.

La historia de amor de Curi-Coyllur

Curi-Coyllur da a luz una niña y es encerrada en el lóbrego Convento de
las Vírgenes. A su hija, Yma Sumac (Qué hermosa), también la llevan al
mismo edificio, pero ignora la cercana presencia de su madre. La niñita le
dice a su niñera que ha oído llantos y lamentaciones en el jardín del convento, y las tumultuosas emociones que le producen en su corazón estos sonidos. Se anuncia la muerte del Inca Pachacutic y la ascensión de su hijo
Yupanqui. Hay nuevas rebeliones y la supresión del malestar se le confía a
Rumi-ñaui. Este gobernante, que ya conocía la derrota, recurre a la astucia.
Oculta a sus hombres en un valle cercano, y, cubierto de sangre, se presenta
ante Ollanta que va a la vanguardia de los rebeldes. Le asegura que las tropas reales lo han torturado y que desea reunir a los rebeldes. En esa reunión,
hace que Ollanta y sus hombres se emborrachen incitándolos a beber y beber, y cuando el nivel etílico es extremo, él se viene con sus tropas y los hace
prisioneros.

Madre e hija

Yma Sumac, la preciosa hijita de Curi-Coyllur, pide a su niñera, Pitu Sa-
lla, con tanta pena que le permita visitar a su madre en su mazmorra, que la
mujer consiente y la madre y la hija llegan a reunirse. Ollanta es llevado

como prisionero ante el nuevo Inca, quien le perdona. En tal situación, Yma Sumac entra rápidamente y le pide al monarca que libere a su madre, Curi-Coyllur. El Inca va a la prisión, devuelve a la princesa su amante y el drama concluye con el Inca otorgando la bendición a la pareja. La obra se recogió por escrito por primera vez en el siglo XVII, y se ha editado varias veces, siendo reconocida actualmente como una genuina producción indígena.

Las razas del Perú

Existían muchas razas que componían la población peruana cuando los primeros descubrimientos de los conquistadores españoles. Provinientes del sur llegaron razas civilizadas que probablemente fundaron un buen número de tribus afines, dispersas entre sí a lo largo del pequeño valle, con un dialecto diferente e incluso lenguas diferentes a las de sus vecinos y, en muchos casos, con costumbres distintas. Aunque la tradición aduce que estos invasores vinieron del norte por mar en tiempos históricos, la teoría más probable de su origen es la que establece que siguieron el curso de los afluentes del Amazonas hacia los valles que ellos habitaron cuando el pueblo más culto, que venía del sur, llegó hasta ellos. Los restos de esta población indígena —aunque hablasen diversas lenguas, seguramente eran una misma o acaso no muchas más de dos estirpes— están aún dispersos por todos los valles costeros en túmulos piramidales y en viviendas construidas con adobe.

La llegada de los incas

La llegada de la raza dominante rompió bruscamente la existente paz del pueblo indígena. Esta raza, la quechua-aymara, posiblemente era originaria de la altiplanicie boliviana, la parte más oriental de la cordillera de los Andes. A esa zona la llamaron Tucumán (Fin del Mundo); lo mismo que el Kiche de Guatemala, describían la tierra originaria como Ki Pixab (la esquina de la Tierra). La actual República Argentina estaba cubierta en un período remoto por un semimar, cercado de tierra, y junto a estas costas los ancestros de la raza quechua-aymara pudieron establecerse como criadores de peces y aves. Encontraron un asentamiento más permanente en las costas del lago Titicaca, donde fundaron sus tradiciones con considerables avances en el arte de la civilización. Por supuesto, era del lago Titicaca de donde salía el Sol, de la sagrada roca, donde él se escondía desde antiguo. Aquí también, la llama y el paco fueron domesticados y se inició la vida agrícola, o se perfeccionó. El arte de la irrigación y la construcción de terrazas —tan representativas de las características de la civilización peruana— también se inventaron en esta región y se extendieron las bases de los avances.

El quechua-aymara

Este pueblo estaba formado por dos grupos, el quechua y el aymara, llamados así por el parentesco de las lenguas que respectivamente hablaban. Poseían una estructura gramatical común y un gran número de palabras comunes. Son, en realidad, formas variantes de un mismo idioma. Desde el valle de Titicaca, el aymara se extiende comenzando en el nacimiento del río Amazonas hasta llegar a las partes elevadas de la cordillera andina, por eso con el correr del tiempo mostraban esas cualidades que imprimen el carácter de los montañeros en todo momento y clima. El quechua, por su parte, ocupaba los valles templados más allá del río Apuimac, al noroeste de los pueblos hablantes de aymara —un terreno semejante a la región central de la moderna república de Perú—. El nombre «Quechua» implica valle o esfera cálidos, en contradicción a «Yunca», o distritos tropicales de la costa y las bajas tierras.

Los cuatro pueblos

El pueblo metropolitano de Cuzco consideraba que Perú estaba dividido en cuatro secciones: la de Colla-Suyu, con el valle de Titicaca como su centro, que se extiende desde las tierras altas de Bolivia hasta Cuzco; el Conti-Suyu, entre el Colla-Suyu y el océano; el quechua Chinchay-Suyu, del noroeste, y el Anti-Suyu de la región de la montaña. El pueblo inca vino de repente a estas tierras, las anexionó con sorprendente rapidez y, sometiendo a su mandato a las tribus indígenas dependientes, se extendió por todo el país. Así lo cuentan las crónicas antiguas. Pero está claro que esa rápida conquista fue prácticamente imposible, y se comprende ahora que el poder inca se consolidó solo algunos siglos antes de la llegada de Pizarro.

La llegada de Manco Capac

El mito peruano correspondiente al Quetzalcoatl es Manco Capac, un verdadero hijo del Sol. El donador de vida, observando la deplorable condición de la humanidad, que solo parecía vivir para la guerra y para las fiestas, envió a su hijo Manco Capac y su esposa-hermana, Mama Oullo Huaca, a la

186

Tierra para instruir a las degradadas gentes en el arte de la vida civilizada. La celestial pareja vino a la tierra en la vecindad del lago Titicaca, y fueron provistos de unas calzas doradas que les protegían al hundirse en la tierra, en el preciso lugar en el que comenzarían su labor misionera. Este fenómeno ocurrió en Cuzco, donde sus calzas desaparecieron. La etimología del nombre Cuzco, que significa «ombligo» o, en términos actuales, «centro del universo», prueba que era considerado como un gran centro de cultura. Este lugar es donde los agentes de la civilización levantaron su campamento, reuniendo a todo un pueblo inculto a su alrededor. Mientras Manco enseñaba a los hombres el arte de la agricultura, Mama Oullo instruía a las mujeres en el del tejido y el hilado. Un gran número de gente se reunió en los alrededores de Cuzco, y los fundamentos de la ciudad quedaban establecidos. Bajo las órdenes de la pareja celestial, la tierra del Perú nadaba en la abundancia de todo lo deseable, como en el Edén del *Génesis*. La leyenda de Manco Ccapac, tal y como vemos en una fuente de antiguo origen español, merece la pena mostrarla aquí. Es como sigue: «Allí (en Tiahuanaco) el creador comienza a levantar los pueblos y las naciones que están en esa región, modelando cada nación en arcilla y pintando los vestidos que cada uno iba a llevar; aquellos que iban a llevar pelo, con pelo, y aquellos que iban a ser mochos, con el pelo corto. Y a cada nación le dio la lengua que iban a hablar y las canciones que iban a cantar, y las semillas o la comida que iban a sembrar. Cuando el creador hubo terminado de pintar y de modelar las susodichas naciones y figuras en arcilla, les dio vida y alma, a todos y cada uno, tanto a hombres como a mujeres, y les ordenó que deberían pasar bajo la tierra. Desde allí, cada nación brotó en los lugares a los que se les había ordenado. De esta forma, dicen que unos vinieron de las cuevas, otros de las colinas, otros de las fuentes, otros de los troncos de los árboles. Por esta y otras razones, habiendo venido para multiplicarse por otros lugares y teniendo que comenzar su linaje, hicieron *huacas*[1] y altares, en memoria del origen de su linaje. Así cada nación usa las vestimentas con que es investido su *huaca;* y dicen que el primero que nació en ese lugar se convirtió en piedra. Otros dicen que se convirtieron en halcones, cóndores y otros animales y aves. De aquí que los *huacas* tengan diferentes configuraciones».

La historia peruana de la creación

Los incas peruanos creían que todas las cosas proceden de Pachacamac, el que difunde todos los espíritus, que provee a las plantas y a los animales

---

[1] Cosas sagradas.

(que ellos creen que los produce la tierra) de «almas». La tierra se auto-
designa con el nombre de Pachacamama (Madre-Tierra). Aquí observamos
que Pachacamac fue más un hacedor y moldeador que un originador de materia, un punto en común con todas las mitologías americanas. Pachacamac
fue quien le dio el aliento de vida al hombre, pero la concepción peruana de
él se desarrolló únicamente en los últimos tiempos incas, y de ningún modo
existió en los primeros días del mandato inca, aunque fue seguramente ado-
rado antes de esto bajo otras formas menos exaltadas. El mero ejercicio de
voluntad o pensamiento fue suficiente, de acuerdo con los peruanos, para
llevar a cabo el acto creador. En las oraciones al creador y en otras partes del
rito inca, leemos expresiones como «crea a un hombre», «crea a una mujer»
y «la palabra creativa», que muestran que la conciencia peruana había com-
prendido perfectamente la idea de un creador capaz de desarrollar materia
de la nada. En ocasiones encontramos al Sol actuando como una especie de de-
miurgo o subcreador. Él es quien, en una leyenda posterior, fundó la ciudad
de Cuzco, adonde envió tres huevos, de oro, plata y cobre, de donde salen
las tres clases de peruanos: reyes, sacerdotes y esclavos. Sobrevino el inevitable diluvio, tras el cual encontramos la prehistórica ciudad de Tiahuanaco
considerada como el teatro de una nueva creación del hombre. Aquí, el creador hizo al hombre y lo separó en naciones, modelando cada nación con arcilla de tierra, pintando los vestidos que llevarían y dándoles himnos,
lenguajes y semillas para sembrar, teniendo en cuenta las circunstancias de
cada uno y la comida que requerían. Luego les dio vida y alma y les mandó
adentrarse en las entrañas de la tierra de donde salían, cada uno en el lugar
al que se les había ordenado ir. Quizá ésta es una de las más completas («extensa» sería más adecuada) historias que existen sobre los mitos de la creación y podemos deducir de ella que no es en absoluto simple, sino de una
gran complejidad. Es un claro intento de armonizar las numerosas historias
de la creación, sobre todo en aquellos en los que los pueblos provienen de
las cuevas, y posteriormente el de la creación del hombre en Tiahuanaco,
que los incas achacaban a las inmensas ruinas que había en ese lugar y a ninguna otra cosa.

Mitos locales de la creación

En alguno de los valles más aislados del Perú encontramos mitos de
creación locales. Por ejemplo, en el valle costero de Irma, Pachacamac no
era considerado como el creador del Sol, pero sí un descendiente suyo. A los
primeros seres humanos que creó los separó rápidamente, el hombre murió
de hambre, pero la mujer sobrevivió comiendo raíces. El Sol tuvo compa-

sión de ella y le dio un hijo, al que Pachacamac mató y enterró. Pero de sus dientes creció maíz; de sus costillas, las largas raíces blancas de la planta de mandioca, y de su carne, variadas plantas.

El carácter de la civilización inca

Aparte del tratamiento que le dieron a la raza sometida bajo su dominio, el reinado del monarca inca era culto y contenía elementos de alta civilización. Apenas está claro si la raza inca llegó al país en un momento en el que pudieron haberse aprovechado de aportar el arte y la ciencia de los pueblos andinos anteriores a ellos. Pero se puede afirmar que su llegada está fechada considerablemente más tarde que la caída del imperio megalítico andino, pues su civilización era de fabricación propia. Como arquitectos no eran los inferiores de la raza prehistórica, aunque los ejemplos de su arte no ocuparon un lugar muy destacado, y la técnica de su ingeniería con la que abrieron túneles a través de vastas montañas y tendieron puentes entre barrancos aparentemente infranqueables, aún llenan de asombro a los expertos modernos. También hicieron largas carreteras rectas siguiendo los modelos más pavimentados. Sus templos y palacios estaban adornados con oro y plata en forma de imágenes y ornamentos; suntuosos baños tenían agua fría y caliente por medio de cañerías tendidas en la tierra, donde estaban las mansiones de la nobleza y donde prevalecía la lujuria y el confort reales.

Una teocracia absoluta

El imperio de Perú fue la más absoluta teocracia que el mundo haya visto jamás. El Inca era el representante directo del Sol en la Tierra, la cabeza de un edificio sociorreligioso intrincado y altamente organizado. Esta colosal burocracia se ramificaba en todos los hogares de la población. El Inca estaba representado en las provincias por medio de gobernadores de sangre real. Los oficiales se colocaban sobre diez mil familias, sobre mil familias e incluso diez familias, con el principio de que los rayos del Sol entran a todas partes y que por tanto la luz del Inca debe penetrar en todas los recodos del imperio. No existían ciertas cosas, como la libertad personal. Todo hombre, mujer o niño eran numerados, marcados y puestos bajo vigilancia, tanto como las llamas en el rebaño real. Se desvía todo esfuerzo o iniciativa individual. Algunos escritores han afirmado que se logró en Perú un sistema de socialismo de Estado. Por esto, el estado de vigilancia de la Rusia central se podría marcar como socialismo. A un hombre le planeaba la vida las au-

189

toridades, desde la edad de cinco años, incluso la mujer con la que tendría que casarse se la seleccionaban los oficiales del gobierno. La edad a la que la gente tenía que casarse estaba fijada en no antes de los veinticuatro años para un hombre y dieciocho para una mujer. Llevaban lazos de colores alrededor de la cabeza para indicar el lugar del nacimiento de una persona o la provincia a la que pertenecía.

Un templo dorado

Uno de los monumentos de la civilización peruana más importantes era el Coricancha (Ciudad de oro) en Cuzco, el principal templo del dios del Sol. Sus muros interiores y exteriores estaban cubiertos con láminas de oro puro. Situado sobre una altura de veinticinco metros, el templo da a unos jardines llenos, de acuerdo con los conquistadores españoles, de tesoros de oro y plata. Los animales, insectos, los numerosos árboles, dicen los cronistas, eran de metales preciosos, lo mismo que las espadas, las azadas y otros instrumentos usados para trabajar el suelo. Entre tanta maravilla fluía el río Huatenay. Era el reluciente Intipampa (Campo del Sol). Que la historia es cierta, al menos en parte, lo demuestra el viajero Squier, quien habla de haber visto en varias casas de Cuzco láminas de oro, guardadas como reliquia, que procedían del Templo del Sol. Éstas eran poco más gruesas que el papel, y las desprendieron de las paredes del Coricancha los soldados españoles.

El gran altar

¡Pero esta casa de oro tenía el tejado de paja! Los peruanos no conocían el principio del arco, o acaso lo consideraban inapropiado por alguna razón que bien conocerían los arquitectos. Las puertas de entrada estaban formadas de enormes monolitos y el aspecto de conjunto del edificio era ciclópeo. El interior mostraba una riqueza ornamental que impresionó incluso a los españoles, que ya habían visto la riqueza en muchas partes de reinos orientales, y el ansia por el oro debió de crecer en sus corazones cuando vieron el gran altar, tras el cual había una gran lámina del brillante metal, grabado con caracteres del dios-Sol. La superficie de esta lámina estaba enriquecida con miles de piedras preciosas, y su centelleo ante los espectadores ojos era casi insoportable. Alrededor de esta deslumbrante esfera, se situaban los cadáveres momificados de los reyes incas, cada uno en su trono, cetro en mano.

Templos planetarios

Alrededor del Coricancha se apiñaban varios templos menores, todos ellos dedicados a uno u otro de los cuerpos planetarios a la Luna; a Cuycha, el arco iris; a Chasca; al planeta Venus. En el templo de la Luna, la mítica madre de la dinastía inca, había una gran lámina de plata, lo mismo que la de oro representa la cara del dios-Sol, que representaba las características de la diosa-Luna, y rodeando esto estaban sentadas en semicírculo las momias de las reinas incas, como sus esposas en el gran templo vecino. En el templo del arco iris de Cuycha, el arco de los siete colores del cielo, estaba representado por un gran arco de oro hábilmente muy decorado o pintado con los colores apropiados. Todos los utensilios de estos templos eran de oro y plata. En el edificio principal había doce grandes vasijas de plata que contenían el grano segado, e incluso las tuberías por donde se conducía el abastecimiento de agua desde la tierra al santuario era de plata. El propio Pedro Pizarro, junto a otros testigos, confirma estos hechos. La colosal representación del Sol llegó a ser propiedad de un tal Mancio Serra de Leguicano, un temerario caballero y destacado jugador que lo perdió ¡en un único lanzamiento de dado! Tal era el espíritu de los aventureros que conquistaron este reino dorado para la corona de España. Las paredes del Coricancha aún están en pie y este maravilloso santuario de la principal estrella del cielo, el gran dios de los peruanos, es ahora una iglesia cristiana.

Las momias del Perú

El hecho de que los antiguos peruanos tuviesen un método de momificación ha atraído a muchos «anticuarios» que infieren de aquí alguna conexión con el antiguo Egipto. Estas teorías son tan numerosas como para dar al ingenuo lector la idea de que existió un sistema de inmigración entre Egipto y América. En realidad el método de momificación de moda en Perú era totalmente diferente del empleado por los antiguos egipcios. Las momias peruanas reúnen aparentemente todas las etapas de la historia de las razas nativas. Las tumbas y monumentos megalíticos las contienen con posturas comunes entre los antiguos pueblos de todo el mundo. Estas tumbas megalíticas, o *chulpas,* tal como ellos las llamaron, están compuestas de una masa de asperas rocas y arcilla con enormes bloques de basalto, al frente, para colocarlas todas juntas en forma de depósito donde se ubicaba la momia. La puerta invariablemente miraba hacia el Este, para que pudiera captar los rayos del Sol naciente —una prueba del predominio de la adoración del Sol—. Squier alude a una de más de ocho metros de altura. Una abertura de medio metro cuadrado daba acceso a la cámara sepulcral que medía tres y medio metros cuadrados y tenía una altura de cuatro metros. Pero antes entró a la tumba y después de estar dentro, con mucha dificultad, el explorador fue obligado a salir con las manos vacías.

Muchas de estas *chulpas* son circulares y pintadas con alegres colores primarios. Son muy numerosas en Bolivia, una antigua provincia peruana, y abundan en la cuenca del lago Titicaca.

El muerto era envuelto en pieles de llama y las líneas de los ojos y la boca se marcaban cuidadosamente. El cadáver se preparaba con otros atavíos y la puerta de la tumba se tabicaba. En algunas parte del Perú se momificaba al muerto y era colocado en las viviendas al lado de los vivos. En el enrarecido aire del altiplano, los cuerpos se volvían totalmente inocuos y esta costumbre no era lo insana que podríamos imaginar.

En la costa del Pacífico el método de momificación era algo distinto. Se reducía el cuerpo a un completo estado de desecación y se depositaba en una tumba hecha de piedra o adobe. Había vasijas destinadas a contener maíz o licor de chicha que se colocaban al lado del cadáver, así como hachas de cobre, espejos de piedra pulida, pendientes y brazaletes, que se encontraron en estas sepulturas. Algunos restos se envolvían en ricos paños y jarrones de oro y plata se colocaban a su lado. Las láminas de oro están frecuentemente en la boca, simbolizando probablemente al Sol. Los cuerpos no muestran trazos de embalsamamiento y por lo general están sentados. Algunos tienen muestras evidentes de haber sido desecados antes de ser inhumados, mientras que otros están cubiertos de una sustancia resinosa. Generalmente van acompañados de los distintos artículos utilizados en vida: los hombres con sus armas y ornamentos, las mujeres con sus utensilios del hogar, y los niños con sus juguetes. La sequedad del clima, igual que en Egipto, mantiene estas reliquias en un estado perfecto de conservación. En la tumba de una mujer se encontró, no solo jarras de todas la formas, sino también algunos paños que había empezado a tejer, pero que la muerte quizá le impidió acabarlos. Su cabello castaño claro fue cuidadosamente peinado y trenzado y las piernas, desde el tobillo a la rodilla, pintadas de rojo, tal y como marcaba la moda entre las hermosas peruanas, mientras que pequeñas cajitas de polvos de tocador y lacas llenaban sus tumbas para que los utilizara en la vida venidera.

Leyes y costumbres

El código legal de los incas era extremadamente severo. Los asesinos y los adúlteros tenían como pena la muerte, y un pecado imperdonable era blasfemar contra el Sol o su representación terrenal, el Inca. La virgen del Sol (o monja), que rompió su voto, fue enterrada viva y el pueblo de donde procedía fue arrasado. Se propinaban palizas por las ofensas menores. Un castigo muy peculiar y utilizado consistía en acarrear una pesada piedra durante cierto tiempo.

Una vez casados, se proporcionaba a cada pareja una casa y tierra suficiente para su manutención. Cuando nacía un niño se le asignaba un subsidio: una fanega por un niño, y media para una niña; una fanega era el equivalente al área que produciría cuarenta y cinco kilogramos de maíz. Hay algo repulsivo en el código Inca, con su antigua legislación; y si esta tiranía fue beneficiosa, lo fue simplemente para cumplir sus propios fines, e incitar al pueblo que, descontento, estaba bajo su control como mudos rebaños. Las perspectivas de un nativo de clase media estaban limitadas en extremo. La clase inca de sacerdotes y guerreros aún mantenía todos los vestigios de su autoridad; emplearon su poder despiadadamente para oprimir a los millones de los que les eran indignos, y esto fue una excusa para los conquistadores españoles para privarles del imperio que tan severamente habían administrado. El terreno público se dividía de nuevo cada año de acuerdo con el número de miembros de cada familia, y las leyes agrarias eran estrictamente fijadas. La propiedad privada no existía entre las gentes de las clases bajas, quienes trabajaban simplemente el lote que ese año se había puesto a su disposición. Junto a esto, la gente estaba obligada a cultivar las tierras sagradas para el Inca, y solo las personas mayores y enfermas estaban libres de este deber.

El calendario peruano

La cronología básica conocida del Perú de los incas era un simple recuento de lunas. Pero los cuatro puntos principales en el recorrido del Sol se indicaban por medio del *intihuatana,* un aparato que consistía en una gran roca, coronada por un pequeño cono, cuya sombra caía sobre ciertas muescas que había en la piedra de abajo, y que marcaba la fecha de los grandes festivales del Sol. Los peruanos, sin embargo, no tenían un calendario categórico. En Cuzco, la capital, los solsticios se medían con pilares llamados *pachacta unanchac,* o indicadores de tiempo, que se colocaban en cuatro grupos (dos pilares por grupo) en promontorios, dos en sentido de la salida del Sol y dos en el de la puesta, para marcar justo los puntos de la luz solar desde que sale hasta que se pone. De esta forma, eran capaces de distinguir principio y final de cada solsticio durante el cual el Sol nunca iba más allá de medio par de pilares. La aproximación astronómica inca para el año era de trescientos sesenta días, que se dividían en doce lunas de treinta días cada una. Estas lunas no eran meses de calendario en sentido pleno, sino simples sucesiones lunares, que comenzaban con el solsticio de invierno. Este método del que se ha demostrado su confusión, no parece haber alterado la coordinación con el recuento de la sucesión de los años. Los nombres de las doce lunas, que tenían relación con la vida diaria de los peruanos, era como sigue:

Huchuy Pucuy Quilla (Pequeña Luna creciente), aproximadamente enero.
Hatun Pucuy Quilla (Gran Luna creciente), aproximadamente febrero.
Pancar Pucuy Quilla (Luna de la flor creciente), aproximadamente marzo.
Ayrihua Quilla (Luna de las espigas gemelas), aproximadamente abril.
Aymuray Quilla (Luna de la cosecha), aproximadamente mayo.
Auray Cusqui Quilla (Roturación del suelo), aproximadamente junio.
Chahua Huarqui Quilla (Luna de riego), aproximadamente julio.
Tarpuy Quilla (Luna de siembra), aproximadamente agosto.
Coya Raymim Quilla (Luna de la fiesta de la Luna), aproximadamente septiembre.
Uma Raymi Quilla (Luna de la fiesta de la provincia de Unia), aproximadamente octubre.
Ayamarca Raymi Quilla (Luna de la fiesta de la provincia de Ayamarca), aproximadamente noviembre.
Capac Raymi Quilla (Luna de la gran fiesta del Sol), aproximadamente diciembre.

Los festivales

Que el modelo peruano del tiempo, lo mismo que todos los pueblos americanos, se tomó del curso natural de la Luna es conocido sobre todo por el hecho de que los principales festivales religiosos empezaban con una nueva Luna que seguía a un solsticio o equinoccio. Las ceremonias relacionadas con el más grande festival, el Capac Raymi, se hacían para fechar las fases de la Luna, los dos períodos comienzan el día 9 de la Luna de diciembre y el 21 o último cuarto. Pero mientras estas fases lunares indicaban ciertos festivales, sucedió frecuentemente que las autoridades civiles seguían su propia cuenta, antes de aceptar las normas eclesiásticas. Se le concedía considerable importancia a cada mes, celebrando la naturaleza de sus festivales. Los solsticios y equinoccios eran las ocasiones de ceremonias establecidas. A la llegada del solsticio de invierno, que en el Perú sucede en junio, se celebraba el Intip Raymi (Gran fiesta del Sol). La principal fiesta peruana, que tenía lugar en el solsticio de verano, cuando se supone que empieza el año nuevo, era la fiesta nacional del gran dios Pachamac, y se llamaba Capac

Raymi. Molina, Fernández y Garcilaso, sin embargo, fechan el principio del nuevo año en el solsticio de invierno. El tercer festival del año inca, el Capac Situa, o Coya Raymi (fiesta de la Luna), que señala el comienzo de la estación lluviosa, sucede en septiembre. En general, estos festivales parecían simples o incluso infantiles. El sacrificio de animales procedentes de los sagrados rebaños de llamas era indudablemente la principal característica de la ceremonia, acompañada de ofrendas de magüey o maíz y seguida de representaciones de danzas simbólicas.

La llama

La llama era el principal animal doméstico del Perú. Todas las llamas eran propiedad del Inca. Igual que el camello, salvando las distancias, esta criatura puede subsistir mucho tiempo con poco alimento y es apta para portar moderadas cargas. Cada año una cierta cantidad de lana de llama se entrega a las familias peruanas, de acuerdo con el número de mujeres que haya, y ellas tejen vestidos, que se almacenarán en los depósitos de ropas para uso común. Los grandes rebaños de llamas y alpacas también aportan excedentes de carne para la población, en tales cantidades como nunca tuvieron los mejicanos. Naturalmente se prestaba más atención a la producción de estos animales, y los peruanos trataban muy cuidadosamente a la alpaca, lo mismo que los ganaderos actuales con sus ovejas. Los guanacos y las vicuñas, animales salvajes de la familia de las llamas, también proporcionaban reservas de alimento y lana.

Arquitectura de los incas

El arte en el que los incas peruanos demostraron sus mayores avances fue en la arquitectura. El primitivo estilo de los edificios incas muestra que estaba casi modelado, como ya se ha dicho, trabajo realizado por los albañiles de megalíticos del distrito de Tiahuanaco, pero el estilo más reciente presenta piedras de corte irregular con diferente longitud. Ni cemento ni ninguna argamasa se usaba, la estructura dependía de la precisión con la que se colocaban las piedras y se encajaban unas con otras. Debieron de desarrollar una enorme labor en esta parte del trabajo, pues en los monumentos de la arquitectura peruana que aún existen es imposible meter ni una aguja entre las piedras de las que está compuesto. Los palacios y los templos se construyeron alrededor de un patio y muchos de los principales edificios tenían una sala de considerables dimensiones unida a ellos, que, como en los vestíbulos ingleses de la Edad Media, servían para festejos o ceremonias. Es éste el estilo en el que se construyó el frente del palacio de Colcampata, que domina toda la ciudad de Cuzco, bajo la fortaleza que se supone vivienda de Manco Capac, el primer inca. Los palacios de Yucay y Chinchero también son de este estilo.

Inmejorable destreza

En un aclaratorio pasaje sobre la arquitectura inca de sir Clements Markham, la más grande autoridad viva en materias peruanas, dice: «En Cuzco la piedra usada era basalto oscuro y las gruesas vetas aseguraban la adhesión entre los bloques. La destreza era inmejorable y el resto del mundo no tiene nada que hacer en cuanto al corte y ajuste de piedras, igual que en la técnica de exactitud mostrada en las estructuras incas de Cuzco. No usaban cemento; las piedras grandes están en la fila inferior, y van ascendiendo a medida que se van estrechando, lo cual presenta el mejor efecto. Los edificios se construían alrededor de un patio, al que daban las habitaciones, y algunos grandes salones tenían doscientos pasos de largo por sesenta de ancho, siendo la altura de diez a doce metros, justo donde empieza el tejado. Los tejados son de paja; y podemos hacernos una idea sobre cómo eran sus construcciones gracias a uno que aún se conserva, después de un lapso de tiempo de tres siglos. Es un edificio circular llamado el Sondor-huasi, en Azangaro, y muestra que hasta la paja trabajada elegantemente puede hacer un vistoso tejado en los edificios majestuosos, y que la ornamentación interior de ese tejado puede ser extraordinariamente bonita».

El templo de Viracocha

El templo de Viracocha, en Cacha, en el valle del Vilcamayu, está construido sobre un plano distinto al de otros edificios sagrados del Perú. Sus ruinas consisten en una pared de adobe o arcilla de doce metros de alto y cien metros de largo, levantada en cimientos de piedra de dos y medio metros de altura. El tejado está sujeto con veinticinco columnas y la anchura de la estructura es de veintiséis metros. Era un lugar de peregrinación y las posadas donde solían alojarse los fieles aún están alrededor de las ruinas del templo.

Titicaca

El más sagrado de los santuarios peruanos era Titicaca, una isla en el lago de ese nombre. La isla de Coati disfrutaba una reverencia paralela. Tenía plataformas, a las que se accedía a través de un recorrido a pie, con dos edificios destinados al uso de los peregrinos que acudían a Coati. En Titicaca hay ruinas de un gran palacio que ofrece una vista fantástica de los áridos campos de alrededor. Un gran baño o estanque se encontraba a medio camino en una hilera de terrazas levantadas sobre piedras, sillares, y la piscina de doce metros de largo por tres de ancho y metro y medio de profundidad, tiene paredes parecidas en tres lados. Mediante este estanque, el agua hace que se riegue una terraza tras otra para ir al final al lago.

Coati

La isla de Coati está aproximadamente a diez kilómetros. El principal edificio está en una de las más altas de las siete terrazas, cubierta de flores y arbustos y con rica arcilla traída de una región más fértil. Se encuentra en tres lados de un cuadrado, cincuenta y cinco metros de largo por veinticinco de ancho, de piedra y arcilla y revestida de yeso. «Tiene», dice Markham, «treinta y cinco habitaciones, de las cuales solo una tiene piedras labradas. Los adornos de la fachada son hornacinas que rompen la monotonía del muro, y sobre ellos corre una cornisa. Las paredes están pintadas de amarillo y las hornacinas de rojo. Había un alto tejado dividido aquí y allá por caballetes. Las dos cámaras más grandes eran de seis metros de largo por tres y medio metros más altas que las demás, cada una con una gran hornacina en la pared que da a la entrada. Éstos seguramente serían los lugares sagrados o altares del templo. Las hermosas series de terrazas caen desde la explanada del templo hasta las orillas del lago».

El misterioso Chimu

La población de la costa, de diferente raza que los incas, tenía su centro de civilización cerca de la ciudad de Trujillo, en la llanura de Chimu. Aquí, las ruinas de una gran ciudad dan lugar a una explanada de gran superficie. Sobresaliendo de la masa de ruinas, a intervalos vemos *huacas,* o colinas artificiales. La ciudad se abastecía de agua por medio de canalillos que también servían para regar los jardines. Esas colinas a las que nos hemos referido se usaban como sepulturas, y la más grande, en Moche, tiene doscientos cuarenta y cinco metros de largo por ciento cuarenta de ancho y sesenta metros de altura. Está construida de adobe. Junto al uso de cementerio, esta colina posiblemente tenía un gran templo en su cima.

El palacio

El enorme palacio ocupaba una posición principal. Su gran entrada tenía treinta metros de largo por dieciséis de ancho y sus paredes estaban cubiertas con muchas series de arabescos en relieve hechos de estuco, como el calado de las paredes de Palenque. Otro vestíbulo próximo está adornado con estuco y de él salen muchas estancias que seguramente fueran dormitorios. Del primer vestíbulo sale un largo pasillo que conduce a las secretas cámaras del tesoro, donde estaban escondidos muchos jarrones de oro y plata para asegurarlos de los intrusos y de la vista de los curiosos. Todas estas estructuras están excavadas en un gran montículo de amplia superficie, por eso se puede decir que el edificio completo estaba parcialmente soterrado. «Alrededor de noventa metros hacia el oeste de este palacio había un túmulo sepulcral donde se encontraron muchas reliquias. Los cuerpos estaban envueltos en paños, tejidos con figuras ornamentales y modelos de diferentes colores. En algunos paños había cosidos de hilos de plata, y estaban rematados con bordes de plumas; a veces la plata se recortaba en forma de peces. Entre las ruinas de la ciudad hay grandes superficies rectangulares cercadas por muros y en su interior hay patios, calles, viviendas y depósitos de agua. El más grande es de uno y medio kilómetros aproximadamente al sur del palacio y tiene quinientos metros de largo por trescientos sesenta y cinco de ancho. Los muros exteriores tienen unos nueve metros de alto y un grosor de tres. Alguna de las paredes interiores están muy decoradas con modelos de estuco; y en una parte hay un edificio de cuarenta y cinco cámaras o celdas de cinco filas de nueve cada una y se supone que sería una prisión. También hay un depósito de ciento cuarenta metros de largo por sesenta de ancho y veinte de profundidad».

La civilización de Chimu

Las ruinas de Chimu son, indudablemente, el resultado de un nivel superior de civilización. Los edificios están construidos con arreglo a sus costumbres. La extensión de la ciudad es grande y el arte muestra, en la elaboración de los utensilios descubiertos y la cantidad de modelos de muros, que aquí habitaba un pueblo de avanzada altura. Los trabajos de orfe-

brería están hechos en altorrelieve y la cerámica y las láminas encontradas
lucen una excelencia artística.

Pachacamac

Las famosas ruinas del templo y la ciudad de Pachacamac, cerca del valle de Lurin, al sur de Lima, miran hacia el océano Pacífico desde una altura de ciento cincuenta metros. Cuatro amplias terrazas aún mantienen
fuertes paredes perpendiculares, en su tiempo pintadas de rojo. Aquí se encontró el único arco perfecto del Perú, construido de grandes ladrillos de
adobe —una prueba de que los peruanos aún no eran muy doctos en materias arquitectónicas.

Trabajos de irrigación

Fue, sin embargo, en los trabajos de riego donde esta raza mostró su mayor espíritu ingeniero. En el valle de Nazca los incas hendieron profundas
zanjas para reforzar el poder de irrigación de un riachuelo e hicieron lo mismo en lo alto de las montañas para que la lluvia se dirigiese al canal necesario. Más abajo del valle, la corriente principal de agua se divide en varios
ramales, que riegan cada finca cebando los arroyos. Este sistema, actualizado,
¡aún sirve a quince haciendas de Nazca! Otro canal elevado para el regadío
de las tierras de pasto se extendía por más de doscientos cuarenta kilómetros
a lo largo de las laderas de la cordillera central.

Un descubrimiento singular

En Perú, igual que en Méjico, es posible que la cruz se empleara como
símbolo de los cuatro vientos. Una narración de la expedición de Fuentes al
valle de Chichas cuenta el descubrimiento de una cruz de madera en los siguientes términos[2]:

«Cuando los colonos que acompañaron a Fuentes en su gloriosa expedición alcanzaron el valle, encontraron una cruz de madera, escondida en la
más intrincada parte de las montañas. Como no hay nada más lisonjero para

---

[2] De Skinner: *Estado de Perú*, pág. 313 (1805).

la vanidad de un creyente que presentar el testimonio de un prodigio, la devoción de estos conquistadores no fue muy exagerada teniendo en cuenta la importancia del descubrimiento de tal símbolo sagrado, que ellos instantáneamente aclamaron como milagroso y divino. Decidieron llevarla en procesión hasta la ciudad y colocarla en la iglesia del convento de San Francisco, donde aún se adora. Parece casi imposible que pudiera haber existido entre ellos un individuo suficientemente culto como para contradecir tal persuasión, cuando, en realidad, no hay nada milagroso en el hallazgo de esta cruz, pues ya había habido otros colonizadores cristianos antes de la llegada de Fuentes en el mismo valle. Sin embargo, la opinión de que el descubrimiento fue un milagro, en vez de abandonarla desde el principio, se confirmó más y más con el paso del tiempo. Los jesuitas Antonio Ruiz y Pedro Lozano, en sus respectivas historias de las misiones de Paraguay, acometen la tarea de demostrar que el apóstol Santo Tomás estuvo en América. Esta tesis, que fue novedosa y perfectamente calculada para llamar la atención pública, requiere, más que ninguna otra, el apoyo de razones más poderosas e incontestables documentos para poder mantenerla en pie, incluso en un sentido hipotético, pero nada de esto se aportó. Ciertas conjeturas desdichadas, prepotencia, interés personal, usurpaban el puesto a la verdad y la crítica. La forma de un pie humano que imaginaron haber visto en una toca, y las diferentes fábulas de esta descripción inventadas por la ignorancia, son los únicos fundamentos en los que se apoya esta narración. La única referencia sobre la peregrinación de Santo Tomás de Brasil a Quito ha de juzgarse como apócrifa, pues se considera que los reverendos padres antes citados describen al apóstol con una vara en la mano, una sotana negra, ceñida en la cintura y todos los demás atributos que distinguían a los misioneros de la sociedad. El éxito que obtuvo esta historia al comienzo fue igual que el otorgado a la cruz de Tarija, que recuerda en sus predicaciones que Santo Tomás, en persona, estuvo en el continente americano».

Los chibchas

Un pueblo llamado Chibcha habitó un punto muy elevado en la cordillera de los Andes. Eran bravos y trabajadores y tenían su propia cultura. Se defendieron contra razas nativas más fuertes, pero, tras la conquista española, su pueblo se incluyó en Nueva Granada y ahora forma parte de los Estados Unidos de Colombia. Menos expertos que los peruanos o los aztecas, ellos sin embargo sabían tejer y teñir, esculpir y grabar, hacer carreteras, levantar templos y trabajar la piedra, la madera y los metales. También trabajaban cerámica y joyería, haciendo pendientes y collares de concha y de piedras preciosas. Era un pueblo rico, y los conquistadores lograron un buen botín. Poco se conoce con respecto a su lengua y no hay muchas cosas de interés en sus tradiciones. Su mitología era simple. Creían que la Luna era la esposa de Bochica, representación del Sol, y que ella trataba de destruir al hombre Bochica, quien solo le permitía a ella lucir por la noche. Cuando los indígenas estaban en una condición de barbarismo, Bochica les dio la civilización. Las leyendas sobre Bochica recuerdan en muchos aspectos a Quetzalcoatl o Manco Capac como aquellos que se refieren al fundador del budismo y al primer inca del Perú. Los chibchas ofrecían sacrificios humanos a sus dioses cada cierto tiempo y encerraban a las desafortunadas víctimas durante unos años a fin de prepararlos para su muerte. Veneraban enormemente el lago de Quatavita, y se supone que arrojaron en él sus tesoros cuando fueron conquistados. A pesar de los muchos intentos que se han hecho para recuperarlos, lo cierto es que lo que se ha encontrado es de escaso valor.

Los chibchas tenían fidelidad a dos líderes: uno, el Zippa, que vivía en Bogotá; el otro, el Zoque, vivía en Hunsa, actualmente Tunja. Estos jefes gobernaban también. Al igual que los incas, solo podían tener una esposa legal, y sus hijos les sucedían —su poder pasaba, lo mismo que en algunas tribus centroafricanas, al hijo mayor de su hermana.

Cuando el Zippa murió, le pusieron resina dulce en las partes internas y lo metieron en un ataúd de madera con láminas de oro como adorno. El ataúd fue ocultado en un sepulcro desconocido y nunca se ha descubierto. Sus armas, atributos, objetos de uso diario, incluso jarras de *chicha,* se enterraron con estos jefes. Es bastante probable que se encontraran cuevas donde había momias ricamente ataviadas, y muchas joyas que también había en el sepulcro del Zippa y del Zoque. Para este pueblo la muerte solo significaba una continuación de la vida en la Tierra.

Un severo código legal

Las leyes de los chibchas eran severas: a los asesinos se les imponía la pena de muerte, y a los ladrones castigos corporales. A un cobarde se le obligaba a vestirse de mujer y a hacer los trabajos propios de ella, mientras que a una mujer infiel se la administraba una dosis de pimienta roja, y, si la tragaba, se liberaba de la culpa y de la pena de muerte, y le daba derecho a que su marido la perdonase. Los chibchas no hacían uso del ganado, se mantenían con miel. Construían las casas de arcilla y se ubicaban en el medio de un recinto guardado por atalayas. Los tejados eran de forma cónica, cubiertos con esteras, y para cerrar las aberturas se usaban aneas hábilmente entrelazadas con juncos.

Los chibchas tenían muy buena técnica en el trabajo del bronce, plomo, cobre, estaño, oro y plata, pero no en el hierro. El museo de San Germán tiene muchos ejemplares de oro y artículos de plata hechos por esta gente. M. Uricaechea tiene ejemplares aún más raros en su colección, como dos máscaras de oro de un rostro humano más grande que el real, y un gran número de estatuillas de hombres e imágenes de monos y ranas.

Los chibchas comerciaban con lo que fabricaban; exportaban sal gema que encontraban en sus campos y recibían a cambio cereales con los que cultivaban su pobre suelo. También hacían adornitos curiosos que podrían pasar por dinero, pero no se cree que conocieran el sistema monetario. Tenían pocas columnas de piedra, solo rocas de granito cubiertas con enormes figuras de tigres y cocodrilos. Humboldt los menciona, y dos columnas muy altas cubiertas que hay con esculturas en la unión de Carare y Magdalena, veneradas por los nativos, fueron levantadas seguramente por los chibchas.

Un extraño sistema mnemotécnico

Cuando los españoles llegaron los peruanos no conocían ni el sistema de numeración ni el de escritura. Los únicos medios para contar que poseían se basaban en *quipos,* trozos de cuerda o de piel anudados de distintas larguras y colores. De acuerdo con la longitud o el color de estos cordeles el significado del registro cambiaba; unas veces era histórico y otras era matemático. *Quipos* cuenta la historia de los incas cuidadosamente conservada por un oficial llamado Quipo Camayol —literalmente, «El guardián del Quipos»—. Una buena parte, como monumentos de idolatría, la destruyeron los fanáticos monjes que vinieron con los conquistadores, pero su pérdida no es importante como estudio; sin embargo, podrían haber desentrañado el sistema en el que se basaban. Los peruanos, con todo, continuaron usándolos en secreto.

Uso práctico del *quipos*

El marqués de Nadaillac había recogido los usos que los *quipos* tenían, poniéndolo en tiempos más modernos. Él dice así: «Se organizó una gran revuelta contra los españoles en 1792. Se enteraron de que la revuelta estaba en curso por medio de un mensajero que portaba un trozo de madera, en el que se metían hebras cuyos extremos están formados por flecos rojos, negros, azules o blancos. La hebra negra tenía cuatro nudos, lo cual significaba que el mensajero partía de Vladura, la residencia del jefe de la conspiración, cuatro días después de la Luna llena. Si la hebra blanca tenía diez nudos, quería decir que la revuelta comenzaría diez días después de la llegada del mensajero. La persona a la que se le enviaba el guardián tenía que hacer un nudo en la hebra roja si estaba de acuerdo con la unión con los confederados; en las hebras rojas y azul, por el contrario, si rehusaba». Era por medio de estos *quipos* como los incas transmitían sus instrucciones. En todos los caminos, partiendo de la capital, cada cierta distancia, rara vez superior a ocho kilómetros, se izaban los *tambos,* o estaciones para los *chasquis* o mensajeros que iban de un punto a otro. Las órdenes del Inca de esta forma se dispersaban con gran rapidez. Las órdenes que emanaban directas del soberano se marcaban con una hebra de *llantu* (manto) real, y, según nos aseguran los historiadores, nada podría igualar el respeto con el que esos mensajes se entregaban.

Los incas como artesanos

Los incas peruanos hicieron varios progresos en metalurgia, cerámica y artes textiles. Lavando la arena de los ríos de Caravaya obtenían grandes cantidades de oro, y extraían plata de las minas por medio de altos hornos. El cobre también era abundante y se empleaba para manufacturar el bronce, material del que está hecha la mayoría de los elementos. A pesar de que es difícil saber en qué período tuvieron lugar las labores de minería, es evidente que solo pudieron aprender ese arte tras una larga experiencia. Se han encontrado también muchas pruebas de su técnica en orfebrería y entre ellas están unas maravillosas estatuillas que hicieron de una mezcla de oro y mercurio expuesta a alta temperatura. Bajo las *huacas* se encontró un buen número de detalles curiosos hechos de varias sustancias, con un agujerito horadado, probablemente talismanes. El trabajo de artesanía más fino de los incas está sin lugar a dudas en orfebrería; pero, desgraciadamente, la mayoría de los ejemplares de su trabajo artesanal se fundieron para mitigar el afán de los conquistadores, y de esta forma se perdieron para siempre. La pala y el cincel que usaron en los antiguos tiempos los peruanos son casi como los que emplean ahora, pero algunos utensilios eran toscos. Sus jabalinas, *tomahawks* (hacha de guerra) y otras armas militares eran bastante inútiles. Algunas de las encontradas en las minas de Pasco están hechas de piedra.

El arte de hilar, tejer y teñir de los peruanos no lo igualaba ningún pueblo indígena americano; sus paños y tapices son bonitos en diseño y fuertes en textura.

Se empleaban estampillas de corteza o de barro para diseñar los paños de lana y se añadían plumas a los ornamentos, lo cual producía, todo ello combinado, un vistoso efecto muy admirado por los españoles. El Museo Británico posee algunos buenos ejemplares de estas manufacturas.

Cerámica

Los peruanos sobresalían en el arte de la cerámica. Cocían la cerámica en un horno y variaban el color: rojo, negro y gris eran las tonalidades. Se barnizaban y se moldeaban en dos piezas que se unían antes de cocerlas. Muchos de estos trabajos son de gran belleza y elegancia y las formas de animales eran muy utilizadas. Se descubrieron numerosas tazas de elegante diseño, y algunas vasijas de un considerable tamaño: algunas miden cerca de un metro de alto. Generalmente se utiliza un simple modelo geométrico para la decoración, y a veces filas de pájaros e insectos. La cerámica de los costeños es más rica y variada que la de la propia raza inca, y entre sus estilos encontramos vasijas moldeadas en forma de rostros humanos, muchos de ellos con tal carácter que casi estamos forzados a deducir que eran verdaderos retratos. Se encontraron con frecuencia bandejas de piedra fina, así como fuentes de madera, que llevaban frecuentemente ornamentos labrados que representaban serpientes. En algunas tazas y jarras se representan batallas entre las fuerzas incas y los salvajes de los bosques del este, con arcos y flechas; por debajo pasan animales de la región, de la selva, un grupo brillantemente pintado.

El Museo Arqueológico de Madrid muestra una representación de las muy variadas clases de cerámica peruana, incluyendo algunos ejemplares modelados en una serie de plantas, interesante para los botánicos. En la colección del Louvre hay uno o dos interesantes ejemplos de barro, así como en el Museo Etnológico de San Petersburgo, y en todas estas colecciones hay tipos que se creen que son peculiares al viejo mundo.

El Museo del Trocadero tiene un ejemplar con dos cuellos, llamado «El Salvador». Un dibujo en la base representa a un hombre con un *tomahawk* (hacha de guerra). Los peruanos, lo mismo que los mejicanos, también hacían instrumentos musicales de barro y pesados ornamentos, principalmente para la oreja.

Boceto histórico de los incas peruanos

El dominio inca, tal como lo encontraron los españoles, se había establecido solo un siglo antes de que llegara el hombre blanco. Anterior a este tiempo, el imperio inca había ocupado grandes partes del país, pero no se extendieron por el territorio que tiempo atrás se había relacionado con el nombre inca. Que se fundó sobre un antiguo poder venido a menos que existió en el distrito de Chinchay-suyu, no ofrece ninguna duda. Este poder se ejerció en un territorio limitado por el lago Chinchay-cocha, al norte, y Abancay al sur, y se extendió hacia el Pacífico por el valle del Chincha. Estaba formado por una alianza de tribus bajo el liderazgo del jefe de Pucara, en territorio Huanca. Una rama de esta confederación, la Chanca, obligados a retirarse hacia el sur en un movimiento general, encontraron al pueblo inca de Colla-suyu, quienes bajo su jefe, Pachacutic, un joven y decidido dirigente, venció a los invasores en una decisiva batalla cerca de Cuzco. Como consecuencia de esta derrota los chancas abandonaron a sus antiguos aliados e hicieron causa común con sus vencedores. Unidos los ejércitos, atacaron duramente a la alianza Huanca, a quien derrotaron, y conquistaron los distritos del norte de Chinchay-suyu. De esta forma el centro de Perú se rindió al ejército inca.

Los reyes incas

La historia inca, o mejor dicho la tradición como debemos llamarla dada la ausencia de documentos originales, habla de una serie de once monarcas desde Manco Capac a Huaina Capac, quien murió poco antes de la llegada de los conquistadores españoles. Reinaron, sumando los períodos parciales, cerca de trescientos cincuenta años. La evidencia de que estos jefes reinaron la encontramos en las momificaciones de sus cuerpos, conservados en el gran Templo del Sol en Cuzco, ya descrito. Allí recibían los mismos servicios diarios que cuando vivían. Los rebaños privados de llamas y esclavos aún les pertenecían y cada cierto tiempo se les llevaba comida y bebida. Les tejían trajes y los transportaban en palanquines. Los descendientes de cada uno celebraban fiestas periódicamente en honor de su antepasado y colocaban su momia sentada en el centro de la cena, tratándolo como invitado principal.

Los primeros incas

Después de Manco Capac y su inmediato sucesor, Sinchi Roca (el jefe sabio), Lloque Yupanqui es el tercero de la serie. Murió cuando su hijo era aún un niño. En cuanto a Mayta Capac, que comenzó su reinado siendo aún menor, se sabe poco. Le sucedió Capac Yupanqui, que venció a los conti-suyu, que habían crecido alarmados por el gran poder que recientemente había alcanzado Cuzco. El Inca y sus hombres fueron atacados mientras ofrecían sacrificios. Una segunda intentona de saquear Cuzco y repartirse el botín y las mujeres aprehendidas en el gran Templo del Sol, acabó en una confusión total de los envidiosos invasores. Con Inca Roca, el siguiente Inca, comienza una nueva dinastía, pues es casi imposible establecer una conexión entre él y su antecesor. Del origen de Inca Roca sabemos poca cosa, excepto que fue aclamado descendiente de Manco Capac. Roca, en vez de esperar a ser atacado en sus propios dominios, se enfrentó a los conti-suyu audazmente en el territorio de ellos; los venció definitivamente en Pumatampu y les obligó a rendirle tributo. Su sucesor, Yahuarhuaccac inició una campaña similar contra los colla-suyu y contra los cuales tuvo la ayuda de los conquistados conti-suyu. Pero durante una fiesta que organizó en Cuzco antes de asentarse, fue atacado por sus aliados y huyó a Coricancha, o Templo Dorado del Sol, para refugiarse con sus esposas. La resistencia fue vana, y el Inca y sus protegidos fueron asesinados. Las tribus aliadas que habían invadido el centro del Perú, ahora amenazaban Cuzco avanzando con prontitud. La dinastía Inca fue aniquilada y la ciudad reducida a ruinas. Sin embargo, un hombre fuerte fue capaz de hacer frente con mucho peligro a la situación que se había producido. Era Viracocha, un jefe elegido por votación en la asamblea de guerreros de Cuzco. Gracias a una prudente conciliación de los conti-suyu y colla-suyu se estableció una confederación que no solo puso punto y final a todo intento de invasión, sino que además advirtió a los invasores que volvieran a su territorio y lo defendieran adecuadamente.

Viracocha el Grande

Con Viracocha el Grande, «El divino», comienza el período de ascendencia del verdadero Inca. Fue el fundador auténtico del gran dominio inca. Fue elegido Inca por méritos propios y durante un vigoroso reinado consiguió que la influencia de Cuzco se sintiera en las regiones vecinas del Sur. En su vejez se retiró a su tierra natal, en Yucay y Xaquixahuana, y dejó el mando de su reinado a su hijo y sucesor Urco-Inca, un voluptuoso mentecato que descuidó sus obligaciones reales y fue reemplazado por su hermano menor, Pachacutic, un célebre personaje en la historia inca.

La llanura de sangre

El comienzo del reinado de Pachacutic fue testigo de una de las más sanguinarias batallas de la historia del Perú. Hastu-huaraca, jefe de los antahuayllas, en tierra Chanca, invadió el territorio inca, y se asentó en las colinas de Carmenca, desde donde dominaban la vista de Cuzco. Pachacutic se llevó un parlamento con él, pero todo esfuerzo fue vano, por lo que el poder invasor decidió humillar a la dinastía del Inca hasta la nada. La batalla fue rápidamente ganada. La lucha del primer día no fue decisiva, pero el día siguiente Pachacutic logró una gran victoria, abandonando en el campo de batalla a la mayor parte de la fuerza invasora, y Hastu-huaraca se batió en retirada con quinientos seguidores únicamente. La batalla de Yahuar-Pampa (la llanura de sangre) dio la vuelta a la historia peruana. El joven Inca, anteriormente conocido como Yupanqui, se le conocía ahora como Pachacutic (el que cambia el mundo). Los guerreros del sur le rindieron total sumisión y vinieron en multitudes a ofrecerle sus servicios y a solicitar su alianza y amistad, y poco después se encontró como jefe supremo en los territorios sobre los que sus predecesores habían ejercido simplemente un control nominal.

La conquista del Perú central

Hastu-huaraca, que había sido comisionado por las tribus aliadas de Chinchay-suyu a reducir a los incas, se unió a ellos y juntos, conquistador y conquistado, procedieron a la liberación del distrito de Chinchay-suyu de la tiranía de la alianza Huanca. La reducción de la parte sur del territorio fue rápidamente acometida. En el valle de Jauja los invasores acometieron al ejército de los huancas, a los que finalmente vencieron. Los incas perdonaron y liberaron a los prisioneros de guerra, que eran muy numerosos. Una vez más, en Tarma, los huancas fueron derrotados, tras lo cual toda resistencia parecía haberse salvado. La ciudad-Estado de Cuzco era ahora el poder dominante en todas las partes del Perú central, un territorio de quinientos kilómetros de largo, mientras llevaban a cabo un estilo de soberanía sobre un distrito de la misma extensión hacia el sudeste, que fue en breve convertido a su dominio real.

Fusión de razas

Esta conquista del Perú central hizo que se fundieran las tribus quechua-parlantes a la ribera izquierda del Apurimac, con el pueblo aymara-parlante a la derecha, con el resultado de que los quechuas —más numerosos— rápidamente aumentaron su dominio lingüístico sobre sus hermanos los aymaras. Como consecuencia de esto, los pueblos del sur y centro del Perú, gobernados por jefes incas, se extendieron en oleadas de migraciones sobre el cerro de Pasco, donde se encontraron con poca o nula resistencia, y Pachacutic vivió para ser señor de un dominio que se extendía más de mil quinientos kilómetros hacia el Norte, y para fundar una gran colonia inca al sur del Ecuador, casi idéntica a la frontera con la república de Ecuador.

Dos ramas de los incas

Estas conquistas, o casi movimientos de razas, dividieron al pueblo inca en dos partes separadas, cuyos respectivos centros estaban casi a mil quinientos kilómetros uno del otro. El centro del distrito Norte estaba en Tumipampa, Riopampa y Quito, en diferentes épocas. La separación política de estas áreas era únicamente una cuestión de tiempo. Las condiciones geográficas dividían casi totalmente las dos partes del imperio, una extensión de terreno escasamente poblada de setecientos kilómetros los separaba.

Las leyes de Pachacutic

Pachacutic unió a su fama de guerrero la reputación de sabio y de gobernador liberal. Levantó el gran Templo del Sol en Cuzco, posiblemente en el lugar de un anterior edificio, y estableció en sus muros el convento en el que quinientas doncellas eran retiradas para servicio del dios. También, según se dice, instituyó el gran rito de Capac-cocha, en el que se sacrificaban niños, llamas, paños y maíz en honor al dios Sol. Él inventó una especie de censo, según el cual los gobernantes estaban obligados periódicamente a rendir cuentas de la población que estaba a su cargo. Esta labor se hizo por medio de *quipos*. La agricultura fue su peculiar inquietud, y fue severo con el refuerzo de la ley en cuanto al cultivo del suelo, la creación y mantenimiento de almacenes y graneros, y la regulación del trabajo en general. Como arquitecto, asumió el riesgo de diseñar personalmente los principales edificios de la ciudad de Cuzco, que fue reedificado siguiendo sus instrucciones y de acuerdo con los modelos que él moldeó en arcilla con sus propias manos. Parece que tenía una pasión por el orden, y a él se debe el riguroso plan y el complejo sistema bajo el cual los peruanos vivían cuando llegaron los conquistadores españoles. También se le atribuye a Pachacutic la construcción de la enorme fortaleza de Sacsahuaman, ya descrita. Además instituyó la orden de caballería conocida como Auqui, o «guerrero», la entrada a la cual se otorgaba a los solicitantes apropiados a la gran fiesta de Capac Raymi, o festival del Sol. También nombró la sucesión de las lunas y erigió los pilares de la colina de Carmenca, por los que se anunciaban los solsticios. En breve, toda ley u orden que tenía lugar en la economía social del Perú se le atribuía a él, y podemos decir de él que era el *Alfredo* de su raza.

Tupac-Yupanqui

El hijo de Pachacutic, Tupac-Yupanqui, durante algún tiempo antes de la muerte de su padre actuó como su lugarteniente. Su nombre significa «Brillante» o «Reluciente». Su actividad se extendió a cada rincón del domicilio inca, cuyos límites aumentó, suprimiendo revueltas, subyugando tribus no totalmente dirigidas bajo el mando de la influencia inca y, por lo general, completando el trabajo que tan magistralmente comenzó su padre.

«La horca»

Un espíritu de crueldad y exceso, como nunca se vio en Pachacutic, marcó las hazañas militares de Tupac. En el valle de Huarco, cerca de la costa del Pacífico, por ejemplo, fue rechazado por los nativos, que estaban bien abastecidos de comida y provisiones de todas las clases, y cuya ciudad estaba bien fortificada y muy fuertemente situada. Tupac construyó un inmenso campamento, casi ciudad, cuyos límites traían a la memoria los de su capital Cuzco, en una colina frente a la ciudad, y aquí se asentó tranquilamente a contemplar la gradual inanición del enemigo. Este cerco se prolongó por tres años, hasta que los desdichados defensores, famélicos, capitularon, confiando en la promesa de sus conquistadores: que ellos serían una parte de la nación inca y que sus hijas serían las esposas de jóvenes incas. Una vez efectuada la sumisión de sus jefes, Tupac ordenó una masacre general contra los guerreros y civiles principales. A su llegada los españoles aún vieron inmensos montones de huesos que se produjeron donde había tenido lugar este inhumano holocausto, y el nombre Huarco (la horca) llegó a unirse indisolublemente con este distrito.

Huaina Capac

Tupac murió en 1493, y le sucedió su hijo Huaina Capac (el jefe joven). Huaina tenía alrededor de veintidós años cuando su padre murió y, aunque el último Inca había nombrado a Capac-Huari, su hijo tenido con otra mujer, como sucesor, la reclamación de Huaina se reconoció. Su reinado fue pacífico y estuvo marcado por sabias mejoras administrativas y esfuerzos de ingeniería. Al mismo tiempo estuvo muy ocupado manteniendo a raya a los salvajes que había alrededor de su imperio. Favoreció a la colonia del norte y reedificó Tumipampa, pero residió en Quito. Aquí vivió durante algunos años con su hijo favorito, tenido con una mujer de clase inferior llamada Tupac-atau-huallpa (el Sol hace buena suerte). Huaina fue víctima de una feroz epidemia que hubo en el Perú en aquel momento. Tenía miedo por sus súbditos y fue el último Inca que ejerció un indiscutible influjo sobre el dominio en su conjunto. Lo mismo que Nezahualcoyotl en Méjico, trató de establecer la adoración de un dios en Perú, en detrimento de todos los otros *huacas* o seres sagrados.

La guerra civil inca

A la muerte de Huaina sus dos hijos, Huascar y Atauhuallpa[3], lucharon por la corona. Antes de su fallecimiento, Huaina había dividido sus dominios entre sus dos hijos, pero se dijo que había arrebatado Quito a cierto jefe con cuya hija se casó y con la que tuvo a Atauhuallpa, que tenía además todo el derecho como heredero de esa provincia. El otro hijo, Huascar, o Tupac-cusi-huallpa (el Sol da alegría), era hijo de su principal esposa-hermana; de acuerdo con la costumbre inca, los monarcas de Perú, igual que ciertas dinastías egipcias, orgullosos de su raza, y sin intención alguna de mezclar su sangre con la de plebeyos, tomaban como esposa a una de sus hermanas. Esta historia la cuentan muchos cronistas españoles, pero no está fundamentada de hecho. Atauhuallpa no era hijo de la esposa-hermana de Huaina, sino de una mujer de menor posición social. Además, ambos hijos eran iguales a efectos de descendencia. Huascar, sin embargo, estaba más próximo al trono en virtud de la posición de su madre, que era una princesa real, a pesar de que la madre de Atauhuallpa no fue oficialmente reconocida. Huascar, debido a sus excesos y atropellos a la religión y decencia pública, provocó en la gente una revuelta contra su poder, y Atauhuallpa, viendo su oportunidad en este motín, atacó a las fuerzas reales y logró que volvieran atrás, por lo menos hasta que Tumipampa quedase arrasada, y poco después el importante fuerte de Caxamarca cayera en manos de los rebeldes.

---

[3] Éste es el nombre por el que generalmente es aludido en la historia peruana.

Una dramática situación

Atauhuallpa se quedó en Caxamarca y envió la mayor parte de sus fuerzas al campo enemigo. Éstos hicieron que los guerreros de Huascar retrocedieran hasta llegar al curso del Apurimac. Huascar huyó de Cuzco, pero fue capturado y llevado como prisionero con su madre, su esposa y sus hijos a Atauhuallpa. No muchos días después el rebelde inca recibió la noticia de la llegada de los españoles. La caída del imperio peruano ya era un hecho.

Un inútil despotismo

A pesar de que los incas se repartieron los beneficios de un gobierno bien llevado, estas ventajas fueron seguramente compensadas con el despotismo degradado que traían consigo. La organización política del imperio peruano era, en todos los sentidos, más completa que la de Méjico. Pero en un Estado en el que el esfuerzo y la libertad son totalmente aplastados, incluso una eficaz organización como era la peruana podía aprovecharse del pueblo bajo, y esto es simplemente una estrategia para sostener una tiranía calculada.

Capítulo VII

La mitología del Perú

La religión del antiguo Perú

L A religión de los antiguos peruanos se desarrolló en un tiempo mucho más corto que la de los mejicanos. El carácter más antiguo inherente a ella se muestra en la presencia de deidades, muchas de ellas eran poco más que tótems, y aunque parece que alcanzaron un definitivo monoteísmo o veneración de un solo dios, no fue por el esfuerzo de la casta sacerdotal, sino más bien por la voluntad del Inca Pachacutic, que parecía haber sido un monarca dotado con una especial perspicacia y habilidad —un hombre mucho después del mejicano Nezahualcayotl.

En tiempos del Inca la religión del pueblo era dirigida únicamente por el Estado, y la regulaba de tal forma que el pensamiento teológico independiente era inimaginable. De aquí no podemos concluir que no hubiera cambios en el espíritu de la religión peruana. En realidad sí hubo cambios, pero se dieron solo en el trabajo de la raza inca, cuyos gobernantes amalgamaron las distintas creencias de las gentes a las que habían conquistado, reuniéndolas en una creencia oficial.

Totemismo

El Inca Garcilaso de la Vega, un escritor español de los primeros que se ocuparon de asuntos peruanos, afirma que la tradición decía que en tiempos preincas cada distrito, familia y pueblo poseía su propio dios, distinto uno de otro. Estos dioses eran generalmente objetos, como árboles, montes, flores, hierbas, cuevas, grandes piedras de jaspe y animales. El jaguar, puma y oso eran adorados por su fuerza y fiereza; el mono y el zorro, por su astucia;

el cóndor, por su grandeza y porque muchas tribus se creían descendientes de él. La lechuza, por su belleza, y el búho común, porque podía ver en la oscuridad. Las serpientes, sobre todo las variedades más grandes y peligrosas, eran especialmente tratadas con reverencia. Aunque Payne clasifica a todos estos dioses juntos como tótems, está claro que los de la primera clase —flores, hierbas, cuevas y piezas de jaspe— son meramente fetiches. Un fetiche es un objeto en el que los salvajes creen que reside un espíritu que, con su magia, les asistirá en sus empresas. Un tótem es un objeto o un animal, normalmente esto último, con el que la gente de la tribu cree estar conectado por lazos de sangre y del que ellos descienden. De esto último viene el tipo o símbolo de la tribu.

Paccariscas

Lagos, arroyos, rocas, montes, precipicios y cuevas son todos ellos considerados por las tribus peruanas como *paccariscas* —lugares de donde sus ancestros provenían en su camino hacia el mundo superior—. Al *paccarisca* generalmente se le saludaba con el grito: «Tú eres mi lugar de nacimiento, tú eres el origen de mi vida. Guárdame del demonio, ¡oh, Paccarisca!». Se supone que en ese sagrado lugar vivían los que servían a la tribu como oráculo. Por supuesto, el *paccarisca* estaba muy bien considerado y tratado con extrema reverencia. Llegó a ser, además, una especie de centro vital para la tribu, del que no querían separarse.

Adoración de las piedras

La adoración de las piedras parece ser casi tan universal en el antiguo Perú como lo fue en la antigua Palestina. El hombre, en su estado primitivo, creía que las piedras eran fragmentos de la tierra, su estructura ósea. Se consideraba a sí mismo como emergido de alguna cueva —de ahí, de las entrañas de la Tierra—. Todos los mitos americanos sobre la creación consideran que el hombre salió de los intestinos de una gran madre terrestre. Las piedras que se eligieron como *paccariscas* se encontraron, entre otros muchos lugares, en Callca, en el valle de Yucay, y en Titicaca hay una gran masa de arenisca en lo alto de una elevada cordillera de laderas oscuras y casi inaccesibles, terribles hondonadas donde se cree que se escondió el Sol en la época del gran diluvio que cubrió toda la Tierra. La roca de Titicaca era, de hecho, el gran *paccarisca* del propio Sol.

No nos sorprende, pues, encontrar tantas clases de piedras adoradas en época de los indígenas peruanos. De esa forma Arriaga afirma que las rocas

de gran tamaño se parecían a la figura humana, se creía que en un tiempo
habían sido hombres gigantes o espíritus, que, debido a que desobedecieron
el poder creador, fueron convertidos en piedras. De acuerdo con otro relato,
se dice que sufrieron este castigo por haberse negado a escuchar las palabras
de Thonapa, el hijo del creador, quien, como Quetzalcoatl o Manco Capac,
adoptó la forma de un indio vagabundo, para poder tener la oportunidad de
traer el arte de la civilización a los indígenas. Se dice que en Tiahuanaco,
cierto grupo de piedras representaba a los lugareños, quienes, en vez de
prestar la atención adecuada al consejo que les habían donado Thonapa el
civilizador, siguieron bailando y bebiendo haciendo caso omiso a las enseñanzas que les había traído.

De nuevo, algunas piedras —según se dice— se convirtieron en hombres, igual que en la antigua leyenda griega sobre la creación, de Deucalión
y Pyrrha. En la leyenda de Capac Inca Pachacutic, cuando Cuzco fue atacado
a la fuerza por los chancas, un indio levantó unas piedras, donde ató escudos y armas de tal forma que parecían muchos guerreros escondidos. Pachacutic, que necesitaba ayuda en condiciones, les gritó con tal vehemencia
para que vinieran en su ayuda que se convirtieron en hombres y le rindieron
un espléndido servicio.

Los huacas

Cualquier cosa que fuera sagrada, o de origen sagrado, o de la naturaleza o una reliquia, los peruanos lo llamaban *huaca,* de la raíz *huacan,* chillar;
la veneración originaria tomaba invariablemente la forma de una especie de
aullido, fantástico lamento semejante a una endecha. Todos los objetos de reverencia eran conocidos como *huacas,* aunque los de clase superior eran
aludidos como *viracochas.* Los peruanos tenían, naturalmente, muchas formas de *huaca,* siendo los más populares los fetiches que se podían llevar encima. Eran frecuentes las piedras y los guijarros, muchos de los cuales eran
labrados y pintados, y algunos representaban seres humanos. La llama y la
mazorca de maíz eran, posiblemente, las formas más usuales de estos objetos sagrados. Algunos tenían una significancia agrícola. Para que el riesgo
fuese favorable, se colocaba un *huaca* a intervalos cerca de las acequias, o
canales de irrigación, pues se suponía que impediría la pérdida de agua o, al
menos, almacenaría suficiente humedad para los maizales secos. Los *huacas* de esta clase eran conocidos como *ccompas,* y se les consideraba como
deidades de gran importancia, pues proveían de alimentos a la comunidad y
suponían que dependían totalmente de su ayuda. Otros *huacas* de una clase
similar eran conocidos como *chichis* y *huancas,* y presidían las fortunas de

215

maíz, asegurando que pronto llovería en abundancia. Un buen número de estos fetiches de la agricultura los destruyó el celoso comisario Hernández de Avendaño.

Las *mamas*

Las *mamas* eran los espíritus que se suponía que poseían fuerza para hacer crecer el maíz y otras plantas. Encontramos una concepción similar entre muchas tribus brasileñas actuales, lo cual quiere decir que la idea parece estar ampliamente aceptada en los países sudamericanos. Los peruanos llamaban a esto «madres», añadiendo el nombre genérico de la planta o la hierba con la que estuviera especialmente asociada. De esta forma, *acsumama* era la patata madre; *quinuamama,* el quinua-madre; *saramama,* maíz-madre, y *cocamama,* la madre del arbusto de coca. De ellos, *saramama* era, naturalmente, el más importante, pues era la principal fuente de suministro de comida para la comunidad. A veces se labraba en piedra la imagen de *saramama,* en forma de una mazorca de maíz. *Saramama* también era venerado en forma de muñeco o *huantaysara,* hecho de tallos de maíz, renovado cada cosecha, como los ídolos de la gran madre-maíz de Méjico se hacían cada temporada. Después de hacerla, la imagen se guardaba durante tres noches y luego se sacrificaba. El sacerdote o médico de la tribu preguntaba si sería capaz o no de resistir hasta esas fechas del año siguiente. Si su espíritu respondía afirmativamente, se le permitía quedarse donde estaba hasta la siguiente cosecha. Si no, lo quitaban del lugar, lo quemaban y otra figura ocupaba su puesto, a la que se le formulaban cuestiones similares.

El huamantantac

Huamantantac (el que hace que los cormoranes se reúnan) estaba relacionado de algún modo con la agricultura. Ésta era una labor responsable, la de juntar a las aves marinas, que daba como resultado los depósitos de guano encontrados a lo largo de la costa peruana, muy valiosos en el cultivo de la planta de maíz. Se le consideraba como el espíritu más benéfico, y era sacrificado con un extraordinario fervor.

Huaris

Los *huaris,* o los grandes, eran los antepasados de los aristócratas de una tribu y eran considerados especialmente favorables en cuestiones agrícolas, posiblemente porque la Tierra les había pertenecido en su momento. Se aludía a ellos a veces como «dioses de la fuerza», y eran sacrificados con libaciones de *chicha*. Los antepasados en general eran profundamente venerados y tenían tal significado agrícola, que muchas extensiones de tierra se labraban para que pudieran ser abastecidos con ofrendas de comida y bebida. Como el número de antepasados crecía cada vez más, la Tierra comenzó a cultivarse y la desventurada gente tuvo que trabajar sin descanso para responder a lo que se les solicitaba.

Huillcas

Los *huillcas* eran *huacas* que participaban de la naturaleza de los oráculos. Muchos de ellos eran serpientes, árboles y ríos, y los ruidos que hacían parecían los de los primitivos peruanos —igual que los que hacían todos los pueblos primitivos del mundo—. Los ríos Huillcamayu y Apurimac de Cuzco eran de esta clase de oráculos *huillca*, como sus nombres «Río-Huillca» y «Gran Hablador» denotan. Con frecuencia estos oráculos protegían ocasionalmente apoyados por la opinión popular contra su política.

Los oráculos de los Andes

Los indios peruanos de los Andes continúan en las recientes generaciones con las supersticiones que heredaron de sus padres. Una extraña e interesante narración sobre esas supersticiones dice que ellos «admiten la existencia de un ser malvado, habitante del centro de la Tierra, a quien consideran el autor de sus desdichas y ante cuyo nombre tiemblan. El más sagaz de ellos saca provecho de esta creencia y lo representa como su delegado. Bajo la denominación de *mojanes* o *agoreros,* se les consulta incluso en las ocasiones más triviales. Ellos presiden las intrigas de amor, de la salud de la comunidad y de la toma de las tierras. Todo lo que ocurre repetidamente para derrotar sus pronósticos, cae sobre ellos mismos; y suelen pagar caro sus decepciones. Mascan una especie de verdura llamada *piripiri* y lo escupen acompañando este acto con ciertos recitales y encantamientos, para perjudicar a unos, para beneficiar a otros, para procurar la lluvia y la inundación de los ríos o, por otro lado, para procurar clima estable y una provisión copiosa de la producción agrícola. Tal resultado, verificado casualmente en una sola ocasión, es suficiente para confirmar a los indios en su fe, aunque habían sido engañados miles de veces. Totalmente convencidos de que no pueden resistir la influencia del *piripiri* tan pronto como saben que se les solicita en amor, fijan sus ojos en el objeto apasionado y descubren miles de rasgos simpáticos, ya sean reales o imaginarios, cuya indiferencia han disimulado anteriormente de su vista. Pero el principal poder, eficacia y, se puede decir, desgracia de los *mojanes* consiste en la curación del mareo. Toda enfermedad se atribuye a sus encantamientos, e inmediatamente se ponen los medios para determinar contra qué mal se enfrentan. Con este fin, el familiar más próximo toma una cantidad de jugo de *floripondium* e inmediatamente cae intoxicado por la violencia de la planta. Colocado en la postura adecuada para evitar asfixia y cuando vuelve en sí, después de tres días, el *moján* que tiene mayor parecido con el hechicero que vio en su visión, es el que lo cura, o si en el intermedio el hombre enfermo fallece es costumbre que se le someta al mismo destino. Cuando ningún hechicero aparece en la visión, el primer *moján* que encuentran tiene la desgracia de representar su imagen[1].

Adoración del lago en Perú

Los peruanos del lago Titicaca creían que los habitantes de la tierra, tanto hombres como animales, que habían sido formados por el creador, eran por esto sagrados a sus ojos. Al pueblo del Collao le llamaban Mamacota (Madreagua), porque les proveía de comida. Dos grandes ídolos están relacionados con esta adoración. Uno llamado Copacahuana, hecho de piedra verde-azulada, con forma de pez en cabeza humana, se ubicaba en una posición principal en las orillas del lago. Cuando llegaron los españoles, estaba tan arraigada la veneración de esta diosa que solo pudieron suprimirla poniendo una imagen de la Virgen en el lugar del ídolo. El emblema cristiano aún permanece allí. Mamacota era venerada como la donadora de pesca, que abundaba en el lago. La otra imagen, Copacati (serpiente-piedra), representaba el elemento de agua encarnado en el lago en forma de una imagen rodeada de serpientes, que en América son casi siempre símbolo de agua.

La isla perdida

Se cuenta una extraña leyenda de esta diosa del lago. Era venerada principalmente como proveedora de la lluvia, pero Huaina Capac, que tenía ideas modernas y viajó a lo largo del país derribando *huacas,* decidió levantar en una isla del lago Titicaca un templo a Yatiri (El gobernante), nombre

---

[1] Skinner, *Estado de Perú,* pág. 275.

aymara del dios Pachacamac en su forma de Pachayachachic. Él comenzó levantando el nuevo santuario en la propia isla de Titicaca. Pero la deidad, cuando la invocaron, rehusó conceder cualquier respuesta a los adoradores o al sacerdote. Entonces Huaina ordenó que el santuario fuese trasladado a la isla de Apinguela. Pero allí sucedió lo mismo. Inauguró luego un templo en la isla de Paapiti donde ofreció abundantes sacrificios de llamas, niños y metales preciosos. Pero la ofendida diosa tutelar del lago, irritada e intolerable por la invasión de su antiguo dominio, montó en cólera con tal tormenta que la isla y el santuario que la cubría desaparecieron bajo las olas y después de eso ningún ojo mortal volvió a contemplarlo.

El dios del trueno de Perú

El dios del trueno y de la lluvia era venerado en varias partes del país bajo diferentes nombres. Entre los collao era conocido como Con, y en la parte del imperio inca conocida hoy como Bolivia, lo llamaban Churoquella. Cerca de las cordilleras de la costa era conocido probablemente como Pariacaca, quien arrojó a los *huaca* del distrito con espantosas tempestades, lanzándoles lluvia y granizo durante tres días y tres noches en tales cantidades como para formar el gran lago de Pariacaca. Se le ofrecieron holocaustos de llamas. Pero los incas, descontentos con esta veneración local que en modo alguno se ajustaba a su sistema de gobierno central, decidieron crear una deidad del trueno, a quien todas las tribus del imperio debían venerar como el único dios de su clase. No sabemos cuál era su nombre, pero sabemos por evidencia mitológica que era una mezcla de todos los otros dioses del trueno del imperio peruano, primero porque él ocupaba invariablemente el tercer lugar en la tríada de las grandes deidades, el creador, el Sol y el trueno, todos los cuales eran más o menos mezclas de dioses provinciales y locales; y segundo, porque una gran imagen de él se erigía en el Coricancha en Cuzco, donde estaba representado como forma humana, llevando un tocado que ocultaba su cara, símbolo de las nubes, que siempre cubren la cabeza del dios del trueno. Tenía un templo propio, además, y poseía una parte en las tierras sagradas del Inca Pachacutic. Estaba acompañado por una figura de su hermana, que llevaba vasijas de agua. Un desconocido poeta quechua compuso sobre el mito el siguiente poemilla, que fue traducido por Daniel Garrison Brinton, un entusiasta americanista y profesor de arqueología americana en la Universidad de Pennsylvania:

Generosa princesa,
He ahí tu hermana;

Rompe tus vasijas
Ahora en fragmentos.
Del soplido vienen
Trueno, relámpago
Rayos;
Y tú, princesa,
Tomas el agua
Con la lluvia
Y el granizo;
Nieve dispensa,
Viracocha,
Constructor del mundo.

Se observará que el traductor aquí emplea el nombre Viracocha como si fuera el de la deidad. Pero era simplemente una expresión general en vez de ser sagrado. Brinton, comentando sobre la leyenda, dice: «En esta hermosa criatura abandonada que se ha puesto a flote para nosotros procedente del naufragio de una literatura ahora perdida para siempre, hay más de un punto para atraer la noticia del anticuario. Puede encontrar una insinuación para descifrar aquellos nombres de divinidades tan comunes en las leyendas peruanas, Contici e Illatici. Ambos significan "el jarrón del trueno" y ambos se refieren, sin duda, a la concepción aquí expuesta de los fenómenos de las tormentas». Aludiendo al mito peruano del trueno además, él dice en un aclaratorio pasaje: «En todos los reinos de los incas, los peruanos veneraban, como hacedor de todas las cosas y gobernante del firmamento, al dios Ataguju. La leyenda era que de él procedía el primero de los mortales, el hombre Guamansuri, que descendió a la Tierra y allí se casó con la hermana de ciertos guachiminas, que no tenían rayo o *darklings* que entonces lo poseían. Ellos lo destruyeron, pero su hermana dio a luz dos gemelos, Apocatequil y Piguerao. El primero era el más poderoso. Tocando el cadáver de su madre, él le devolvió la vida, se marchó y asesinó a los guachiminas y, dirigido por Ataguju, liberó a la raza de indios del suelo presentándose con una espada de oro. Él era, pensaban, quien provocaba el trueno y el relámpago lanzando piedras con su honda. Y los rayos que caen, decían ellos, son niños. Pocos pueblos querían estar sin uno o más de éstos. Eran aparentemente piedras pequeñas y redondas, pero tenían las admirables propiedades de asegurar la fertilidad de los campos, protegerlos de los relámpagos y, por una transformación fácil de entender, eran también adorados como dioses de fuego así como de las pasiones materiales, y eran capaces de encender peligrosas llamas del deseo en los más frígidos pechos. Además ellos eran considerados en gran estima como hechizo de amor. La estatua de Apocatequil se izaba en las montañas con su madre en una mano y su hermano en la otra. "Era el príncipe de la maldad y el más respetado dios de los peruanos. Desde Quito hasta Cuzco no había un solo indio que no entregase todas sus posesiones por conciliarse con él. Cinco sacerdotes, dos ayudantes y una multitud de esclavos servían a esta imagen. Y el templo de su señor estaba rodeado de una muy considerable población, cuyos habitantes no tenían más ocupación que esperar en él"». En la memoria de estos hermanos gemelos, en Perú, siempre los juzgaron consagrados al relámpago.

Hay un ejemplo que consta de cómo el *huillca* podía denegar el reconocimiento. Manco, el Inca a quien Pizarro dio el poder, ofreció un sacrificio a uno de estos santuarios proféticos. El oráculo denegó su reconocimiento, por medio de su sacerdote guardián, afirmando que Manco no era el Inca legítimo. Manco, por esta razón, hizo que el oráculo, que tenía forma de roca, cayera por tierra, después de lo cual su espíritu guardián emergió en forma de papagayo y se fue volando. Es posible que el pájaro liberado de esta forma fuera instruido por los sacerdotes para contestar las preguntas que le formulaban los que se acercaban a consultar al santuario. Pero sabemos que Manco ordenó que el papagayo fuera persuadido a buscar otra roca, que abrió para recibirlo y el espíritu del *huillca* se trasladó a esta nueva morada.

El gran dios Pachacamac

La última mitología peruana reconocía únicamente tres dioses de primer rango: la Tierra, el trueno y la acción creadora. Pachacamac, el gran espíritu de la Tierra, cuyo nombre proviene de la palabra *pacha,* se puede traducir como «cosas». En su sentido de cosas visibles es equivalente a «mundo», aplicado a cosas que se suceden, denota «tiempo», y a cosas relacionadas con personas «bienes», especialmente ropas. El mundo de las cosas visibles es, pues, Mamapacha (Tierra-madre), bajo cuyo nombre los antiguos peruanos adoraban la Tierra. Pachacamac, por su parte, no es la tierra misma, el suelo, sino el espíritu que alienta a que todas las cosas emerjan de él. De él procede el espíritu de las plantas y animales que da la Tierra. Pachamama es el espíritu madre de las montañas, rocas y llanuras; Pachacamac, el espíritu-padre de los cereales, animales, pájaros y el hombre. En algunos sitios Pachacamac y Pachamama eran venerados como divinidades parejas. Posiblemente esta práctica era universal en los orígenes, gradualmente caída en desuso en los últimos tiempos. Pachamama estaba en otra etapa, denotando la tierra inmediatamente contigua a un asentamiento en el que los habitantes dependían de su abastecimiento de alimentos.

Historias peruanas sobre la creación

Es fácil ver cómo una concepción tal como la de Pachacamac, el espíritu de la naturaleza animada, podría hacernos pensar en la idea de un creador universal o parcial. Que había una concepción preexistente de una acción creadora, se puede probar por la existencia del nombre peruano Conticsi-viracocha (el que da origen o comienzo). Esta concepción y la de Pachacamac debieron de chocar en algún momento en los primeros tiempos, y seguramente se entremezclaron con facilidad cuando vieron lo próximas que estaban estas dos ideas. Por supuesto, Pachacamac era conocido indistintamente como Pacharurac, el «hacedor» de todas las cosas —prueba concluyente de su amalgama con la concepción de la acción creadora—. Como tal, tenía su símbolo en el gran Coriconcha en Cuzco, un plato ovalado de oro, suspendido entre los del Sol y la Luna, colocado verticalmente, que probablemente representaría el símbolo del origen del que emanan todas las cosas. Además, en Cuzco el creador se representaba por medio de una estatua de piedra con forma humana.

Pachayachachic

En los últimos días del Inca esta idea de un creador adoptaba la de un gobernador directo del universo, conocido como Pachayachachic. Este cambio se debía posiblemente a la influencia del Inca Pachacutic, de quien se sabe que introdujo varias innovaciones doctrinales en la teología peruana. Mandó construir un gran templo al dios creador en el ángulo norte de la ciudad de Cuzco, donde colocó una estatua de oro puro, del tamaño de un niño de diez años. El reducido tamaño era para facilitar su movimiento, pues la adoración peruana se llevaba a cabo casi siempre al aire libre. Tenía forma de hombre con el brazo derecho levantado, la mano parcialmente cerrada y los dedos índice y pulgar como si fuera a pronunciar un discurso. Tenía asignadas varias posesiones y rentas, y los servicios que se le rendían eran voluntarios.

Ideas de creación

Es de fuentes indígenas, conservadas por los primeros colonos españoles, de donde podemos saber lo que los incas creían sobre el proceso creativo y en qué consistía. Por medio de su palabra *(ñisca)* el creador, un espíritu poderoso y opulento, hacía todas las cosas. Conocemos muchas oraciones con las que los peruanos elevaban sus plegarias. «Permite que sean el cielo y la Tierra», «Que sea el hombre; la mujer», «Que haya día», «Que haya noche», «Que el Sol brille». El Sol está considerado aquí como el agente creador y la clase dirigente como objeto de un especial acto de creación.

Pacari Tampu

Pacari Tampu (Casa del alba) era el lugar del origen, de acuerdo con la reciente teología inca, de cuatro hermanos y hermanas que iniciaron los cuatro sistemas peruanos de adoración. El mayor subió a un monte cercano y lanzó piedras a los cuatro puntos cardinales, indicando de esta forma que él reclamaba toda la tierra que alcanzaba la vista. Pero su hermano menor consiguió con maña que bajara a una cueva, que tapó con una gran roca, encarcelándolo para siempre. Luego persuadió al segundo hermano para que subiera a una encumbrada montaña, desde donde lo arrojó, convirtiéndolo en una piedra a medida que bajaba. Viendo la suerte que habían corrido sus hermanos, el tercer miembro del cuarteto huyó. Está claro que tenemos aquí una leyenda inventada por el último sacerdote inca, que narra la evolución de la religión peruana en sus diferentes niveles. El primer hermano podría representar la más antigua religión de Perú, la de los *paccariscas;* el segundo, el de la veneración de los fetiches de piedra; el tercero, el de Viracocha, y el último, la adoración del Sol pura y simple. Había, no obstante, una leyenda «oficial», que establecía que el Sol tenía tres hijos: Viracocha, Pachacamac y Manco Capac. Al último se le dio el dominio de la humanidad, mientras que a los otros les concernían los trabajos del universo. Estas medidas políticas ocupaban todo el poder, temporal y espiritual, en las manos de los reputados descendientes de Manco Capac, los incas.

La veneración del mar

Los antiguos peruanos adoraban al mar lo mismo que a la Tierra; los pueblos de tierra adentro lo consideraban como una deidad amenazadora, mientras que los costeros lo reverenciaban como un dios benevolente, llamándolo Mama-cocha o Madre-mar, pues les proporcionaba subsistencia en forma de pescado, de lo que vivían principalmente. Veneraban a la ballena, bastante común en esa costa, por su enorme tamaño y en varios distritos trataban con admiración a todas las especies que más abundaban allí. Esta veneración se ha de tomar, no en sentido de naturaleza totémica, sino como sistema que prohibía que un animal totémico no se podía comer. Se suponía que el prototipo de cada variedad de pescado habitaba el inframundo, de la misma forma que muchas tribus de indios norteamericanos creían que los antepasados epónimos de ciertos animales vivían en los cuatro puntos cardinales o en el cielo sobre ellos. Este gran dios de la pesca engendraba a los demás de su especie y los enviaba a las aguas profundas para que pudieran estar allí hasta que el hombre los tomara para su uso. Los pájaros también tenían su epónimo equivalente entre las estrellas, lo mismo que el resto de los animales. De hecho, hay muchas razas sudamericanas, antiguas y modernas, que llaman a las constelaciones con nombres de ciertas bestias y pájaros.

Viracocha

La raza aymara-quechua veneraba a Viracocha como un gran héroe cultural. No le ofrecían sacrificios ni tributos, pues pensaban que él, siendo creador y poseedor de todas las cosas, no necesitaba nada de los hombres; así pues, solo lo adoraban. Después de él, idolatraban al Sol. Creían, por supuesto, que Viracocha había hecho el Sol y la Luna, tras emerger del lago Titicaca, y que luego hizo la Tierra y la pobló. En sus viajes hacia el Oeste desde el lago, a veces lo asaltaban los hombres, pero se vengaba enviándoles terribles tormentas y destruyendo sus propiedades, por eso ellos se humillaban y lo reconocían como su señor. Él les perdonaba y les enseñaba todas las cosas, de forma que le dieron el nombre del Pachayachachic. Al final, desapareció en el océano del Oeste. Él creó o había nacido con sus cuatro seres quienes, según las creencias míticas, civilizaron el Perú. A ellos les asignó los cuatro cuartos de la Tierra y de ese modo son conocidos como los cuatro vientos: norte, sur, este y oeste. Una leyenda declara que venían de la cueva Pacari, la Casa del Alba.

La adoración del Sol en Perú

El nombre «Inca» significa «Pueblo del Sol», al cual consideraban los incas como su creador. Pero no lo adoraban totémicamente —esto es, no lo aclamaban como su progenitor, aunque pensaban que tenía atributos de hombre—. Y aquí podemos observar una diferencia entre la adoración del Sol por parte de los mejicanos y la de los peruanos. Por un lado, los nahuas consideraban primariamente el orbe como la morada del Hombre del Sol, que venía a la Tierra en forma de Quetzalcoatl, y por otro, los peruanos admiraban al Sol como a la deidad. Los incas no identificaron a sus antepasados como hijos del Sol hasta una fecha comparativamente tardía. La adoración del Sol fue introducida por el Inca Pachacutic, quien afirmaba que el Sol se le apareció en un sueño, y le dirigía como a un niño. Hasta ese momento la adoración del Sol había estado siempre subordinada a la del creador y la deidad apareció solo como el segundo en la trinidad de creador, Sol y trueno. Pero la permanente provisión se hizo para ofrecerle sacrificios al Sol antes de que se reconocieran otras deidades, y como aumentaron las conquistas de los incas y esa provisión se extendió a nuevos territorios, llegaron a ser conocidos como «las Tierras del Sol», y los nativos, observando la dedicación de una parte del país al Sol, concluyeron de ahí que lo aplicarían a todo. La realidad material del Sol contribuía enormemente a su culto entre un pueblo que era demasiado bárbaro para apreciar a un dios invisible, y esta concepción colonial impuesta sobre la madre-Tierra inspiraría indudablemente a la clase militar que decidió fortalecer la adoración popular en las provincias conquistadas y en aquellas que tenían gran cantidad de misioneros.

Las posesiones del Sol

En todos los pueblos peruanos el Sol tenía considerables posesiones. Sus haciendas recordaban a las de los grandes terratenientes y consistían en una vivienda, una *chacra,* o porción de tierra, rebaño de llamas y pacos y un número de mujeres dedicadas a su servicio. El cultivo del suelo en el recinto del Sol incumbía a los habitantes de la vecindad del pueblo, y lo que producía su trabajo se almacenaba en la *inti-huasi* o Casa del Sol. Las mujeres del Sol le preparaban la comida y bebida diarias, que consistía en maíz y *chicha.* También devanaban lana y la tejían en finos paños, que se quemaban para que pudieran ascender a las regiones celestes, donde la deidad podía hacer uso de ellos. Cada pueblo reservaba una parte de la producción del Sol para la gran fiesta de Cuzco, y se llevaba allá en el lomo de las llamas que estaban destinadas al sacrificio.

La ocupación inca de Titicaca

La roca de Titicaca, el renombrado lugar del origen del Sol, llegó a ser, naturalmente, un importante centro de su veneración. La fecha en la que se comenzó la adoración del Sol originada en esta famosa roca es extremadamente remota, pero podemos asegurar, casi con certeza, que fue mucho anterior a la conquista de El Collao por Apu-Capac-Inca Pachacutic, y esa veneración al Sol, como dios de la guerra, de los jefes Colla fue observada por Tupac, quien dedujo que la observación local de la roca tenía alguna relación con el disturbio. Es cierto, sin embargo, que Tupac procedió, después de la reconquista, a establecer a su centro natural de la veneración solar aquellos ritos solares sobre bases nuevas, con la clara intención de asegurar de parte de los incas de Cuzco un beneficio exclusivo tal que aumentaría la total posesión de *paccarisca* del Sol. De acuerdo con la narración nativa, un venerable *colla* (o ermitaño), consagrado al servicio del Sol, había ido a pie de Titicaca a Cuzco con el fin de elogiar esta antigua residencia de veneración del Sol a la advertencia de Tupac. La consecuencia fue que Apu-Capac-Inca, después de visitar la isla y adquirir las viejas costumbres locales, las reestableció de forma regular. Sus narraciones pueden ser difícilmente aceptadas teniendo en cuenta los hechos recopilados.

Tras esto, Titicaca llegó a ser un subordinado de Tupac, una vez sofocada la revuelta de los collaos. En lo sucesivo, la adoración del Sol en su lugar de origen fue confiada a los incas residentes en el lugar, y se celebraba con ritos incas. La isla se convirtió en una hacienda del Sol y los habitantes indígenas se fueron. La tierra se cultivaba y las laderas de las colinas se allanaron, se sembró maíz y se consagró el suelo, considerando el grano como un regalo del Sol. Este trabajo produjo considerables cambios en la isla. Donde antes había tierra baldía e inútil, había ahora fertilidad y laboriosidad. Las cosechas se repartían discretamente; reservaban una buena parte para los sacrificios, y el resto lo enviaban a Cuzco, parte para sembrarlo en las *chacras* o fincas del Sol por todo el Perú, y otra parte para guardarlo en el granero del Inca y los *huacas,* como símbolo de que tendrían buenas y abundantes cosechas en el futuro y que el grano ya almacenado se conservaría. Se levantó un edificio para las mujeres del Sol, a un kilómetro aproximadamente de la roca, de tal forma que los productos estuvieran disponibles para los sacrificios. Para su mantenimiento, los habitantes de los pueblos costeros del lago le ofrecían tributos de patatas, ocas y *quinua,* y de maíz los pueblos de los valles vecinos.

Peregrinaciones a Titicaca

Titicaca en la época de la conquista era más frecuentado posiblemente que Pachacamac. Estos dos lugares eran los puntos claves de los santuarios de los dos grandes *huacas,* el creador y el Sol, respectivamente. Una razón especial por la que había peregrinaciones a Titicaca eran los sacrificios al Sol, como fuente de energía física y portadora de larga vida; y era especialmente venerado por los ancianos, quienes creían que les conservaría la vida.

Luego vinieron las migraciones de peregrinos a Titicaca, para los que se construyeron los albergues en Copacahuana y grandes almacenes de maíz que cubrían sus necesidades. El ceremonial relacionado con los sagrados ritos de la roca era rigurosamente observado. El peregrino, antes de embarcar en la balsa que lo conduciría a la isla, debía confesar sus pecados a *huillac* (un predicador venerable); posteriormente se le requerían nuevas confesiones a su paso por cada una de las tres puertas esculpidas que debía atravesar antes de llegar a la roca sagrada. La primera puerta (Puma-puncu) tenía en la parte superior la figura de un puma; las otras (Quenti-puncu y Pillco-puncu) estaban adornadas con plumas de diferentes especies de pájaros comúnmente sacrificados al Sol. Una vez atravesada la tercera puerta, el viajero se encontraba a una distancia de doscientos pasos de la roca sagrada, cuya cima resplandecía con hojas de oro. No se le permitía ir más allá; la entrada solo se les permitía a los oficiales. El peregrino recibía al salir unos pocos granos de maíz sagrado producido en la isla. Los guardaba con mucho cuidado y los colocaba con sus propios granos, con la creencia de que conservaría su provisión. La confianza del indio que colocaba el maíz de Titicaca se puede juzgar como una creencia de que el poseedor de un solo grano de maíz no pasaría hambre el resto de su vida.

Sacrificios al nuevo Sol

El Intip-Raymi, o Gran Fiesta del Sol, lo celebraban los incas de Cuzco en el solsticio de invierno. En conexión con él, el Tarpuntaita-cuma, o sacrificador inca, tenía una notable obligación: los adoradores viajaban hacia el este para encontrarse en su camino con uno de estos funcionarios. En las principales cimas entre Cuzco y Huillcanuta, en la ruta hacia la roca de Titicaca, se ofrecían llamas, coca y maíz en la fiesta de bienvenida al joven Sol, procedente de su antiguo lugar de nacimiento. Molina enumeró más de veinte de estos lugares de sacrificio. Las sorprendentes pinturas sobre la celebración del sacrificio solar en estas inhóspitas montañas en lo más crudo del invierno peruano, no tienen, según parece, paralelismo en ningún rito religioso de la antigua América. Abandonaron sus chozas de paja a la llegada del alba, dejando detrás de sí el valle, y llevando el cuchillo de sacrificio llevaron la llama blanca, muy cargada con combustible, maíz y hojas de coca, envuelto en finos paños, al espacio donde iba a tener lugar el sacrificio. Cuando salió el Sol, la pira ya ardía. La víctima ya había muerto y la habían arrojado al fuego. La escena, entonces, presentaba un sorprendente contraste con la soledad de los inhóspitos alrededores. A medida que las llamas crecían en fuerza y el humo ascendía más alto y grueso, la clara atmósfera iba gradualmente iluminándose por el este. Cuando el Sol llegó por encima del horizonte el sacrificio estaba a su altura. Pero el chisporroteo de las llamas y el murmullo de un arroyo al bajar por la colina para unirse al río rompían el silencio que había hasta entonces. Al ponerse el Sol, los incas se fueron marchando alrededor de la fogata, tirando de la lana del cadáver chamuscado y cantando monótonamente: «¡Oh, Creador, Sol y Trueno, sed jóvenes siempre! Multiplicad los pueblos; dejad que vivan en paz!».

El Citoc Raymi

La más pintoresca, si no la más importante de las fiestas del Sol, era la de Citoc Raymi (incremento gradual del Sol), que se celebraba en junio, dedicándole nueve días al ceremonial. En los tres días previos al evento se celebraba un riguroso fasto durante los cuales no se podía encender ningún fuego. El cuarto día, el inca, acompañado por el pueblo en masa, se dirigía desde la gran plaza de Cuzco a aclamar al Sol naciente, al que esperaban en silencio. Cuando aparecía, ellos le saludaban con un alegre tumulto y, uniéndose en procesión, iban al Templo Dorado del Sol, donde sacrificaban llamas y se encendía un nuevo fuego, con un espejo en forma de arco, continuando con ofrendas de grano, flores, animales y aromáticos eucaliptos. Este festival se toma como típico de las celebraciones en cada estación. El calendario inca tenía una base puramente agrícola y marcaba con sus grandes fiestas el comienzo y el final de las labores del campo. Sus observaciones astronómicas no estaban más avanzadas que las de los calendarios de muchas razas americanas inferiores en civilización.

Sacrificios humanos en Perú

Los escritores ignorantes de la materia se han explayado con frecuencia en la ausencia de sacrificios humanos en el antiguo Perú, y no han dudado en establecer comparaciones entre Méjico y el imperio de los incas al respecto, normalmente no complementario del primero. Estas afirmaciones se contradicen en clara evidencia. Los sacrificios humanos, ciertamente, no abundaban en Perú, pero lo que sí es verídico es que eran regulares y de ninguna forma extraños. Las víctimas femeninas ofrecidas al Sol se tomaban de la gran clase de Acllacuna (las selectas), un tributo general de niñas que regularmente se rendía en todas la partes del Imperio Inca. Los oficiales del Inca separaban de sus padres a las hermosas niñas, de ocho años, y las llevaban ante cierta hembra para entrenarlas, llamada *mamacuna* (madres). Estas matronas entrenaban sistemáticamente a sus protegidas en rituales y en las faenas domésticas. En las principales ciudades se establecieron conventos y residencias llamadas *aclla-huasi* (casas de las selectas).

Métodos de curanderos

Una curiosa narración sobre los métodos que usaban los curanderos de los indios de los Andes peruanos posiblemente ilustra la forma en la que se desarrollaban las supersticiones de un pueblo bárbaro en un ritual más majestuoso.

«No se puede negar», afirma, «que los *mojanes* (sacerdotes), por práctica y tradición, han adquirido conocimientos acerca de muchas plantas y venenos con los que realizaban sorprendentes curas por un lado y, por otro, mucho daño, pero la manía de atribuirlo todo a virtudes sobrenaturales les da la oportunidad de mezclar con sus prácticas mil hechizos y supersticiones. El método más acostumbrado de curación consiste en colocar dos hamacas cercanas, ya sea dentro de casa, ya sea al aire libre: en una de ellas se tiende al paciente y en la otra el *moján* o agorero. Este último, en contacto con el enfermo, empieza a mecerse y luego, con unos compases en falsete, empieza a llamar a los pájaros, a los cuadrúpedos y a los peces para que den salud al paciente. De cuando en cuando se levanta de su asiento y hace miles de gestos raros y extravagantes sobre el enfermo, a quien aplica polvo, hierbas, o le lame las heridas o partes enfermas. Si el mal aumenta, el *agorero,* uniéndose a mucha gente del pueblo, canta un corto himno, dirigido al alma de paciente, con este estribillo: "Tú no debes irte, tú no debes irte". Repite esto seguido de la gente, hasta que se alza al final un terrible clamor, que va aumentando a medida que el enfermo se va poniendo más y más pálido.

Cuando todos los hechizos son inútiles y sobreviene la muerte, el *moján* salta de su hamaca y recurre a la huida en medio de una multitud de palos, piedras y puñados de tierra que le arroja la gente. Poco a poco todos aquellos que pertenecen a una nación y que están divididos en grupos, cada uno de ellos (si el que agoniza es un guerrero) se acerca a él y le dice: "¿Adónde vas? ¿Por qué nos dejas? ¿Quién nos defenderá de los *aucas* (los enemigos)?". Entonces ellos le citan todos los actos heroicos que ha llevado a cabo, el número de todos a los que ha matado y los placeres que deja tras él. Esto lo practican en diferentes tonos: mientras uno levanta la voz, los otros la bajan; y el pobre enfermo se ve obligado a soportar estas impertinencias sin rechistar, hasta que se le manifiestan los primeros síntomas de que se acerca el final. Entonces es cuando le rodea una multitud de mujeres, y algunas de ellas le cierran la boca y los ojos a la fuerza, otras lo envuelven en su hamaca oprimiéndolo con todo su peso y causándole la muerte antes de tiempo y otras, finalmente, corren a apagar la vela y a disipar el humo, para que el alma no pueda encontrar un agujero para escapar y tenga que quedarse en la estructura del tejado. Esto ha de hacerse con rapidez, y para prevenir su vuelta al interior de la casa rodean las entradas con porquería, cuya pestilencia se puede percibir».

Muerte por asfixia

«Tan pronto como el moribundo se asfixia cerrándole la boca, la nariz, etc., y envuelto en la manta de su cama, el indio más prudente, ya sea hombre o mujer, lo toma en sus brazos de la mejor forma posible y da un dulce grito, haciéndose eco de las amargas lamentaciones de los familiares y de los chillidos de miles de ancianas traídas para la ocasión. Mientras sigue el tétrico aullido, estas últimas están en constante fatiga levantando la palma de la mano para enjugarse las lágrimas y haciendo que caigan para que se sequen en el suelo. El resultado de esta acción es un círculo de muerte que les da la más horrible apariencia recogida en los párpados y en las cejas y no se lavan hasta que se acaba la mañana. Estos primeros clamores concluyen con un buen número de potes de *masato,* para aliviar la sed de pena, y los acompañantes empiezan a hacer un gran estruendo con los utensilios del difunto: unos rompen las teteras, otros los potes de barro, mientras algunos prenden fuego a los vestidos, a fin de que su memoria quede borrada lo más pronto posible. Si el difunto era un cacique o un poderoso guerrero, sus exequias se llevan a cabo siguiendo las costumbres de los romanos: duran muchos días y lloran conjuntamente durante un buen espacio de tiempo, al amanecer, a mediodía, por la tarde y a medianoche. Cuando llegan dichas horas, la fúnebre música comienza a sonar frente a la casa de la esposa y familiares, y los hechos heroicos del difunto se cantan al son de los instrumentos. Todos los habitantes de la vecindad se unen al coro desde sus casas, unos gorjeando como pájaros, otros rugiendo como tigres, y la mayor parte de ellos canturreando como monos o croando como ranas. Cada poco lo dejan para tomar *masato* y para destruir cualquier cosa que el difunto haya dejado tras él, incendiando su casa, acto que pone punto final a las ceremonias. Entre algunos indios, los parientes más cercanos se cortan el pelo como muestra de aflicción, de acuerdo con las prácticas de los moabitas y otras naciones».

Los obsequios de un jefe

«El día de la muerte, colocan el cuerpo con su insignia en un recipiente de barro o en un tarro pintado, lo entierran en uno de los ángulos de la vivienda, cubriéndola con una capa de arcilla y le echan tierra hasta que la tumba está a un nivel igual a la superficie del suelo. Cuando los obsequios se han acabado, se abstienen de visitarlo y pierden cualquier recuerdo del nombre del guerrero. Los roamaynas desentierran el cuerpo cuando creen que la carne ya se ha consumido y lavan los huesos para formar el esqueleto, que colocan en un ataúd de arcilla adornado con varios símbolos de la muerte, como los jeroglíficos en las tumbas de las momias egipcias. En ese estado se llevan el esqueleto a casa, a fin de que los vivos mantengan el respeto a la memoria del muerto, y no como hacían en la antigüedad con extraordinaria voluptuosidad que introducían en sus más espléndidas fiestas un espectáculo de esta naturaleza recordándoles que su descomposición estimularía su paladar. Después de un lapso de un año, los huesos se volvían a enterrar y el individuo al que pertenecieron es olvidado para siempre»[2].

Mitos peruanos

Perú no es tan rico en mitos como Méjico, pero las siguientes leyendas ilustrarán las ideas mitológicas de la raza inca:

La visión de Yupanqui

Se dice que el inca Yupanqui antes de subir al trono había ido a visitar a su padre, el inca Viracocha. En el camino, encontró una fuente llamada Susur-pugaio. Allí vio un trozo de cristal caído en la fuente, y en ese cristal vio la figura de un indio con tres brillantes rayos como los del Sol que le salían de la parte trasera de la cabeza. Llevaba un *hautu,* o flequillo, sobre la frente como el inca. Llevaba serpientes enrolladas alrededor de los brazos y en los hombros. Tenía pendientes en las orejas, como los incas, y vestía también como ellos. Había una cabeza de león en sus piernas y otro león en los hombros. El inca Yupanqui tuvo miedo de esta extraña figura, y se fue corriendo cuando una voz le llamó por su nombre diciéndole que no tuviera miedo, porque era su padre el Sol a quien contemplaba, y que él conquistaría muchas naciones, pero que debía recordar a su padre en sus sacrificios y

---

[2] Skinner, *Estado de Perú,* págs. 271 y ss.

ofrecerle unos ingresos, rindiéndole una gran reverencia. Luego, la figura se desvaneció, pero quedaba el cristal en el que el inca luego vio todo lo que deseaba. Cuando llegó a ser rey hizo una estatua al Sol, recordando la figura tanto como fue posible y ordenó a todas las tribus que conquistaba que edificaran espléndidos templos para venerar a la nueva deidad, en vez de al creador.

La novia

Los indios canaris toman su nombre de la provincia de Canaribamba, en Quito, y tienen varias leyendas que narran su origen. Una cuenta que, durante el diluvio, dos hermanos huyeron a una montaña muy alta llamada Huacaquan, y a medida que las aguas alcanzaban la colina, ellos iban subiendo y de ese modo no se ahogaron. Cuando la inundación acabó, tuvieron que buscar comida en los valles y una casita, y vivían a base de hierbas y raíces. Un día, cuando volvieron a casa, se sorprendieron con la comida ya preparada y con *chicha* para beber. Esto continuó durante diez días. Entonces, el hermano mayor se escondió para averiguar quién traía la comida. Muy pronto, dos pájaros, uno Aqua y otro Torito (es decir, guacamayos), aparecieron ataviados al estilo canaris, con el pelo sujeto al mismo estilo. El pájaro más grande se quitó el *llicella* o manto que usan los indios, y el hombre vio que eran hermosas y que bajo su aspecto de pájaro se escondían, en realidad, mujeres. Cuando él se apareció las mujeres-pájaro se enfadaron mucho y se fueron volando. Cuando el hermano menor volvió a casa y no encontró comida se irritó y decidió esconderse hasta que volvieran las mujeres-pájaro. Después de diez días los guacamayos volvieron otra vez a su antiguo trabajo y, mientras estaban atareadas, al observador se le ocurrió cerrar la puerta y así evitar que se escapara el pájaro más joven. Ella vivió con los hermanos durante un largo tiempo y se convirtió en madre de seis hijos e hijas de los que proceden todos los canaris. Desde este momento, el guacamayo se veneró con respeto y usaban sus plumas en los festivales.

Thonapa

Algunas leyendas hablan de un personaje divino llamado Thonapa, que aparece bajo la forma de dios-héroe o agente civilizador, como Quetzalcoatl. Se cree que dedicó su vida a predicar a la gente en varios pueblos, comenzando por las provincias de Collasuyu. Cuando llegó a Yamquisupa fue tan mal recibido que no se quedó allí. Durmió al aire libre tapado solo con una camisa larga y una manta, y con un libro que llevaba. Él maldijo el pueblo. Pronto estuvo inmerso en agua y ahora es un lago. Había un ídolo en forma de una mujer que el pueblo ofreció en sacrificio en lo alto de una colina, Cachapucara. Thonapa detestaba este ídolo, así que lo quemó y también destruyó la colina. En otra ocasión Thonapa echó una maldición a una gran asamblea de gente, que estaba en un gran banquete celebrando una boda, porque no quisieron escuchar su sermón. Los convirtió a todos en piedras y aún son visibles hoy. Vagabundeando por Perú, Thonapa llegó a la montaña de Caravaya y, tras levantar una gran cruz, la puso en sus hombros y la llevó a la colina Carapucu, donde predicó tan fervorosamente que llegó a derramar lágrimas. La hija de un jefe cogió un poco del agua de sus manos y los indios, creyendo que él se estaba lavando la cara (un ritual ilegal), lo tomaron preso cerca del lago de Carapucu. Muy temprano a la mañana siguiente un hermoso joven se le apareció a Thonapa y le dijo que no tuviese miedo, porque lo enviaba su guardián para velar por él. Liberó a Thonapa, que se escapó pensando que estaba bien protegido. Bajó al lago, dejando su capa fuera del agua como habría hecho con un bote. Después de que Thonapa se hubiera escapado de los bárbaros, se quedó en la roca de Titicaca, yendo más tarde a la ciudad de Tiya-manacu, donde de nuevo maldijo a la gente y la convirtió en piedras. Estaban muy empeñados en divertirse como para escuchar su sermón. Luego siguió el río Chacamarca hasta que llegó al mar y, como Quetzalcoatl, desapareció. Ésta es una buena evidencia de que era una deidad solar o «un hombre del Sol», que completó sus labores civilizadoras yendo a la casa de su padre.

Un mito del inca Manco Capac

Cuando Manco Capac nació, un bastón que le habían dado a su padre se convirtió en oro. Tenía siete hermanos y hermanas y a la muerte de su padre reunió a todo su pueblo para mostrarles las ventajas de acometer nuevas conquistas. Él y sus hermanos se autoabastecieron de ricas ropas, nuevas armas y bastones de oro llamados *tapac-yauri* (cetro real). Tenía también dos tazas de oro por las que había bebido Thonapa, llamadas *tapacusi*. Continuaron al punto más alto del país, una montaña donde nace el Sol y Manco Capac había visto varios arco iris que interpretó como signo de buena suerte. Encantado como estaba con el favorable símbolo, cantó la canción de *Chamayhuarisca* (La Canción de la Alegría). Manco Capac se preguntó por qué uno de los hermanos que lo habían acompañado no volvió, y envió a una de sus hermanas a buscarlo, pero ella tampoco regresó, así que fue él mismo y los encontró casi muertos al lado de un *huaca*. Dijeron que no podían moverse, como el *huaca,* una piedra, reteniéndolos. Con gran fuerza, Manco golpeó la piedra con su *tapac-yauri.* La piedra habló y dijo que, de no haber sido por su maravilloso bastón dorado, no habría tenido poder sobre ella. Añadió además que su hermano y su hermana habían pecado y por esta razón debían quedarse con él (el *huaca*) en las regiones bajas, y que Manco iba a estar «gratamente honrado». El triste destino de su hermano y hermana preocupó mucho a Manco, pero de regreso al hogar, donde había visto por primera vez los arco iris, éstos le dieron fuerza para llevar su aflicción y lo reconfortaron.

Coniraya Viracocha

Coniraya Viracocha era un espíritu de naturaleza tramposa que se declaró como el creador, pero que con frecuencia aparecía vestido como un indio pordiosero. Le gustaba engañar a la gente. Una bella mujer, Cavillaca, que era muy admirada, estaba un día tejiendo un paño al pie de un árbol de *lucma*. Coniraya se transformó en un hermoso pájaro, trepó al árbol, tomó algunas semillas, las colocó en un *lucma* maduro y lo dejó caer cerca de la bella doncella que vio y comió la fruta. Algún tiempo después nació su hijo Cavillaca. Cuando el muchacho fue haciéndose mayor, ella deseaba que los *huacas* y los dioses se encontraran con él y le dijeran quién era el padre del chico. Todos se vestían lo mejor que podían con la esperanza de ser elegidos como su esposo. Coniraya estaba allí, vestido como un vagabundo, y Cavillaca nunca lo miró igual. La doncella dirigió la asamblea, pero como nadie contestó inmediatamente a su discurso, dejó que el chico se marchara diciéndole que estuviera seguro de que llegaría hasta su padre. El chico fue directamente hacia Coniraya, se sentó sobre sus harapos y le sonrió. Cavillaca, tremendamente enfadada por la idea de estar relacionada con esa pobre y sucia criatura, huyó hacia la costa del mar. Coniraya, entonces, se vistió con magníficos trajes y la siguió para demostrarle a ella que era muy atractivo, pero como ella aún recordaba su andrajosa pinta no lo miró. Se adentró en el mar en Pachacamac y se convirtió en una roca. Coniraya, aún persiguiéndola, se encontró con un cóndor y le preguntó si había visto a una mujer. El cóndor contestó que la había visto bastante cerca, Coniraya lo bendijo y le dijo que quienquiera que matara al cóndor, lo mataría a él mismo. Más tarde, encontró un zorro que le dijo que no había visto nunca a Cavillaca, y por esto Coniraya le dijo que siempre olería mal, que, además, no podría salir excepto por la noche, y que todo el mundo lo odiaría. Luego vino un león que le dijo a Coniraya que estaba muy cerca de Cavillaca; así, el amante le dijo que tendría poder para castigar a los malhechores y que quienquiera que lo matara llevaría la piel sin cortar sobre la cabeza y manteniendo los ojos y los dientes como si estuviera vivo todavía; se luciría su piel en los festivales y por esta razón sería honrado después de su muerte. Después a otro zorro que le trajo malas noticias lo maldijo y a un halcón, que le dijo que Cavillaca estaba cerca, le otorgó una alta estima y que quien lo matara también llevaría su piel en las fiestas. Como los papagayos le dieron malas noticias chillaban tan alto que se les podía oír desde lejos y sus gritos les delatarían a los enemigos. Por esta razón, Coniraya bendijo a los animales que le habían dado buenas noticias y maldijo a los que se las habían dado malas. Cuando al final llegó al mar, encontró a Cavillaca y al niño convertidos en piedras, y allí se encontró con dos hermosas hijitas de Pachacamac, que guardaban una gran serpiente. Él cortejó a la hermana mayor y la más joven se fue volando en forma de paloma salvaje. En ese momento no había peces en el mar, pero cierta diosa puso unos pocos en un pequeño estanque y Coniraya lo vació en el océano y de esta forma lo pobló. La deidad, enojada, trató de burlarse de Coniraya y matarlo, pero él era demasiado listo y escapó. Volvió a Huarochiri y siguió haciendo faenas a la gente, como hacía antes[3].

La advertencia de la llama

Un antiguo mito peruano cuenta cómo el mundo estuvo a punto de quedarse deshabitado. Un hombre llevó a su llama a pastar a un hermoso lugar, pero la bestia gimió y no comió, y al preguntarle su dueño la razón, ella dijo que no era raro que estuviera triste, porque dentro de cinco días el nivel del mar subiría y anegaría la Tierra. El hombre, alarmado, preguntó si no había forma de escapar, a lo que la llama respondió que se fuera a la cima de una montaña, Villa-coto, con comida para cinco días. Cuando llegó al pico del monte ya estaban allí todas las clases de animales y aves. Cuando el nivel del mar subió, el agua llegó tan cerca que le mojó la cola a un zorro y por eso las colas de los zorros son negras. Después de cinco días, el nivel bajó, y quedó vivo únicamente un hombre, del que creen los peruanos que desciende la actual raza humana.

El mito de Huathiacuri

Después del diluvio, los indios eligieron como gobernante al hombre más bravo y más rico. A este período lo llamaron Purunpacha (la época sin

---

[3] Vease Spence, artículo «Brasil» en *Enciclopedia de religión y ética*, volumen II.

rey). En lo alto de una montaña aparecieron cinco grandes huevos, de uno de los cuales surgió posteriormente Paricaca, padre de Huathiacuri. Éste, que era tan pobre que no tenía medios para cocinar debidamente sus alimentos, adquirió mucha sabiduría de su padre, y la siguiente historia muestra cómo le ayudó. Cierto hombre construyó una casa de lo más singular, con el tejado hecho de plumas amarillas y rojas de pájaros. Era muy rico, poseía muchas llamas y era altamente estimado a causa de su riqueza. Tal orgullo hizo que llegara a autodenominarse el creador, pero enfermó y, como no podía curarse, su divinidad quedó en entredicho. En esos días Huathiacuri viajaba por allí y un día se encontró con dos zorros y escuchó lo que hablaban. Por ellos supo de la existencia del rico y de la causa de su enfermedad y decidió ir a su encuentro. Al llegar a la curiosa casa se encontró a una jovencita adorable, una de las hijas del rico. Ella le habló de la enfermedad de su padre, y Huathiacuri, atraído por ella, le dijo que curaría a su padre si ella le daba su amor. Él estaba tan harapiento y tan sucio que ella lo rechazó, pero lo llevó ante su padre y le dijo que Huathiacuri había asegurado que lo curaría. Su padre consintió en darle una oportunidad para intentarlo. Huathiacuri comenzó su tratamiento diciéndole al enfermo que su esposa había sido infiel y que sobre su casa se cernían dos serpientes para devorarla y un sapo con dos cabezas. La esposa al principio indignada negó la acusación, pero cuando Huathiacuri le recordó algunos detalles y las serpientes y el sapo salieron al descubierto, ella confesó su culpa. Mataron a los reptiles, el hombre se recuperó y la hija se casó con Huathiacuri.

La pobreza y los andrajos de Huathiacuri disgustaban al cuñado de la muchacha, y le propuso al novio un concurso de baile y de bebida. Huathiacuri fue a solicitar consejo a su padre y el viejo le dijo que aceptara el reto y que volviera a él. Paricaca, entonces, lo envió a una montaña donde lo convirtió en una llama muerta. A la mañana siguiente, un zorro y una zorra que llevaban una jarra de *chicha* llegaron a él; el zorro tenía una flauta con muchos caños. Cuando ellos vieron la llama muerta, dejaron sus cosas y fueron hacia ella a darse un banquete, pero Huathiacuri recuperó su forma humana y dio tal grito que asustó a los zorros, apoderándose de la jarra y la flauta. Con ayuda de estas cosas, que estaban dotadas de magia, batió a su cuñado en el baile y en la bebida.

Luego, el cuñado le propuso una prueba a ver quién estaba más atractivo vestido con trajes de fiesta. Con ayuda de Paricaca, Huathiacuri encontró una piel de león rojo con la que parecía que llevaba un arco iris alrededor de la cabeza, y volvió a ganar.

La siguiente prueba consistía en ver quién construiría la casa más rápida y mejor hecha. El cuñado cogió a todos sus hombres para que le ayudaran y tenía la casa casi acabada cuando el otro estaba echando los cimientos. Pero aquí de nuevo Paricaca le ofreció su sabiduría para que Huathiacuri tuviera la ayuda de animales y aves de todas las clases que trabajaron durante la noche, y por la mañana el edificio estaba acabado, a excepción del tejado. El cuñado tenía muchas llamas para que le trajeran paja para su tejado, pero Huathiacuri ordenó a un animal que se colocara donde pudiera, con sus gritos, asustar a las llamas, y así perder la paja. Una vez más ganó Huathiacuri. Al final Paricaca advirtió a Huathiacuri que pusiera fin a ese conflicto y le pidió a su cuñado que viera quién bailaría mejor llevando una camisa azul con algodón blanco alrededor de la espalda. El rico hombre, como era costumbre, apareció primero, pero cuando Huathiacuri llegó hizo un fuerte ruido que le asustó, y empezó a correr. Al ir corriendo, Huathiacuri lo convirtió en ciervo. Su esposa, que lo había seguido, se convirtió en piedra, con la cabeza en el suelo y los pies en el aire, porque le había dado a su marido un mal consejo.

Los cuatro huevos restantes de la montaña entonces se abrieron y salieron cuatro halcones que se convirtieron en cuatro bravos guerreros. Estos guerreros hicieron muchos milagros, siendo uno de ellos el provocar una tormenta que arrastraría en una inundación la casa del indio rico hacia el mar.

Paricaca

Después de realizar varios milagros, Paricaca se propuso llevar a cabo grandes hazañas. Fue a buscar a Caruyuchu Huayallo, a quien se le ofrecían niños en sacrificio. Llegó un día a un pueblo donde celebraban una fiesta y como él iba vestido con andrajos, nadie notó su presencia ni le ofrecieron nada, hasta que una chica se compadeció de él y le trajo *chicha* para que bebiera. En agradecimiento, Paricaca le dijo que buscase un lugar seguro para ella pues el pueblo iba a ser destruido en cinco días, pero que no debería contar nada de esto a nadie. Enfadado por la falta de hospitalidad de la gente, Paricaca subió a lo alto de una colina y les envió una terrible tormenta e inundaciones que destruyeron el pueblo. Luego llegó a otro pueblo, el actual San Lorenzo, donde vio a una joven, Choque Suso, llorando amargamente. Le preguntó por qué lloraba y ella dijo que la cosecha de maíz estaba marchitándose por falta de agua. Paricaca se enamoró de la chica, y después de hacer una presa, empezó a llegar agua, y de esta forma sin dejar nada para la cosecha, él le dijo a ella que le daría toda el agua si ella le daba amor. Ella le explicó que no solo quería el agua para su propia cosecha, sino también para el resto de los granjeros, antes de que ella le diera su consentimiento. Él vio un pequeño riachuelo, del que, abriendo una presa, pensó que podría proporcionar abastecimiento suficiente de agua para los granjeros. Enton-

ces, tuvo la ayuda de los pájaros de las colinas y de animales tales como serpientes, lagartos y otros, para quitar cualquier obstáculo del camino y en-
sanchar el canal para que el agua regase toda la tierra. El zorro, con su
habitual astucia, se las ingenió para estar en el puesto de mecánico y dirigir
el canal hacia las proximidades de la iglesia de San Lorenzo. Paricaca, una
vez que cumplió lo que había prometido le pidió a Choque Suso que man-
tuviera su palabra, cosa que hizo con agrado, pero propuso que vivieran en
la cima de algunas rocas llamadas Yanacaca. Allí estuvieron los amantes
muy felices, al comienzo del canal llamado Cocochallo, cuya construcción
los había unido; y como Choque Suso quiso quedarse allí para siempre, Paricaca la convirtió eventualmente en piedra.

Con toda probabilidad, el origen de este mito se debe al intento de explicar la invención del regadío entre los antiguos peruanos, y de ser una leyenda local es posible que se extendiera a lo largo y ancho del país.

Conclusión

La avanzada civilización que alcanzaron los pueblos de América tenemos que considerarla entre los fenómenos más impresionantes de la historia
de la humanidad, especialmente si se contemplan como un ejemplo de los
logros de unas razas aisladas que ocupaban un medio peculiar. No hay que
enfatizar demasiado el hecho de que las culturas y mitologías del viejo Méjico y Perú se desarrollaron sin ayuda ni intervención foráneas, pues todo
ello era fruto característico únicamente del pensamiento indígena que se desarrolló sobre suelo americano. Un absorbente capítulo sobre la historia de
los avances humanos lo tenemos en estos pueblos, cuya arquitectura, artes
gráficas y plásticas, leyes y religiones demuestran que eran semejantes a la
mayoría de las naciones asiáticas de la antigüedad, y superiores a las razas
europeas, que entraron en la herencia de la civilización a través de las puertas del este. Los aborígenes de la antigua América desarrollaron un sistema
de escritura que, en el momento del descubrimiento, se acercaba bastante al
tipo alfabético, un sistema matemático único y muy importante, y una ciencia arquitectónica en algunos aspectos superior a cualquiera de las que el
viejo mundo podría enorgullecerse. Sus códigos legales eran razonables y
fundados en la justicia; y si sus religiones tenían la tacha de la crueldad, era
una crueldad que ellos veían como inevitable y como un destino otorgado
por deidades sanguinarias e insaciables, no por la acción humana.

Comparando los mitos de las razas americanas con las inmortales historias del Olimpo o los no menos clásicos cuentos de la India nos traen frecuentes semejanzas y analogías, y son de gran valor como muestra de la

circunstancia de que en cualquier rincón del globo la mente humana ha desarrollado su propio sistema de fe basado en principios similares. Pero en el estudio de los mitos y creencias de Méjico y Perú también nos encontramos con un extraño y remoto parecido entre los temas que trataban y el tipo de pensamiento que tenían.

El resultado de siglos de aislamiento es claramente evidente en un profundo contraste de «atmósfera». Parece casi como si estuviésemos en un espacio de confusas costas de otro planeta, expectantes de los hechos de una raza cuyos modos de pensamiento y sentimiento desconocíamos por completo.

Estas historias han estado ocultas durante generaciones, junto con la memoria de los dioses y pueblos de los que se dice, bajo una gruesa capa del polvo del descuido, retirada por acá y por allá únicamente por los esfuerzos de anticuarios que trabajaban aisladamente y sin apoyo. Actualmente, muchos estudiosos bien equipados se están afanando por aumentar nuestros conocimientos sobre las civilizaciones de Méjico y Perú. Pero desgraciadamente no podemos añadir nada más a las historias míticas de estos pueblos. La mayor parte de ellas se perdieron en las llamas de los autos de fe. Pero debemos estar contentos por las que han llegado hasta nosotros, pues nos proporcionan la claridad a través de la cual vemos el resplandor y el brillo de civilizaciones más remotas y extrañas que las orientales, de formas confusas, gigantescas, brumosas pero muy coloreadas, los fantasmas de los pueblos y creencias.

ANEXOS

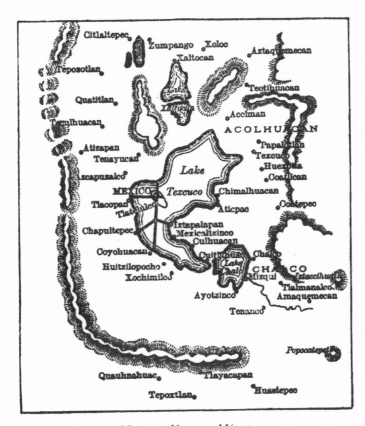

MAPA DEL VALLE DE MÉJICO.
De la obra «Civilización del antiguo Méjico»,
con permiso del servicio de prensa de la Universidad de Cambridge.

La Pirámide del Sol fue el punto clave en la planificación de Teotihuacan. Bajo ella existe una serie de cuevas naturales, a las que probablemente les fuera concedido un significado religioso.

Piedra del Sol (1324-1521).

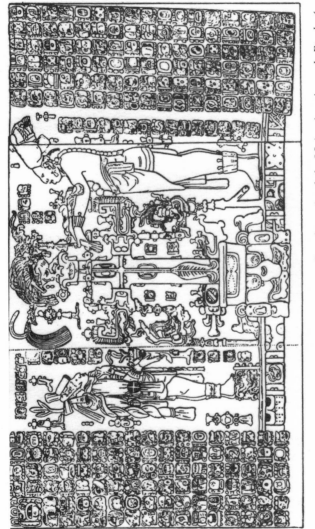

Con el permiso de la Oficina Americana de Etnología.

Índice

251